Word 2002 Pa...

MW01232688

La barra de herramientas Standard (Estándar)

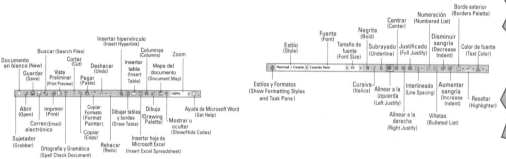

Documento en blanco (New)
Guardar (Save)
Buscar (Search Files)
Vista Preliminar (Print Preview)
Cortar (Cut)
Pegar (Paste)
Deshacer (Undo)
Insertar hipervínculo (Insert Hyperlink)
Insertar tabla (Insert Table)
Columnas (Columns)
Mapa del documento (Document Map)
Zoom

Abrir (Open)
Imprimir (Print)
Correo (Email) electrónico
Sujetador (Grabber)
Ortografía y Gramática (Spell Check Document)
Copiar Formato (Format Painter)
Copiar (Copy)
Rehacer (Redo)
Dibujar tablas y bordes (Draw Table)
Insertar hoja de Microsoft Excel (Insert Excel Spreadsheet)
Dibujo (Drawing Palette)
Mostrar u ocultar (Show/Hide Codes)
Ayuda de Microsoft Word (Get Help)

La barra de herramientas Formatting (Formato)

Estilo (Style)
Fuente (Font)
Tamaño de fuente (Font Size)
Negrita (Bold)
Subrayado (Underline)
Centrar (Center)
Justificado (Full Justify)
Numeración (Numbered List)
Disminuir sangría (Decrease Indent)
Borde exterior (Borders Palette)
Color de fuente (Text Color)

Estilos y Formatos (Show Formatting Styles and Task Pane)
Cursiva (Italics)
Alinear a la izquierda (Left Justify)
Alinear a la derecha (Right Justify)
Interlineado (Line Spacing)
Aumentar sangría (Increase Indent)
Viñetas (Bulleted List)
Resaltar (Highlighter)

Pantalla de Word 2002 para Windows

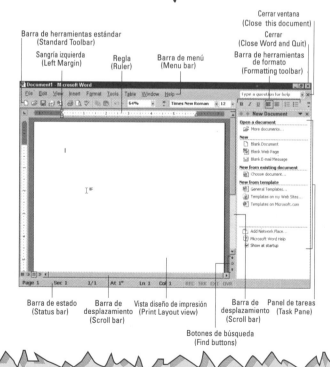

Cerrar ventana (Close this document)
Cerrar (Close Word and Quit)
Barra de herramientas de formato (Formatting toolbar)

Barra de herramientas estándar (Standard Toolbar)
Sangría izquierda (Left Margin)
Regla (Ruler)
Barra de menú (Menu bar)

Barra de estado (Status bar)
Barra de desplazamiento (Scroll bar)
Vista diseño de impresión (Print Layout view)
Barra de desplazamiento (Scroll bar)
Panel de tareas (Task Pane)
Botones de búsqueda (Find buttons)

Para Dummies: La Serie de Libros más Vendida para Principiantes

Word 2002 Para Dummies®

LA SERIE DE LIBROS MÁS VENDIDOS

Referencia Rápida

Comandos comunes

Cancelar	Escape
Retroceder	Shift+F5
Ayuda	F1
Marcar bloques	F8
Nuevo documento	Ctrl+N
Abrir	Ctrl+O
Imprimir	Ctrl+P
Guardado rápido	Ctrl+S
Repetir comando	F4
Repetir búsqueda	Shift+F4

Algunos comandos de teclas para formatear palabras

Negrita	Ctrl+B'
Cursiva	Ctrl+I
Subrayado	Ctrl+U
Centrar texto	Ctrl+E
Alinear a la izquierda	Ctrl+L
Alinear a la derecha	Ctrl+R
Justificar	Ctrl+J

Las teclas del jardín de niños

Copiar	Ctrl+C
Cortar	Ctrl+X
Pegar	Ctrl+V
Deshacer	Ctrl+Z

Movilizarse por un documento

↑	Mueve el cursor del palillo de dientes una línea hacia arriba
↓	Mueve el cursor del palillo de dientes una línea hacia abajo
→	Mueve el cursor del palillo de dientes un carácter a la derecha
←	Mueve el cursor del palillo de dientes un carácter a la izquierda
Ctrl + ↑	Mueve el cursor del palillo de dientes un párrafo hacia arriba
Ctrl + ↓	Mueve el cursor del palillo de dientes un párrafo hacia abajo
Ctrl + →	Mueve el cursor del palillo de dientes una palabra a la derecha
Ctrl + ←	Mueve el cursor del palillo de dientes una palabra a la izquierda
PgUp	Mueve el cursor del palillo de dientes una pantalla hacia arriba
PgDn	Mueve el cursor del palillo de dientes una pantalla hacia abajo
End	Mueve el cursor del palillo de dientes hasta el final de la línea actual
Home	Mueve el cursor del palillo de dientes hasta el inicio de la línea actual
Ctrl+Home	Mueve el cursor del palillo de dientes al inicio del documento
Ctrl+End	Mueve el cursor del palillo de dientes al final del documento

Para Dummies: La Serie de Libros más Vendida para Principiantes

TM

¡Soluciones Prácticas para Todos!

¿Le intimidan y confunden las computadoras? ¿Encuentra usted que los manuales tradicionales se encuentran cargados de detalles técnicos que nunca va a usar? ¿Le piden ayuda sus familiares y amigos para solucionar problemas en su PC? Entonces la serie de libros de computación...Para Dummies® es para usted.

Los libros ...Para Dummies han sido escritos para aquellas personas que se sienten frustradas con las computadoras, que saben que pueden usarlas pero que el hardware , software y en general todo el vocabulario particular de la computación les hace sentir inútiles. Estos libros usan un método alegre, un estilo sencillo y hasta caricaturas, divertidos iconos para disipar los temores y fortalecer la confianza del usuario principiante. Alegres pero no ligeros, estos libros son la perfecta guía de supervivencia para cualquiera que esté forzado a usar una computadora.

> **"Mi libro me gusta tanto que le conté a mis amigos; y ya ellos compraron los suyos".**
>
> **Irene C., Orwell, Ohio**

> **"Rápido, conciso, divertido sin jerga técnica".**
>
> **Jay A., Elburn, Il**

> **"Gracias, necesitaba este libro. Ahora puedo dormir tranquilo".**
>
> **Robin F., British Columbia, Canadá**

Millones de usuarios satisfechos lo confirman. Ellos han hecho de ...*Para Dummies* la serie líder de libros en computación para nivel introductorio y han escrito para solicitar más. Si usted está buscando la manera más fácil y divertida de aprender sobre computación, busque los libros ...*Para Dummies* para que le den una mano.

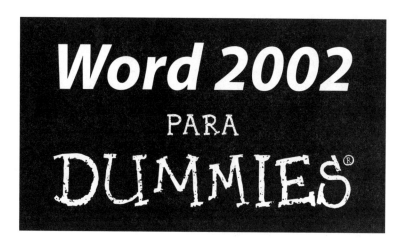

por Dan Gookin

ST Editorial, Inc.

Word 2002 Para Dummies®

Publicado por
ST Editorial, Inc.
Edificio Swiss Tower, 1er Piso, Calle 53 Este,
Urbanización Obarrio, Panamá, República de Panamá
Apdo. Postal: 0832-0233 WTC
www.steditorial.com
Correo Electrónico: info@steditorial.com
Tel: (507) 264-4984 • Fax: (507) 264-0685

Para información general de nuestros productos y servicios o para obtener soporte técnico contacte nuestro
Departamento de Servicio al Cliente en los Estados Unidos al teléfono 800-762-2974, fuera de los Estados Unidos
al teléfono 317-572-3993, o al fax 317-572-4002

For general information on our products and services or to obtain technical support, please contact our
Customer Care Department within the U.S. at 800-762-2974, outside the U.S. at 317-572-3993, or fax 317-572-4002

Library of Congress Control Number: 2003104815

ISBN: 0-7645-4100-5

Publicado por ST Editorial, Inc.

Impreso en Costa Rica por Trejos Hermanos Sucesores S.A.

Acerca del autor

Dan Gookin comenzó con las computadoras allá por 1982. Su primera intención era comprar una computadora para reemplazar su máquina de escribir envejecida y que se dañaba con frecuencia. Trabajando como esclavo en un restaurante, sin embargo, Gookin fue incapaz de costearse la compra del aparato "procesador de palabras" completo y optó por una computadora que tenía un monitor, un teclado y poco más que eso. Pronto su carrera como escritor estaba encaminada con muchos proyectos enviados a revistas de ficción (muchos de los cuales fueron rechazados).

El gran salto ocurrió en 1984 cuando empezó a escribir sobre computadoras. Aplicando su elegancia para la prosa de ficción y con un conocimiento autodidacta de computadoras, Gookin pudo desmitificar el tema y explicar tecnología en una voz relajada y comprensible. Incluso se atrevió a añadirle humor a todo, lo cual le dio la oportunidad de tener una columna en una revista local sobre computadoras.

El talento de Gookin alcanzó auge cuando se convirtió en escritor para una casa editorial de libros de computación. Eso fue seguido por una posición de editor en una revista de informática de San Diego, a la vez que participaba regularmente en un "talk-show" radial sobre computadoras. Además, Gookin continuó escribiendo libros de materia tecnológica, algunos de los cuales se convirtieron en éxitos editoriales menores.

En 1990, Gookin llegó a Hungry Minds, Inc. (entonces llamada IDG Books Worldwide, Inc.) con una propuesta para un libro. De esa reunión se desarrolló una idea para un libro escandaloso: una idea original para un libro de computadoras para el resto de nosotros. Lo que llegó a ser *DOS Para Dummies* floreció en un éxito de ventas internacional con cientos de miles de copias impresas y traducidas a varios idiomas.

Aún hoy, Gookin se considera un escritor y un "gurú" de las computadoras, cuyo trabajo es recordarle a los demás que las computadoras no tienen que ser tomadas tan en serio. Su enfoque es ligero y humorístico, pero al mismo tiempo muy informativo. Él sabe que las complejas bestias son importantes y que pueden ayudarle a la gente a ser productiva y exitosa. Además, Gookin mezcla su conocimiento del tema con un sentido del humor único y seco que mantiene a los lectores informados y, al mismo tiempo, despiertos. Su expresión favorita es: "Las computadoras son un tema notablemente aburrido, pero eso no significa que tenga que escribir sobre ellas de ese modo".

Los títulos de Gookin para IDG Books incluyen *DOS Para Dummies,* Edición de Windows 95; *PCs Para Dummies,* 6a. Edición; y *Descubrir Windows 95.* Gookin posee un grado en Comunicación de la Universidad de California, en San Diego; y vive con su esposa y cuatro hijos en los gentiles y exóticos bosques de Idaho.

ST Editorial, Inc

Edición al Español

Presidente y Editor en Jefe:
Joaquín Trejos C.

Directora Editorial:
Karina S. Moya

Diseño:
Everlyn Castro
Milagro Trejos C.
Alexánder Ulloa

Traducción:
Sergio Arroyo M.
Ana Ligia Echeverría
Cristian Carranza

Corrección de Estilo:
Alexandra Ríos A.

Asistencia Editorial:
Adriana Mainieri
Laura Trejos C.

Impreso por: Trejos Hermanos Sucesores, S.A.
Traducido al español con apoyo de la herramienta WordMagic Software.

Edición al Inglés

Adquisiciones, Editorial y Desarrollo de Medios

Presidente General del Proyecto:
Nicole Haims
(Edición Previa: Darren Meiss)

Editor General de Adquisiciones:
Steve Hayes

Editora General:
Kim Darosett

Editoras de Pruebas: Jerelind Charles

Editor Técnico: Lee Musick

Especialista en Desarrollo de Medios:
Leah Cameron

Coordinador de Desarrollo de Medios:
Carmen Krikorian
Laura Moss

Supervisor de Desarrollo de Medios:
Richard Graves

Editor General de Permisos:
Jean Rogers

Gerente Editorial:
Jean Rogers

Asistente Editorial:
Jean Rogers

Producción

Coordinador del Proyecto:
Dale White

Diseño Gráfico: Joyce Haughey, Barry Offringa, Jill Piscitelli, Jacque Schneider, Betty Schulte, Julie Trippetti, Jeremey Unger

Correctores: TECHBOOKs Production Services

Índices: Maro Riofrancos

Un Vistazo al Contenido

Un Vistazo a las Caricaturas

Por Rich Tennant

página 393

página 367

página 145

página 313

página 253

página 9

Tabla de Contenidos

Introducción

● ●

*B*ienvenido a *Word 2002 Para Dummies,* el libro que explica los mitos y locuras del más reciente y grande procesador de palabras de Microsoft, para el año 2001, 2002, 2003 más cualquiera que sea este.

Word es un programa masivo que tiene una historia impresionante. Hace muchísimo más que solamente procesar palabras. ¿Necesita saber todo eso? ¡No! No es necesario saberlo todo sobre Word para poder usarlo. Esta es una mejor pregunta: ¿Quiere saberlo todo sobre Microsoft Word? Probablemente, no. No querrá saber todas las opciones de comandos, todo el "mambo yumbo" tipográfico, ni todas las características especiales que usted sabe que el programa posee pero que le da miedo usar. No, todo lo que usted desea saber es la respuesta sencilla a una pregunta fácil. Entonces, felizmente, cerrará el libro y podrá seguir trabajando.

Este libro informa y divierte. Y tiene un grave problema de actitud. Después de todo, yo no quiero que usted termine amando al programa Word. Más bien, prepárese para encontrar explicaciones informativas y en español- de cómo poder llevar a cabo su trabajo con Microsoft Word. Sí, tome su trabajo con seriedad, pero no tiene porqué tomar a Word en serio.

Sobre este Libro

No pretendo que lea este libro de una sentada. No se trata de una novela, y si lo fuera, mataría a todos los personajes al final, de modo que sería una lectura difícil. Más bien, el libro es una referencia. Cada capítulo cubre una tarea o un tema específicos que Word puede realizar. Dentro de un capítulo, encontrará secciones coherentes y cada una de ellas describe cómo realizar una tarea específica o cómo efectuar algún proceso. A manera de ejemplo, algunas secciones que puede encontrar en este libro son:

✔ Guardar sus cosas

✔ Cortar y pegar un bloque

✔ Encontrar su lugar rápidamente

✔ Alinear párrafos

✔ Armar una tabla rápidamente

✔ Configurar a Word para que lo escuche

✔ Usar una plantilla de documento

No tiene que memorizar códigos, claves secretas, trucos, diagramas instantáneos, ni gráficos para colgar en la pared. En su lugar, cada sección explica un tema como si se tratara de lo primero que lee en el libro. Nada se da por hecho y a todo se le hace referencia. Cuando aparecen términos técnicos, son graciosamente empujados a un lado, en caso que pueda evitar su lectura. Aquí no se trata de que usted aprenda cosas. La filosofía de este libro es ayudarle a ver un asunto, a entender cómo se resuelve y a volver al trabajo cuanto antes.

Cómo Usar este Libro

Este libro le ayudará cuando caiga en un bache mientras usa Word 2002. Yo creo que eso le pasa a todos muy a menudo. Por ejemplo, si pulsa Ctrl+F9, Word despliega unas llaves { } justo en su texto. Yo no tengo idea de lo que significan ni lo quiero saber, francamente. Lo que sí sé, no obstante, es que puedo pulsar Ctrl+Z para hacer que esos símbolos molestos se larguen. Ese es el tipo de conocimiento que puede encontrar en este libro.

Word usa el mouse y los menúes para llevar a cabo sus procesos, lo cual es lo que se podría esperar de Windows. Sin embargo, en algunas ocasiones, se requieren ciertas *combinaciones de teclas,* que son varias teclas que se pulsan a la vez o en cierta secuencia. Este libro le muestra dos tipos diferentes de combinaciones de teclas.

Este es un acceso directo o un atajo del teclado:

Ctrl+Shift+P

Este acceso directo significa que usted debe pulsar al mismo tiempo las teclas Ctrl y Shift, pulsar la tecla P y, luego, soltar las tres teclas.

Los comandos de menú se enumeran así:

File (Archivo)⇨Open (Abrir)

Este comando significa que usted abre el menú de File (Archivo), ya sea con el mouse o con el teclado (es su elección) y, luego, selecciona el comando Open (Abrir). Las letras subrayadas representan las "teclas calientes" que se usan en Windows. Esto significa que puede pulsar la combinación Alt+F para acceder a la F de File y, luego, puede pulsar la tecla O para acceder a la O de Open.

Note que en Windows 2002, quizás deba pulsar la tecla Alt primero (sola) para activar el menú de teclas calientes. Luego, puede usar las teclas para acceder a los comandos de menú y de cuadro de diálogo.

Si describo un mensaje o algo que se debería apreciar en la pantalla, se verá como la línea que sigue:

```
No existe un disco duro, ¿quiere guardar su texto en otro lugar?
```

Si necesita ayuda extra para operar su computadora o una buena referencia general, puedo recomendarle mi libro *PCs Para Dummies,* 7a Edición, publicado por Hungry Minds, Inc. El libro contiene muchísima información útil para complementar lo que encontrará en este texto.

Lo que No Debe Leer

Las secciones técnicas especiales cubren algunos puntos este libro como la varicela de un chiquillo de ocho años de edad. Ofrecen explicaciones técnicas molestamente interminables y descripciones de temas avanzados o los comandos alternativos que usted no necesita saber. Cada una de ellas está señalada con un icono especial o encerrada en un cuadro electrificado, resguardado con alambre de púas y hiedra venenosa (una idea que robé de los libros "Terwilliker Piano Method"). Leer ese material es optativo.

Suposiciones Tontas

Estas son mis suposiciones sobre usted. Usted usa una computadora. Utiliza Windows 95, Windows 98, Windows Me, Windows 2000 ó Windows NT. Hay muy poca diferencia entre todos esos programas, al menos en lo que concierne en este libro. Si sucede algo especial entre Word y Windows, yo lo señalo en el texto (lo cual pasa talvez dos veces en todo el libro).

Su procesador de palabras es Microsoft Word 2002. Yo me seguiré refiriendo a este como a "Word" a lo largo de todo el libro. Quizás Word ya venía con su computadora, quizás lo compró como un programa individual, quizás sea parte de un conjunto de programas más grande, llamado Microsoft Office. Lo que sea. Se trata del mismo programa, del mismo Word.

Yo no supongo que tenga instalado en su computdora Microsoft Office. Este libro no cubre el uso de Office ni de ninguna de las aplicaciones de Office que no sea Word.

Cómo está Organizado Este Libro

Este libro contiene siete partes principales, cada una de las cuales aparece dividida en varios capítulos. Los capítulos mismos han sido divididos en secciones modulares más breves. Usted puede tomar el libro y leer cualquier sección sin saber necesariamente lo que se ha dicho en las secciones previas o lo que se dirá en las posteriores. Empiece en cualquier lugar.

Este es un desglose de lo que puede encontrar en ellas:

Parte I: ¡Hola, Word!

Este es el material del bebé Word -las preguntas. Aquí aprenderá a echar risitas, a efectuar realizar la dentición, a gatear, a caminar, a eructar y a escupir. Luego puede pasar a los temas avanzados de mover el cursor, editar texto, buscar y reemplazar, marcar bloques, revisión ortográfica e impresión (el chupón es optativo en esta parte).

Parte II: Dejar que Word Haga el Trabajo de Formatear

Formatear es el arte de hacer que su texto entre a la sumisión tipográfica. No es el trabajo ligero de crear un documento y colocarle las palabras precisas. No, es "¡Tú estarás en cursiva!". ¡En sangría, tú, estúpido!". "¡Deme una página nueva, *aquí*". A menudo, el formato conlleva muchos gritos. Esta parte del libro contiene los capítulos que le muestran cómo formatear caracteres, líneas, párrafos, páginas y documentos enteros sin tener que alzar mucho la voz.

Parte III: Acicalar su Documento

Más allá del formato, se encuentra el reino de agregarle cosas a su documento para que se vea lindo. Esta parte del libro es un popurrí de acciones esotéricas y de cosas que se le pueden añadir a su texto: bordes, sombreado, tablas, figuras, columnas, notas al pie y otras cosillas interesantes.

Parte IV: La Tierra de lo Curioso y lo Extraño

Esta parte cubre algunos temas generales y misceláneos, los ítemes que otros podrían considerar que están bordeando el límite de lo que debería incluirse en un libro sobre Word "para principiantes".

Parte V: Crear Muchísimas Cosas en Word

El esperado libro de cocina de Word. Aunque no tenía campo para incluirlo *todo* en este libro, esta parte le da algunos consejos y pistas sobre crear varias cosas divertidas e interesantes (y hasta inesperadas) en Word.

Parte VI: Los Diez Mejores

¿Qué tal "Los Diez Mandamientos de Word", o "Diez Cosas Realmente Estrafalarias", o las útiles "Diez Cosas Que Vale la Pena Recordar?". Esta sección es la mina de oro de las decenas.

Lo que No está Aquí

Este libro solo puede ser de este tamaño. ¡El autor del libro, por otro lado, puede crecer hasta tallas inmensas! Para mantener a ambos en orden, he creado una página Web de apoyo. Este sitio cubre elementos que puedan surgir después de que el libro sea editado. No es para acomodar allí cosas que fueron "olvidadas" en el libro, no, usted tiene todo lo que necesita justo en sus manos listas para digitar. La página Web es solo para mantenerlo al día. De ese modo, puedo ofrecerle una información complementaria después de que el libro se imprima.

Si tiene acceso a la Internet y a un explorador, puede visitar la página Web de este libro en la dirección:

```
http://www.wambooli.com/help/Word/
```

Iconos Usados en este Libro

 Este icono indica consejos útiles o atajos.

 Este icono es un recuerdo amistoso para hacer algo.

 Este icono es un recuerdo amistoso para evitar hacer algo.

 Este icono lo alerta de que se aproxima información altamente técnica y, con ella, comentarios relacionados. Esa información es una lectura opcional, pero puede mejorar su reputación si la repite en un cóctel.

¿Cómo Empiezo?

¡Empiece a leer! Observe la tabla de contenido y encuentre algo que le interese. O trate de armar su rompecabezas en el índice.

Si nunca había usado Word, empiece en el Capítulo 1.

Si ya es un veterano de Word, considere echarle una hojeada a la Parte V, para encontrar un poco de inspiración. ¿Quiere usar el nuevo reconocimiento de voz de Word? Refiérase al Capítulo 25. ¡Lea! ¡Escriba! ¡Hable! ¡Produzca!

Por cierto, estoy disponible a través de la Internet (dgookin@wambooli.com) para cualquier pregunta que pueda tener sobre este libro o sobre Microsoft Word 2002. Aunque no puedo responder todas las preguntas (utilice el apoyo técnico de Microsoft para eso) yo le puedo ayudar con alguna sugerencia. Estoy abierto a la crítica y a la retroalimentación; de hecho, varias partes de este libro proceden de consultas de los lectores.

Yo mismo respondo todo mi correo electrónico y le respondo a todos los que escriben. Disfruten el libro Word 2002. O, al menos, tolérenlo.

Parte I
¡Hola, Word!

La 5a Ola   **Por Rich Tennant**

QUERIDA MARGARITA.
LO QUE TE TENGO QUE DECIR ES ALGO
MUY PERSONAL...

En esta parte . . .

*E*l procesamiento de texto es tan viejo como las mismas computadoras personales. Allá por 1970, cuando las computadoras personales eran llamadas *microcomputadoras*, el primer procesador de palabras hizo su debut. Se llamaba *Electric Pencil*, era solo un poquito más que un simple editor de texto, para los estándares de hoy. Le permitía editar una pantalla llena de texto, a diferencia de los "editores de líneas" que había en la época. Electric Pencil fue considerado como algo revolucionario.

Veinticinco años después, la revolución continúa. Microsoft Word ahora es el mandamás de la oficina de los procesadores de texto. Electric Pencil empezó la revolución, luego un programa llamado WordStar hizo su entrada. Eventualmente, WordStar fue derrocado por la insurrección de WordPerfect. Y hace aproximadamente, doce años Microsoft Word se convirtió en el procesador de palabras dominante, montándose en el lomo de la popularidad de Microsoft Windows.

Word no se ve ni parecido al programa Electric Pencil de hace 25 años. Pero, aún así, muchas actividades básicas permanecen intactas: usted crea texto, lo edita, lo borra, busca y reemplaza, copia y mueve bloques, guarda, abre e imprime. Este es el básico procesamiento de texto, pero... ¡imagine cómo reaccionaría un usuario de Electric Pencil si hubiera podido ver la forma en que Word hace las cosas hoy, en el siglo XXI!

Esta parte del libro lo introduce a Word, empezando con un buen vistazo preliminar y, luego, discutiendo en detalle cada una de las funciones básicas del procesamiento de texto. ¡Larga vida a la revolución de los procesadores de palabras! ¡Un hurra por Electric Pencil!, ¡Otro para Word! ¡Felices usuarios de computadoras del mundo, regocíjense!

Capítulo 1

La Imagen en Grande

Se rieron cuando me senté frente a la computadora a escribir...

No, escribir en una computadora ya no es un asunto complicado. De hecho, es la máquina de escribir la que tiene sus peros hoy día. ¿Una computadora? Son tan comunes como las telarañas. Las probabilidades son que si escribe lo que sea, usará una computadora con software de procesamiento de texto. Y las probabilidades de que utilice alguna variante de Windows y que Microsoft Word le ayude a procesar las palabras son muy grandes.

Este capítulo es su introducción a Microsoft Word. Yo abro la puerta para que usted eche una hojeada a lo que se trata esto. No hay nada que temer. Nada peligroso. Bueno, no tan peligroso. Quizás solo sea algo poco familiar para usted. Este capítulo le ayudará a hacerlo familiar.

Las Buenas Formas, las Mejores y las Peores de Iniciar Word

¿Cómo te inicio, Word? Déjeme contar las formas...

Si ha estado usando Windows por alguna cantidad de tiempo, pudo haber notado que allí existen muchas formas de hacer cualquier cosa. Por ejemplo, al sacar cuentas, enumeré 23 formas diferentes de copiar un archivo en Windows Me. La misma lógica de selección múltiple ocurre cuando inicia un programa.

Considerando todo, hay probablemente alrededor de una docena de formas diferentes de iniciar Word. En vez de documentarlas todas, pensé que le mostraría las formas buenas y obvias de primero y, luego, mi forma favorita para, finalmente, aglomerar el resto de las formas en la categoría de las peores, las cuales puede leer a su propio riesgo.

Primero, algunos pasos básicos que necesita tomar en cuenta cueste lo que cueste:

1. **Asegúrese de que su computadora está encendida y caliente.**

   Cualquier computadora que esté encendida, de hecho, está caliente. La única forma de ponerla más caliente es, realmente, ponerle pan, que no está recomendado.

2. **Prepárese físicamente.**

   Asegúrese de estar sentado en una postura correcta, firme y derecha. Inhale profundamente. Suénese los nudillos. ¿Tiene los nudillos listos para bailar sobre el teclado? ¡Bien!

3. **Prepárese mentalmente.**

   Cierre los ojos. Relájese. Exhale. Piense con calma, imagine aguas azules. Prepare sus pensamientos para que fluyan hasta su computadora. Recuerde, usted es el amo. Masculle una y otra vez: *Yo soy el amo...*

 Si necesita ayuda para iniciar su computadora, refiérase a mi libro *PCs Para Dummies* (Hungry Minds, Inc.) para instrucciones sobre cómo encender rápida y eficientemente su computadora.

Ahora, puede dejar de mascullar "yo soy el amo".

Una forma buena y confiable de iniciar Word

Continuamente, se ha probado que la forma más confiable de iniciar Word es usando el leal botón Windows Start. Preste atención a estos pasos:

 1. **Abra el menú de Start.**

   Haga clic en el botón Start para abrir el menú. Este botón, normalmente, se halla al lado izquierdo del panel de tareas, en la parte inferior de la pantalla.

Otra forma de hacer aparecer el menú de Start es pulsar la combinación de teclas Ctrl+Esc o, si su teclado tiene una, pulse la tecla Windows (entre las teclas Ctrl y Alt).

2. **Seleccione Programs⇨Microsoft Word 2002.**

   Observe la Figura 1-1. Note que el ítem del menú puede decir Word, Microsoft Word, quizás Microsoft Word 2002 o hasta Word 10.

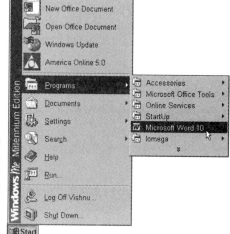

Figura 1-1:
Encontrar
Word en el
menú
de Start.

Escuche con asombro cómo su computadora zumba y ronronea. Después de un rato, Word aparece en el monitor de la computadora, se parece a un pariente borracho que llega tarde a una cena familiar y con solo una botella barata de escocés.

No se apure sobre la apariencia de Word todavía; discuto lo que está viendo en la pantalla en la sección "Word en la Pantalla", más adelante en este capítulo.

 Su computadora puede ser configurada para ejecutar automáticamente Word, cada vez que la encienda. ¡Piense en el tiempo que puede ahorrar! Si desea que su computadora se configure de esta manera, agarre a alguien más informado que usted -un individuo al que yo llamo gurú de computadoras. Dígale a su gurú: "Haga que mi computadora siempre inicie en Word". Si su gurú no está disponible, agarre frenéticamente a otra persona al azar hasta que encuentre a alguien lo suficientemente temerario como para obedecerle.

La mejor forma de iniciar Word

Mi forma favorita de ejecutar Word es abriendo un icono de acceso directo del escritorio o haciendo clic en un botón de la barra Quick Launch. Ambas formas son más directas que usar el tonto menú Start, y el método de la barra Quick Launch es aún más rápido porque solo necesita hacer un clic en el botón para iniciar Word.

Si pega un icono de acceso directo de Word en el escritorio o en la barra Quick Launch, el primer paso es el mismo: crear el icono de acceso directo de Word. Esto puede ser un poco técnico, así que póngase su gorra de "Poner Atención" mientras sigue estos pasos:

1. **Localice el ítem del menú Start Microsoft Word 10.**

    ¡No ejecute Word ahora! Solo apunte el mouse sobre el ítem de menú Microsoft Word, como se muestra en la Figura 1-1.

2. **Haga clic derecho en el ítem de menú Microsoft Word 10.**

    Aparece un menú.

3. **Seleccione Copy.**

    Listo. Acaba de copiar el ítem de menú de Word. Sí, técnicamente, copió el comando que Windows usa para iniciar Word. Eso es bueno, porque ahora puede pegar el comando en algún otro lugar.

4. **Haga clic con el mouse en el escritorio.**

    El escritorio es el fondo que ve cuando utiliza Windows. Hacer clic en el escritorio oculta el menú de Start.

5. **Haga clic derecho con el mouse sobre el escritorio.**

    Aparece un menú.

6. **Seleccione Paste.**

    Un icono de acceso directo (una especie de copia) de Microsoft Word 10 aparece en el escritorio.

Ahora puede usar ese icono para iniciar Word sin tener que travesear el menú Start.

Si tenía Word en la barra Quick Launch, arrastre y suelte el icono del acceso directo ahí abajo: use su mouse para arrastrar el icono de Word a la barra Quick Launch y luego suelte el botón del mouse para "dejar caer" el icono, como se muestra en la Figura 1-2. (Quizás necesite ajustar el tamaño de la barra Quick Launch para ver el icono de Word). Ahora, Word está a solo un rápido clic de realizar procesamiento de texto en su cara.

Icono de acceso directo de Word en el escritorio

Figura 1-2:
Colocar a
Word en la
barra de
Quick
Launch.

Arrastre el icono de Word hasta aquí

Otras formas alternativas, a menudo complicadas, de iniciar Word

Esta es mi breve lista de las múltiples formas de iniciar Word:

✔ Seleccione Programs⇨Microsoft Word 10, del menú Start.

✔ Abra (haga doble clic en) un acceso directo de Word en el escritorio.

✔ Abra (haga clic en) el icono de Word de la barra de Quick Launch.

✔ Use cualquiera de las diversas herramientas de Microsoft Office (en la parte superior del menú de Start o desde la barra de herramientas de Office) para iniciar Word o crear un nuevo documento.

✔ Seleccione un documento de Word desde el menú de Documents, del menú de Start.

✔ Abra (haga doble clic en) cualquier documento de Word.

Esos últimos dos puntos no son realmente tan alternativos o complicados. Una manera rápida de volver al modo de escritura es seleccionar su documento activo y actual desde el submenú Documents, del menú de Start:

1. **Haga clic en el botón Start.**

   Aparece el menú de inicio.

2. **Apunte al ítem del menú Documents.**

   El submenú Documents aparece. Ese menú enumera la lista de los últimos 16 archivos que ha abierto en Windows (aunque no todos los archivos son enumerados porque los objetos brillantes distraen fácilmente a Windows).

3. Localice su documento en la lista y haga clic en él.

El documento despierta a Word y usted se ocupa de su documento favorito. Otra vez.

Los documentos aparecen en la ventana Documents por orden alfabético. Los documentos más nuevos que abre arrojan a los más viejos fuera de la lista. Entonces, si recién editó 16 archivos de gráficos, se abrán ido los documentos de Word que estuvieron una vez allí.

Honestamente, cualquier documento con el icono de Word hará que se inicie Word. De hecho, si ha estado trabajando en la Gran Novela Americana por varios años, considere pegar ese icono de documento en el escritorio y que, simplemente, abriéndolo arrancará su día.

En la parte superior del menú Documents, está la carpeta My Documents, en la cual Word automáticamente almacena los documentos que crea. Seleccionar la carpeta My Documents abre una ventana en la cual puede localizar otros documentos de Word que pueden no estar en el menú Documents.

Documentos, documentos y documentos. De repente, la palabra *documentos* ha perdido su significado.

Word en Pantalla

Inmediatamente después de iniciar Word, yo prefiero maximizar. Eso no quiere decir que me siente y me harte con una comida fina. No, maximizar es un truco de Windows que puede usar para aumentar la cantidad de espacio de la pantalla que Word usa.

Para ejecutar Word en modo de pantalla completa, haga clic en el botón de maximizar (el del centro) de la esquina superior derecha de la ventana. Este botón maximiza a Word para que llene la pantalla por completo. Si Word ya está maximizado. En ese botón aparecen dos cuadros superpuestos; no hace falta hacer clic en nada en ese caso.

Ahora que puede ver a Word largo y grande en la pantalla, siga con este texto y con la Figura 1-3 para localizar los diversos ítemes frescos y excitantes de una típica pantalla en blanco de Word.

Aparatos y dispositivos

Escribir es el trabajo primordial de Word. Sin embargo, no "escribir" en el sentido de Ernest Hemingway. Realmente, procesar palabras es lo que Word hace mejor. Por eso es que la porción más grande de la pantalla de Word es para redactar texto (refiérase a la Figura 1-3).

En torno al área de escritura de texto hay campanas, silbatos, interruptores y cositas que serían más interesantes si tan solo fueran comestibles. Y las buenas noticias son que, con Word, todas las cosas son completamente modificables por usted (mejor sepa lo que todo eso significa antes de que vaya a cambiarlo todo):

✔ **La barra de título,** que dice `Document 1 - Microsoft Word`, hasta que guarda su documento en un disco

✔ **La barra de menú,** que contiene la lista completa de los comandos de Word

✔ **Las barras de herramientas Standard y Formatting,** que aparecen juntas en la Figura 1-3, aunque puede reacomodarlas a su antojo

✔ **La regla,** que le ayuda a configurar los márgenes y las pestañas

✔ **El Panel de Tareas,** que enumera los comandos relevantes a lo que sea que ahora esté haciendo en Word

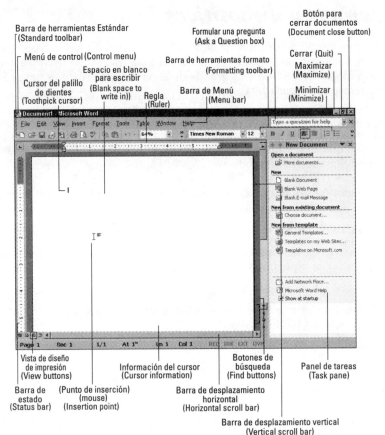

Barra de herramientas Estándar (Standard toolbar)

Menú de control (Control menu)

Espacio en blanco para escribir (Blank space to write in))

Cursor del palillo de dientes (Toothpick cursor)

Regla (Ruler)

Barra de Menú (Menu bar)

Formular una pregunta (Ask a Question box)

Barra de herramientas formato (Formatting toolbar)

Botón para cerrar documentos (Document close button)

Cerrar (Quit)

Maximizar (Maximize)

Minimizar (Minimize)

Vista de diseño de impresión (View buttons)

Información del cursor (Cursor information)

Botones de búsqueda (Find buttons)

Panel de tareas (Task pane)

Barra de estado (Status bar)

(Punto de inserción) (mouse) (Insertion point)

Barra de desplazamiento horizontal (Horizontal scroll bar)

Barra de desplazamiento vertical (Vertical scroll bar)

Figura 1-3:
Word está
aquí.

Bajo el área de escritura hay dos ítemes:

✔ **Los botones de vista,** localizados a la izquierda de la barra de desplazamiento horizontal, controlan cómo aparece su documento.

✔ **La barra de estado** presenta muchísima información de trivia sobre su documento, alguna es interesante.

Los diversos botones, barras y menúes que son de importancia se cubren en otros sitios del libro. Ahora solo necesita saber los nombres de las cosas para que después no se pierda.

✔ Excluido de versiones previas de Word, está el Asistente de Office (un clip de papel animado). Como sale de la caja, Word 10 no abre automáticamente al

Asistente Office. No tenga miedo – le diré cómo llamarlo (¿o llamarla?) En la sección "El Asistente Office", más adelante en este capítulo.

✔ La barra de estado no es un club de yuppies. Contiene cuchitriles en los cuales la información aleatoria, y a menudo secreta, es desplegada. Este libro la explica cuándo la información es útil para usted.

✔ La Figura 1-3 le muestra Word en diseño de impresión. Si se ve diferente en su pantalla, seleccione <u>V</u>iew➪<u>P</u>rint Layout desde el menú (algunas personas prefieren usar Word en la vista normal).

✔ El panel de tareas (y, sí, me divertiré jugando con ese nombre más adelante en este libro) es una nueva característica de Word 10. Puede ser eliminado si desea dedicarle más espacio a la parte de escritura de la pantalla: seleccione <u>V</u>iew➪Tas<u>k</u> Pane, para ocultar el panel de tareas. Seleccione el mismo ítem de menú de nuevo para mostrarlo.

✔ La barra de tareas de Windows, localizada en la parte inferior de la pantalla, es una parte de Windows, no de Word. No obstante, cuando usted abre documentos en Word, los botones que representan a los documentos aparecen en la barra de tareas de Windows.

✔ ¿Observa el puntero del mouse de la Figura 1-3? Es el punto de inserción con la forma de una I mayúscula. Así es como aparece el puntero del mouse cuando usted lo desliza sobre un documento de Word.

✔ Las líneas ubicadas junto (o debajo) del puntero de inserción son parte de la característica click-and-type (hacer clic y digitar) de Word. El uso de esta opción es comentado en el Capítulo 18, en la sección que discute el formato automático.

✔ Puede usar el mouse para ver cuáles de los botoncitos y las cositas con imágenes hacen qué en Word. Simplemente, coloque el puntero del mouse sobre el botón y ¡voilà!

✔ Si actualmente no puede ver las barras de herramientas Standard o Formatting o la regla, o si desea cambiar la forma en que la pantalla de Word se ve *en este momento,* salte hasta el Capítulo 29.

La parte en blanco donde se escribe

Después de que Word inicia, se enfrenta con la versión electrónica de la página en blanco, el mismo concepto que ha causado el síndrome del bloqueo del escritor en tantas generaciones de literatos. Esto lo hace preguntarse si los cavernícolas alguna vez tuvieron "bloqueos de piedra".

La clave para escribir en Word es buscar el *punto de inserción* que parpadea — un palillo de dientes que parpadea en el texto y que le enseña dónde aparecerán sus digitaciones en la pantalla:

Seleccione View⇨Normal, del menú.

En la vista Normal, la mayor parte de la pantalla es asignada a la escritura de texto. Sin embargo, en esta vista, en la pantalla aparece una línea horizontal, justo debajo del cursor del palillo de dientes que parpadea. Ese es el *Marcador de final del texto.* Considérelo la barra de acero que sostiene a su texto, librándolo de cualquier daño, de la maligna nada que existe bajo su texto:

Seleccione View⇨Print Layout, del menú.

En la vista de Print Layout, el marcador de final de texto desaparece. A diferencia de la vista Normal, el foco aquí es cómo se ven las palabras en la página. Personalmente, yo prefiero escribir en modo normal y luego cambiar a diseño de impresión para formatear y editar.

✔ Escribir (o digitar, dependiendo de lo bueno que sea) es tratado en el siguiente capítulo. Eso viene siendo el Capítulo 2.

✔ Cualquier cosa loca que vea en la pantalla (una ¶, por ejemplo) es un símbolo secreto de Word. El Capítulo 2 le dice para qué podría ver esos símbolos secretos y cómo ocultarlos si le molestan.

✔ El *puntero* muestra el lugar exacto donde el texto aparece. El puntero también es llamado cursor ya que los cursores tradicionales de las computadora son líneas de subrayado que se deslizan debajo de lo que usted digita. Prefiero el término *cursor de palillo de dientes* ya que *puntero de inserción* es demasiado geométrico para mi gusto. Los caracteres que digita aparecen inmediatamente a la izquierda del sitio donde el cursor del palillo de dientes brilla en forma intermitente y luego el cursor avanza y espera al siguiente carácter.

El Asistente de Office

Hay muchas formas de obtener ayuda en Word, la mayor parte de las cuales están descritas en el Capítulo 2. Por ahora, en la pantalla, puede ver dos lugares para obtener ayuda.

Primero, está el cuadro para hacer preguntas (Ask a Question), donde puede escribir una pregunta y ver la lista de respuestas posibles.

En segundo lugar, y más interesante que el cuadro Ask a Question , está el Asistente de Office.

Si el Asistente de Office no aparece en la pantalla, seleccione Help⇨Show the Office Assistant, del menú. Lo que aparece es un personaje servicial, normalmente un clip animado con ojos saltones, pero puede cambiarlo si lo desea (le digo cómo en el Capítulo 2). El clip asistente de Office, oficialmente conocido como Clippit, aparece en la Figura 1-4.

Figura 1-4:
El clip de
papel.

El Asistente de Office está aquí para ayudarlo. La mayoría del tiempo, sin embargo, solo se sienta a ver mientras digita o se aburre mientras usted piensa en algo.

Aquí están mis movimientos preferidos del Asistente de Office:

✔ Puede mover al Asistente de Office por todo lado arrastrándolo con el mouse. Yo pongo a mi asistente en la esquina inferior derecha de la pantalla, donde no se mete en problemas.

✔ Haga clic derecho sobre el Asistente de Office para ver una lista de opciones de menú. Mi ítem de menú favorito es Animar, que hace que el asistente realice acciones interesantes.

✔ Puede seleccionar entre los asistentes de Office: haga clic derecho en el Asistente de Office y seleccione el ítem Choose Assistant, del menú. Mi asistente favorito es el perro, aunque guardo cariño por Merlin.

✔ Si detesta al Asistente de Office, haga clic derecho en su nariz y seleccione la opción de menú Hide. ¡Sí, la pantalla ya está suficientemente llena!

✔ El Asistente de Office se oculta cuando cambia de Word a otras aplicaciones.

✔ Usar al Asistente de Office para obtener ayuda es una característica que se cubre en el Capítulo 2.

Una Mirada a su Teclado

Sí, es posible tirar de un micrófono y decirle a Word, exactamente, lo que debe hacer. Discuto (y ridiculizo) esta asombrosa función de reconocimiento de voz en el Capítulo 25. Pero si bien puede darle órdenes a Word, el teclado es todavía una cosa útil de tener –especialmente para editar (o si es una de esas personas, como yo mismo, que digita más rápido y atinadamente de lo que puede hablar).

La Figura 1-5 muestra el típico teclado de PC usado durante el cambio de siglo (el cambio del siglo XX al XXI, no del XIX al XX, en que el "teclado" típicamente implicaba un piano).

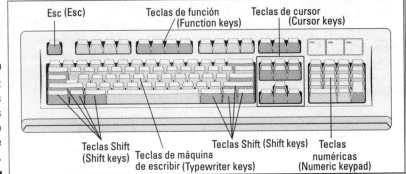

Esc (Esc)   Teclas de función (Function keys)   Teclas de cursor (Cursor keys)

Figura 1-5:
Las famosas atracciones del típico teclado de la PC.

Teclas Shift (Shift keys)   Teclas de máquina de escribir (Typewriter keys)   Teclas Shift (Shift keys)   Teclas numéricas (Numeric keypad)

¿Advirtió cómo el teclado está dividido en áreas separadas, y que cada una de ellas tiene una función especial? En Word, puede usar las teclas de estos grupos solas o en combinación con otras teclas:

✔ **Teclas de función:** Estas teclas están localizadas en la fila superior del teclado, y se llaman desde F1 hasta F12. Puede usarlas solas o en combinaciones con las teclas Ctrl, Alt y Shift.

✔ **Teclas de máquina de escribir:** Estas son las teclas estándar alfanuméricas que se encuentran en las máquinas de escribir: de la A la Z y del 1 al 0, además de algunos símbolos y ciertos caracteres exóticos.

✔ **Teclas de cursor:** Estas teclas de flechas mueven el cursor de palillo de dientes por la pantalla. También se han acomodado aquí las teclas Home (Inicio), End (Fin), PgUp (Re Pág), PgDn (Av Pág), Insert y Delete (Suprimir o Supr). Ah y también se deben contar las teclas de la sección numérica.

✔ **Doña Tecla:** Nombre apropiado para una tía que está consciente de lo pasado de moda de su nombre.

✔ **Teclas numéricas:** Estas teclas no se deciden por completo entre ser las teclas de cursor y las numéricas. Su conflicto de personalidad es evidente por la etiqueta de cada tecla, que muestra dos símbolos. La tecla Num Lock (Bloq Num) y su luz correspondiente se encienden si el teclado numérico (1, 2, 3) está activo. Si las teclas de cursor (flechas, Home) están activas, Num Lock está apagado.

✔ **Teclas Shift:** Estas teclas no hacen nada por sí mismas. En su lugar, las teclas Shift, Ctrl y Alt operan en combinación con otras teclas.

Estas son algunas teclas individuales que vale la pena especificar:

✔ **Enter:** Marcado con la palabra *Enter* y, en ocasiones, con una flecha quebrada a menudo críptico: esta tecla se usa para finalizar los párrafos de texto.

✔ **Barra espaciadora:** La única tecla que no tiene marcas; inserta espacios entre las palabras.

✔ **Tab:** Inserta tabulaciones que empujan el siguiente texto que digita hacia la siguiente tabulación. Una tecla interesante y, potencialmente, frustrante (pero cubierta en el Capítulo 13).

✔ **Backspace:** La tecla para volver un espacio o para borrar caracteres. Muy útil.

✔ **Delete:** También llamada Del y Supr, funciona como la tecla de Backspace, pero no se devuelve para borrar. Más sobre ella en el Capítulo 4.

Presionar teclas

Cuando yo digo "presione la tecla Enter", usted debe ver su teclado, quedarse viendo a la tecla Enter con ojos agudos y gritarle: "Tú, tecla de apariencia divertida. No vales nada. Las demás teclas te odian. Yo te odio. ¡Eres despreciable! ¡ Deberías irte del teclado ahora mismo y esconderte, llena de vergüenza, tecla sin valor!" Ahora, la tecla Enter estará realmente presionada y deprimida.

Ya seriamente, no debe "presionar" a las teclas. Debe pulsarlas. Pulsarlas y, luego, liberarlas. Cualquier movimiento rápido funcionará. Y los mejores teclados hacen clic para usted placenteramente, haciendo que su digitación sea tan ruidosa como en las viejas máquinas Olimpia.

Digitar combinaciones de teclas

Además de las digitaciones regulares, usted necesita usar varias combinaciones de teclas para decirle a Word que efectúe ciertos comandos. Por ejemplo:

Ctrl+P

Diga: "control pe". Se trata de la combinación de las teclas Control y P. O, si puede levantar una bola de basketball con una sola mano, puede intentar:

Ctrl+Shift+F12

Eso es: "control shift efe doce". Ambos accesos directos del teclado abren el cuadro de diálogo de impresión, Print –que no es verdaderamente importante por ahora. Lo que es importante es la combinación de teclas que realiza, es decir: pulsar la tecla Ctrl mientras pulsa P y, luego, soltar ambas teclas; o bien, pulsar las teclas Ctrl y Shift y, luego, pulsar la tecla F12. Suelte las tres teclas.

Siempre pulse la primer tecla (o teclas) y, luego, pulse la tecla final: pulse y suelte.

✔ Esta combinación de teclas funciona del mismo modo que se pulsa Shift+F para digitar una F mayúscula. Es la misma cosa, con la extrañas teclas Ctrl (Control) y Alt (Alternar).

✔ Sí, realmente tiene que esforzarse un poco para lograr hacer esas combinaciones de teclas.

✔ No se necesita que pulse las teclas muy fuerte. Si tiene problemas para que le sirva un acceso directo de teclas, pulsar con más fuerza no hará que la computadora piense: "¡Oh, dios mío, ahora está haciéndolo más fuerte. Ahora sí debe querer que me despierte!" Todo lo que se requiere es un ligero toque.

✔Recuerde soltar las teclas: con Ctrl+P, por ejemplo pulse la tecla Ctrl, pulse P y luego suelte ambas teclas. Si no sabe cuál soltar primero, suelte la tecla segunda y luego suelte la primer tecla (Ctrl, Shift o Alt).

✔Haga clic en el botón Cancel o Close, si accidentalmente abre el cuadro de diálogo Print; también puede pulsar la tecla Esc, en el teclado. Refiérase al Capítulo 9 para más información sobre cancelar la impresión.

Salirse de Word al Terminar

Conocer el momento indicado para irse es uno de los puntos más altos de la etiqueta. Y, en ocasiones, puede ser algo realmente complejo. Pero a Word no le importan las cuestiones sociales. Cuando termine de escribir, es el momento de salirse de Word:

1. **Seleccione File➪Exit desde el menú.**

   Este es el método estándar de salirse de cualquier programa de Windows.

2. **Guarde cualquier archivo, si Word le pide que lo haga.**

   Word siempre le advierte antes de salirse; si tiene trabajo sin guardar, le pide que lo guarde en el disco. Verá una advertencia en la pantalla. Si el Asistente de Office está visible, la advertencia aparece como si fuera una burbuja de diálogo de caricatura, como se muestra en la Figura 1-6.

Figura 1-6:
¡Gua, gua,
guau!

Haga clic en Yes para guardar su archivo. Quizás se le pida ponerle nombre al archivo si no lo ha hecho aún(el Capítulo 2 le dice cómo hacer esto).

Si la tontería que escribió no vale la pena de guardar, haga clic en No.

Puede hacer clic en Cancel para "salir" del comando Exit y regresar a Word para más placeres de procesamiento de texto.

Si elige salirse, Word se va de la pantalla y usted vuelve al escritorio de Windows, donde puede emplear su tiempo en otro juego de Carta blanca.

¡No reinicie ni apague su computadora para salir de Word! Hacer esto, potencialmente, puede entremezclar los archivos de su disco duro. Las computadoras ya de por sí son problemáticas. No contribuya a esa locura haciendo cosas que no tienen sentido.

Cómo Salirse de lo que Está Haciendo sin Salirse de Word

Si ya terminó con un documento, puede hacer que se esfume de su pantalla y empezar un documento nuevo sin necesidad de salirse de Word. Debe hacer esto "cerrando un documento, que viene a ser parecido a sacar una hoja de papel de su máquina de escribir, ¡pero sin el satisfactorio sonido SSHHHHHAAAAPPPP que producía!

Para cerrar un documento, seleccione File➪Close. Este paso cierra la ventana del documento y lo hace desvanecerse de la pantalla. El "espacio en blanco" de la ventana desaparece.

Para iniciar un documento, seleccione File➪New, este comando llama al panel de tareas New Document. Luego haga clic en el ítem Blank Document (una manera más fácil es hacer clic en el icono New Document, en la barra de herramientas).

Puede abrir un documento del disco usando el comando File⇨Open, el cual introduzco en el siguiente capítulo.

✔ ¿Por qué cerrar un documento? ¡Porque ya terminó de trabajar con él! Quizás desee trabajar en alguna otra cosa o salir de Word antes de cerrarlo. Las elecciones son suyas y yo las explico en el siguiente capítulo.

✔ No hay necesidad de cerrar un documento, en realidad. De hecho, yo trabajo en un documento por varios días y lo mantengo abierto (y mi PC encendida) durante todo ese tiempo. No lo afecta en nada (todo lo guardo en el disco, que es muy importante).

✔ Si intenta cerrar un documento antes de guardar algún cambio, Word despliega un cuadro de diálogo. Haga clic en el botón Yes para guardar su documento. Si desea continuar editando, haga clic en el botón Cancel y vuelva a trabajar.

✔ Si está trabajando en varios documentos al mismo tiempo, cerrar uno hace que otro aparezca en pantalla, en lugar del que acaba de cerrar.

✔ No tiene que cerrar Word cuando solamente desea empezar a trabajar en un nuevo documento.

Capítulo 2

¿Cómo la Mayoría Usa Word?

● ●

En este capítulo

▶ Iniciar un documento nuevo en Word

▶ Consejos de digitación

▶ Formato

▶ Obtener ayuda

▶ Guardar su documento en un disco

▶ Imprimir

▶ Cerrar su documento

● ●

No intento doblegar sus sentimientos. Puede ser un poeta que insiste en poner una sola palabra en cada página. Puede estar bajo coacción de una
agencia burocrática, luchando por encontrar un salto de párrafo en cinco páginas de puro texto. O bien, puede ser un estudiante que acomoda hasta tres páginas de un escrito que era de dos páginas. No importa lo que sus deberes de
procesamiento de texto conlleven, es muy probable que vaya a usar Word más o
menos igual que las demás personas. Este no es un ataque a su individualidad.
Es solo la verdad pura.

Este capítulo le da los pasos básicos que debe llevar a cabo cuando utilice
Word todos los días. De hecho, si este libro fuera tan breve como un folleto,
este capítulo sería ese folleto (lo demás del libro solamente ofrece más detalles e información altamente útil, así como también la justificación del fuerte
precio de la portada).

Visión General (Para el Impaciente)

El procesamiento de texto Word funciona así, aproximadamente, así:

1. **Iniciar un documento nuevo en Word.**

2. **Digitar.**

3. **Formatear.**

4. **Guardar.**

5. **Vista preliminar.**

6. **Imprimir.**

7. **Cerrar.**

Todos siguen estos pasos de un modo u otro. Un buen usuario de Word repite los pasos 2,3 y 4 y algunas veces varía su orden (la mayoría del tiempo, se está digitando en Word. Hacia el final del proceso, debe empezar a formatear, aunque mucha gente formatea conforme digita).

Supongo que el paso 2 también podría llamarse "dictar", si dictar es una opción que le satisface (refiérase al Capítulo 25).

Si guardó un documento anteriormente y desea trabajar en él de nuevo, reemplace el paso 1 con "Abrir un documento de un disco" (refiérase al Capítulo 8 para más información sobre el comando Open).

Los pasos 5 y 6 son necesario solo cuando ya ha terminado y planea imprimir el trabajo (el Capítulo 9 comenta Preview y Print).

El resto de este capítulo desarrolla estos pasos.

Iniciar un Documento Nuevo

Cuando Word inicia, le presenta un documento en blanco, adecuado para digitar. Su siguiente paso, lógicamente, es digitar. O, ilógicamente, puede tratar de dictar (refiérase al Capítulo 25 para información sobre cómo configurar esta función). Si apenas comienza, recomiendo marchar por el camino de la digitación por ahora –hasta que esté familiarizado con Word.

Si necesita iniciar un documento nuevo mientras está editando algo en Word (como cuando está escribiendo una carta para un amigo y se da cuenta de que se olvidó de escribir esa carta comercial urgente), seleccione File⇨New del menú. El documento nuevo aparece en otra ventana, exactamente dentro de la ventana principal de Word, en blanco y lista para digitar.

> ✔ Hacer clic en el botón New, en la barra de herramientas, también inicia un documento nuevo en caso de que esté apresurado.

✔ Si el panel de tareas aparece (refiérase a la Figura 1-3) busque el área New (el segundo desde arriba) y haga clic en el ítem Blank Document.

✔ Refiérase al Capítulo 10 para más información sobre trabajar con más de un documento de Word.

✔ Otra forma de iniciar su trabajo es abrir un documento del disco (refiérase al Capítulo 8 para más información). Después de que el documento está abierto, aparece en una ventana al igual que cualquier otro documento que haya creado. ¡A trabajar!

Digitar (O Cazar y Picotear)

¡Olvide todas las funciones y las características divertidas! La mayor parte de su tiempo en Word se emplea digitando.

> *Tecle-que-tecle-que-tecle-que-tlac*

Adelante, digite; ¡deje que sus dedos bailen sobre las teclas! Lo que usted digite aparece desplegado en la pantalla, letra por letra –incluso las cosas peyorativas sobre su computadora (a su PC no le importa, pero eso no quiere decir que Word carezca de sentimientos).

El texto nuevo se inserta justo ante los ojos del cursor del palillo de dientes parpadeante. Por ejemplo, puede digitar esta línea:

```
La agricultura es la profesión más antigua del mundo.
```

Para cambiar esta oración, mueva el cursor del palillo de dientes justo antes de la "p". Digite un espacio y el siguiente texto:

CONSEJO

"¿Necesito aprender a digitar?"

Nadie necesita aprender a digitar para usar un procesador de texto, pero se hará un favor a usted mismo si aprende. Mi consejo es obtener un programa de computación que le enseñe a digitar. Puedo recomendar el programa Mavis Beacon Enseña a Digitar, aunque no recibo ningún dinero de ella. Simplemente, me gusta el nombre Mavis, supongo.

Saber cómo digitar hace que de una experiencia dolorosa como Word sea un poquitín más agradable.

segunda

El texto nuevo se inserta conforme se digita, con todo el texto ajustado en la línea para hacer campo.

La oración completa debería leerse así:

La agricultura es la segunda profesión más antigua del mundo.

✔ Cada tecla de carácter que digite produce un símbolo en la pantalla. Este hecho se mantiene para todas las letras, números y símbolos. Las otras teclas, generalmente grises del teclado, hacen cosas extrañas y maravillosas, que el resto de este libro trata de explicar.

✔ Si es un ex usuario de máquinas de escribir, debe de tener unos cuarenta años. En serio, no use la tecla L o I para el número uno o la tecla O (la letra "o") cuando quiera escribir cero en un procesador de palabras. Es incorrecto. Por favor, digite **1** para el número uno y **0** para el número cero.

✔ ¡No le tema a su teclado! Word siempre ofrece amplias advetencias antes de que pase algo serio. Una útil opción de deshacer borra sus errores; refiérase al Capítulo 4.

✔ La tecla Shift produce letras mayúsculas, al igual que el botón de las máquinas de escribir (si alguna vez usó una).

✔ La tecla de Caps Lock funciona como la tecla Shift Lock de las máquinas de escribir. Después de que la presione, la luz de Caps Lock, en su teclado se enciende y todo lo que digite aparecerá en MAYÚSCULAS.

✔ Perdón por todas las analogías con las máquinas de escribir.

✔ Las teclas de número, al lado derecho del teclado se pueden usar. Para ello, debe presionar la tecla Num Lock, y verá la luz del teclado encendida. Cuando esa luz esté apagada, las teclas numéricas sirven como controles de cursor, al igual que las teclas de flechas.

✔ La profesión más antigua del mundo, muy probablemente, es la ganadería.

Cuándo presionar esa tecla Enter

Presione la tecla Enter solo cuando llega al final de un párrafo.

No, eso fue muy fácil. Déjeme hablar largo y tendido sobre esto por unos párrafos más.

La tecla Enter, del teclado de su computadora, no funciona de la misma forma que la tecla Return de una máquina de escribir. ¡De vuelta a esos días (cuando la TV era a blanco y negro y papi usaba un sombrero para trabajar), usted pulsaba la tecla Return al final de cada línea, usualmente después de un "¡ding!" Con un procesador de texto, no necesita pulsar Enter al final de cada línea, ni debe decir "ding" en ningún momento.

Por ejemplo, digite el siguiente texto. Simplemente digítelo todo y no se tome la molestia de presionar la tecla Enter, nop, de ningún modo:

```
En un esfuerzo por encontrar a los mejores digitadores del
     universo, la Federación solicitó la ayuda de la
     instructora Vianevska S. que digitaba en el 7o. grado.
     Viajando a través de la galaxia, la señora Vianevska casi
     encontró a la pareja perfecta: el Ornitorrinco de Plantax
     9 podía mecanografiar rápidamente con sus 12 dedos de
     articulaciones dobles en cada mano. Oh dioses, el
     Ornitorrinco carece del todo de columna vertebral y, por
     ello, la señora Vianevska desaprobó su postura.
```

¿Notó cómo se *ajusta* el texto? La última parte del texto, al final del renglón, se mueve hasta el principio de la siguiente línea. ¡ Es automático!

No hay ding –ni hay necesidad de pulsar Enter al final de la línea.

Presione Enter solo al final de un párrafo.

✔ Esta opción (ajustar líneas de una a otra) se llama *word wrap (ajuste de línea).*

✔ Algunas personas terminan con dos pulsaciones de la tecla Enter; otros solo usan una. Si desea espacio extra entre los párrafos, debe usar los comandos de párrafo de Word, como lo describo en el Capítulo 12 de este libro.

✔ El doble espaciado de sus líneas también se hace con un comando para formatear párrafos. No presione Enter si desea espaciado doble. Refiérase al Capítulo 12 para más información.

✔ Si desea poner sangría en el siguiente párrafo, pulse la tecla Tab después de pulsar Enter.

✔ Si `Vianevska` aparece con un subrayado rojo en zigzag, eso significa que Word cree que es una palabra mal escrita. Del mismo modo para `Ornitorrincox`. Refiérase al Capítulo 7 para más información.

✔ Si `Vianevska S.` tiene una línea púrpura debajo (además de un zigzag rojo, aunque esto es, específicamente, un asunto sobre la línea púrpura) así es como Word le dice que ha sobrevivido a la viruela. Hablando en serio, la línea punteada color púrpura es una etiqueta inteligente, una característica nueva cubierta en el Capítulo 34.

✔ Si pulsa la tecla Enter en el medio de un párrafo existente, Word crea un párrafo nuevo. El texto sobre el cursor de palillo de dientes se convierte en su propio párrafo, el texto que sigue al cursor se convierte en el siguiente párrafo.

✔ Puede borrar el carácter de Enter usando las teclas Backspace o Delete. Eliminar ese carácter une los dos párrafos en uno solo.

El atractivo del regreso suave

Otra forma de terminar un párrafo –pero no finalizarlo completamente– es usar la combinación Shift+Enter, el llamado *soft return (regreso suave)* o *line break (salto de línea)*. Esto le permite terminar una línea de texto y empezar otra, pero sin crear un párrafo nuevo. Digite esta línea:

```
Viejo Sr. Pacheco
```

Ahora pulse Shift+Enter. Comienza una nueva línea. Continúe digitando:

```
Este personaje debe ser interpretado por su actor más versátil.
Debe ser alto y bajo, obeso y flaco y ser 75% gracioso,
30% entusiasta y 10% repulsivo.
```

Todo ese texto es un párrafo, aunque la parte `Viejo Sr. Pacheco` aparece en otra línea. Esa es la esencia de un retorno suave o de un salto de línea. De modo especial, se usan en tablas, aunque quizás le encuentre sentido si crea formulario, páginas Web u otros documentos donde ese formato sea necesario.

✔ No, probablemente, no use retornos suaves tanto como usará los retornos normales (también llamados retornos *hard (duros)*.

✔ Refiérase al Capítulo 20 para información sobre tablas.

Cuando aporrear la barra espaciadora

Usted usa la Barra espaciadora para insertar espacios entre palabras o frases. Sinellasutextoseríaextremadamentedifícildeleer.

En Word, como en toda digitación que haga en una computadora, ponga un espacio entre las frases (si es un digitador de toque, este hábito debe ser difícil de romper, pero es posible).

El único malhumor que me produce la Barra espaciadora es que también las personas usan espacios para poner en fila columnas de información o para poner en sangría. Esto está terriblemente mal y, conforme esas personas lo descubran, la salida del escrito se ve ostentosa. Sí, barato y ostentoso.

En vez de usar la Barra espaciadora para sangrar o alinear texto, use la tecla Tab. La tecla Tab es la mejor forma de organizar la información de la pantalla. A diferencia de la Barra espaciadora, la tecla Tab sangra texto en una posición exacta para que cuando lo imprima, todo se ponga en fila agradable y pulcramente (refiérase al Capítulo 13 para más información sobre las tabulaciones).

✔ Use la Barra espaciadora para poner espacios entre palabras y frases).

✔ Un espacio entre las oraciones es todo lo que se necesita. Cuando sienta que necesita más de un espacio, como para arreglar texto en columnas o para alinear las cosas, use la tecla Tab (refiérase al Capítulo 13).

✔ He escuchado que los profesores de digitación todavía le dicen a sus estudiantes que pongan dos espacios entre las oraciones. Oigan: se equivocan. Superen eso. Las máquinas de escribir están muertas. ¿Correcto? Progresen...

✔ Los romanos no ponían espacios entre las palabras de los edificios porque Chiselers Union no sabía cómo cobrarles por eso.

Cosas para advertir mientras digita

Muchísimas cosas le pueden llamar la atención mientras digita, algunas de las cuales pueden desconcertarlo, otras pueden molestarlo y unas cuantas le pueden causar consternación indebida.

La barra de estado

La primer cosa para tomar en cuenta mientras digita es la barra de estado, en la parte inferior de la pantalla. La información allí le dice algo sobre su documento y dónde lo está digitando. La Figura 2-1 lo explica todo, aunque los únicos detalles a los que me refiero son Page (la página actual que edita) y las páginas totales del documento (el último número del ítem C de la Figura 2-1).

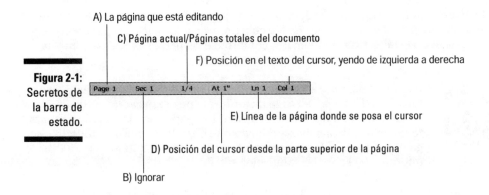

A) La página que está editando

C) Página actual/Páginas totales del documento

F) Posición en el texto del cursor, yendo de izquierda a derecha

Figura 2-1:
Secretos de
la barra de
estado.

E) Línea de la página donde se posa el cursor

D) Posición del cursor desde la parte superior de la página

B) Ignorar

La vida entre las páginas

A Word le gusta mostrarle dónde termina una página y dónde comienza otra. Esto es algo bueno de saber porque la mayor parte de lo que usted crea termina en una hoja de papel -o talvez en dos hojas, pero usted solo quería una. En ese caso, siempre puede usar la barra de estado (refiérase a la Figura 2-1) para ver cuántas páginas tiene o en cuál página está. Pero Word tiene métodos visuales también.

Word usa dos pistas visuales para mostrarle dónde aparece una página nueva, dependiendo de cuál vista usa para ver su documento.

Si selecciona View⇨Print Layout (la forma en que Word se ve naturalmente), el salto entre las páginas es mostrado en la pantallas de una forma virtual. La Figura 2-2 muestra este detalle. Las páginas son blancas y el espacio entre ellas es gris.

La página previa

El vacío insidioso entre las páginas

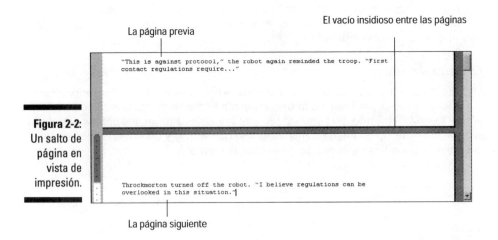

Figura 2-2:
Un salto de
página en
vista de
impresión.

La página siguiente

Si selecciona View⇨Normal, que es el modo en el que yo uso Word, el salto entre las páginas le muestra una línea de hormigas marchantes a lo largo de la pantalla. *¡No les eche insecticida!*

....

Esa cosa (mostrada arriba) es un salto de página en vista Normal. El texto que observa sobre las hormigas, perdón, los puntos, pertenece a la página precedente; el texto debajo de las hormigas pertenece a la página siguiente.

✔ No puede eliminar un salto de página. Puede cambiar el sitio donde se dan, pero si su texto es muy largo para la página, Word automáticamente lo pone en la páginas siguiente.

✔ Una fila de puntos cercanos –hormigas amistosas– marca un salto de página duro. Las palabras `Page Break (Salto de pagina)` incluso aparecen en el centro de la línea. Este asunto de Word es explicado en el Capítulo 14.

¡Manchas entre las palabras!

No hay razón para alarmarse si ve manchas –o puntos – en la pantalla mientras pulsa la barra espaciadora o la tecla Enter, como aquí:

```
Esto•puede•ser•muy•molesto.¶
```

Lo que ocurre es que Word le está mostrando los *nonprinting characters (caracteres que no se imprimen)*. Word utiliza diversos símbolos para representar las cosas que no vería normalmente: como espacios, tabulaciones, la tecla Enter, etc.

¿Para qué tomarse la molestia? Al desplegar los caracteres que no se imprimen, fácilmente, puede encontrar las cosas que pueden estar echando a perder el formato de su texto, el cual, de otra manera sería difícil de ver. Por ejemplo, dos pestañas en fila, repentinamente, pueden sacudir con fuerza su texto conforme usted lo digita. La única forma de saber que hay dos pestañas en una fila sería ver los caracteres que no se imprimen.

✔ Para desactivar los caracteres que no se imprimen, pulse la combinación de teclas Ctrl+Shift+8 (púlselo de nuevo para activarlo, si es una persona curiosa). Use el ocho de la parte superior del teclado, no el de los números de la parte derecha del teclado.

¶ ✔ También puede hacer clic en el botón Show/Hide, de la barra de herramientas Standard, para desplegar u ocultar esos caracteres.

✔ Los símbolos aparecen en la pantalla, pero, afortunadamente, no en el documento impreso.

El subrayado contoneante

Agregar subrayado a su texto en Word es interesante. El Capítulo 11 le cuenta todo sobre eso. Sin embargo, se dan ocasiones en que Word puede hacer algún subrayado por sí mismo, con subrayados rojo, verdes y púrpuras, en estilos zigzagueantes y punteados. Esto lo hace Word para alertarlo de ciertas cosas del texto.

Los errores ortográficos en Word están subrayados de rojo ondulante. Ese es el molesto corrector ortográfico de tiempo real de Word en acción.

Los errores gramaticales en Word se subrayan de verde zigzagueante. Word le dice si ha cometido algún pecado con el idioma español (pero, generalmente, está equivocado).

Refiérase al Capítulo 7 para más información sobre arreglar los errores de la ortografía y la gramática de Word –y para acabar con la línea zigzag, si le molesta tanto.

El subrayado púrpura y punteado se usa en Word para identificar a un potencial contacto. El cerebro ultra inteligente de Word adivina nombres diversos en su documento y los subraya por usted. El Capítulo 34 tiene más información sobre esta característica, incluyendo cómo desactivarla.

Generalmente, ignore todas las líneas de zigzag hasta que pase a la fase de edición de su documento (bueno, a menos que se pongan obsesionados, pero eso tiende a retardar el proceso de escritura).

¡Mire al Asistente de Office!

Conforme usted digita, el Asistente de Office hace cosas que llaman la atención de forma diversa, lo cual puede encontrar divertido. De hecho, si espera demasiado tiempo mientras lee o redacta sus pensamientos, puede notar que el Asistente de Office se va a dormir (vea al perro del margen). ¡Esa es una buena pista de que debería dejar de ver al espacio y regresar al trabajo!

"¡Uy! ¡Me equivoqué!"

Si comete un error, pulse la tecla Backspace para restaurar y borrar. Esta tecla se se indica con la palabra Backspace en su teclado o puede tener una larga flecha que apunta a la izquierda: ←.

¡ADVERTENCIA!

Pulsar y sujetar la tecla Backspace lo pone en modo de Consumo Rápido –un montón de caracteres ubicados a la izquierda del cursor de palillo de dientes que parpadea, se borran– hasta que suelta la tecla Backspace.

La tecla Delete también traga símbolos, aunque elimina el carácter a la derecha del cursor del palillo de dientes que parpadea.

 Para errores aun mayores (booboous maximus), Word tiene la tecla Undo (Deshacer). No borra texto, pero le ayuda a jalar bruscamente el texto que, accidentalmente, ha borrado. Refiérase al Capítulo 4 para más información sobre Undo.

Formatear su Documento

El formato es lo que hace que su documento sea profesional y no como lo que escribía en una Smith Corona 1972 que necesitaba cinta nueva. Hay varias cosas que puede formatear en su documento:

- Caracteres
- Párrafos
- Tabulaciones
- El documento completo
- Páginas
- Columnas
- Encabezados y pies de páginas

Su deber esencial en el procesamiento de texto es escribir el texto. Después de eso, generalmente se vuelve a realizar el formato, cambiando el estilo del texto o ajustando los márgenes. Esto es comentado en la Parte II de este libro.

- Word puede formatear su documento por usted. Describo eso en el Capítulo 18.

- La mayoría de las personas formatea el texto mientras escribe, agrega itálicas o negrita o lo que sea. También puede formatear párrafos mientras escribe, aunque los cambios de formato más importantes se pueden hacer mejor *después* de que escriba el texto (en la Parte II se explican ejemplos de ambos tipos).

- Word además le permite formatear su documento al agregar dibujos, imágenes, líneas, tablas, columnas y otros elementos que realmente pueden hacer que las cosas se vean entretenidas. Las Partes III y V cubren estos temas.

Obtener Ayuda

Existe ayuda en todo Word:

Puede recibir ayuda para casi todo al pulsar la tecla F1. Generalmente, esta tecla llama al Asistente de Office (aunque no esté visible ahora). Una burbuja de tira cómica aparece sobre la cabeza del perro y pregunta "¿Qué le gustaría hacer?" Digite su pregunta, como se muestra en la Figura 2-3. Pulse la tecla Enter y el perro le contesta:

¡Guau! ¡Guaguaguá! ¡Guuaaauuuuuuuuuu!

Figura 2-3:
El Asistente
de Office
está listo
para ayudar.

Seriamente, una lista de respuestas potenciales aparece en la burbuja de tira cómica del perro. Por ejemplo, si digita "¿Cómo guardo este documento en formato de WordPerfect?" El perro le muestra una lista de respuestas posibles. Hacer clic en una respuesta particular le dice cómo llevar a cabo una tarea.

Si prefiere no usar al Asistente de Office, puede digitar una pregunta en el cuadro Ask a Question, en la esquina superior derecha de la ventana de Word. Digite una pregunta y pulse Enter. Las respuestas entonces aparecen, pero sin el Asistente Office saltando a la vista por la página, lo cual algunas personas encuentran molesto).

✔ Mi experiencia es que seleccionar la opción de buscar ayuda en la Web es una colosal pérdida de tiempo.

✔ Con suerte, terminará usando este libro más de lo que usará al perro.

✔ Ah, y yo sé que existen otros asistentes de Office, sencillamente estoy siendo parcial con el perro.

¡Guarde sus Cosas!

La computadora es estúpida. La computadora es olvidadiza. Y pierde cosas. Para ayudarle a la computadora a recordar, usted le debe decir que guarde sus cosas. Todo lo que crea en Word debería guardarse en un disco, almacenado allí como un documento.

 Para guardar un documento en el disco, seleccione el comando File⌐Save, Alt+F, S (también puede hacer clic en el botón Save, que se parece a un disquito, en la barra de herramientas Standard).

Si guarda su documento por primera vez, aparece el cuadro de diálogo Save As, como se muestra en la Figura 2-4.

Figura 2-4:
El cuadro de diálogo Save As.

Digite un nombre para su documento en el área File Name. El nombre `Aunt Millie's Goiter` aparece en la Figura 2-4. Si se equivoca al digitar, use la tecla Backspace para regresar y borrar el error.

Haga clic en el botón Save para guardar el documento.

✔ El Capítulo 8 ofrece más detalles sobre guardar documentos.

✔ El nombre del archivo es la forma en que puede reconocer el archivo más tarde. Es importante utilizar un buen nombre y que sea descriptivo.

✔ La forma más rápida de guardar un archivo es usar el teclado. La combinación de teclas para guardar es Ctrl+S. Pulse la tecla Ctrl (Control) y pulse la tecla S. Si puede levantar un balón de basketball con una mano, también puede usar la combinación de teclas Shift+F12.

✔ Cuando guarde un documento, observe la barra de estado, la cual temporalmente muestra un mensaje que le dice que Word está guardando su documento.

✔ El Asistente de Office le dice cuándo introduce con un nombre de archivo prohibido. Haga clic en OK e inténtelo de nuevo, siguiendo los consejos del perro.

✔ Después de que el documento es guardado en el disco, verá su nombre desplegado en la barra de título. Ese nombre es su pista para saber que el documento se ha guardado en el disco.

✔Si no está de humor creativo, puede resolver intitular su archivo con un nombre de otro archivo que ya esté en su disco. Esta decisión es un grave error porque el archivo más nuevo se sobrescribe en el otro archivo que tenga el mismo nombre. Por ejemplo, si resuelve guardar su carta nueva usando el nombre CARTA, y CARTA ya existe en el disco, el archivo nuevo se sobrescribe en el viejo. No hay forma de recuperar el original, así es que use otro nombre, más claro en su lugar. El perro le advierte con este mensaje:

```
¿Desea reemplazar lo que sea que haya?
```

Haga clic en el botón No. Use otro nombre.

Ponerlo en Papel (Imprimir)

Los autores geniales no se preocupaban por imprimir. Shakespeare nunca tuvo que guardar su documento ni usar vista previa de impresión. Poe escribió *El Cuervo* en papel, así que "imprimir" era lo que hacia conforme iba escribiendo. Y Mark Twain, que escribió *Las Aventuras de Tom Sawyer* en una máquina de escribir exótica, en cambio, ya era parte de la alta tecnologia. ¿Y usted?

Imprimir es el resultado de sus esfuerzos en el procesamiento de texto. ¿Hércules? Él tenía que recuperar el cinturón de una chica. ¿Usted? Usted tiene que imprimir su documento. Todo se ve agradable y ordenado en papel – casi profesional.

Primero, observe la vista preliminar de su impresión

 Para ver cómo lucirá un documento, sin gastar valioso papel, utilice el comando Print Preview. Seleccione File➪Print Preview o, haga clic en el útil botón Print Preview, en la barra de herramientas.

La Figura 2-5 le indica cómo se ve el modo Print Preview. Su documento se muestra exactamente del modo en que se imprimirá, incluyendo cualquier imagen, encabezado o pie de página (o cualquier otro ítem) que no aparezca del modo esperado mientras se encuentra realizando la edición.

 Bien. Se ve bien. Haga clic en el botón Close para volver a su documento ya sea para editar o para imprimir.

Hora de imprimir

Para imprimir su documento en Word –el documento que puede ver en la pantalla– haga lo siguiente:

1. **Asegúrese de que su impresora está encendida y de que está lista para imprimir.**

   Refiérase al Capítulo 9 para información adicional sobre cómo preparar la impresora, en caso de necesitar hacerlo.

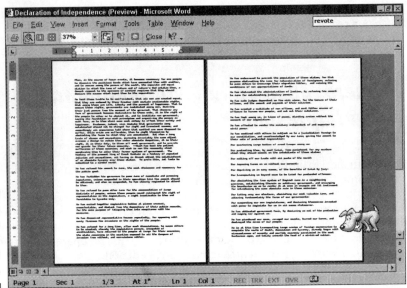

Figura 2-5:
Modo de
vista preli-
minar de
impresión.

 2. Seleccione el comando File⇨Print.

El cuadro de diálogo Print se abre. Este es un lugar ocupado, donde se lleva a cabo la impresión y actividades relacionadas.

3. Haga clic en el botón OK.

El documento sale de la impresora.

✔ También puede llamar al cuadro de diálogo Print pulsando Alt+F, P o Ctrl+P. Este método es recomendado si tiene los dedos largos, si hace punto de aguja o si el ratón no está cerca y, más bien, se anda comiendo el queso otra vez.

✔ El Capítulo 9 brinda información detallada sobre imprimir, incluyendo información sobre asegurarse de que su impresora está lista para trabajar.

✔ Note que guardar viene antes de imprimir. No tiene que ser así, pero considero muy importante guardar y guardar, una y otra vez.

Cerrar

Para cerrar un documento cuando ha terminado, seleccione el comando File⇨ Close (Ctrl + W). Este paso cierra la ventana del documento y hace que se desaparezca de la pantalla. ¡Zzzipp! (tiene que decir " Zzipp " cuando hace esto). Este paso está cubierto abreviadamente en El Capítulo 1; para detalles, refiérase al capítulo de cómo abandonar lo que está haciendo sin salir de Word.

✔ ¿Para qué cerrar un documento? ¡Porque ya terminó de trabajar con él! Talvez desea trabajar en alguna otra cosa o salir de Word después de cerrar. Las elecciones son suyas.

✔ Si intenta cerrar un documento antes de que esté guardado, Word despliega un cuadro de diálogo de advertencia. Haga clic en el botón Yes para guardar su documento. Si desea continuar editando, haga clic en el botón Cancel y vuelva al trabajo.

✔ Si está solamente trabajando en un documento y lo cierra, Word se ve como si hubiera dejado libres las premisas: las barras de herramientas y los menúes desaparecen, como lo hacen las barras de desplazamiento y otras cosas de la pantalla. No se aterrorice; acaba de cerrar un documento y Word tiene muy poco qué hacer. Word se sienta pacientemente y espera su siguiente orden.

✔ Si ha terminado con Word, salga. De otra manera, puede ponerse a trabajar en otro documento. Refiérase a "Iniciar un Documento Nuevo", anteriormente, en este capítulo.

Capítulo 3

Movimiento Básico

Pienso que nunca veré un poema tan bello como un árbol. Especialmente, porque una enorme rama me acabada de caer en el lóbulo occipital y me ha hecho perder la vista.

*E*scribir significa reescribir, lo cual quiere decir que habrá momentos en que usted tendrá que pensar y revisar lo que redacta. Si necesita una imagen mental, imagine una máquina de escribir con una sola hoja de papel muy larga. Para releer su documento, tendría que rebobinarla de regreso a través de la platina, hasta encontrar la parte requerida. Uf. ¡Qué tarea!

Afortunadamente, Word tiene algunos comandos básicos de movimiento del cursor del palillo de dientes que le permiten desplazarse, leer o editar su documento mucho más fácil que hacer girar una manija. ¡Todo es cuestión de movimiento! ¡Haga ejercicio! ¡Sea activo! ¡Evite que le caigan ramas encima!

Desplazarse por su Documento

Cuando uno escribe en un trozo de papel, es difícil perder el lugar. Y en los viejos días de las máquinas de escribir, una página de papel tenía un tamaño, generalmente, reducido. Pero en Word, los documentos pueden llegar a ser enormes.

Desafortunadamente, solo una pequeña parte de esa enormidad aparece en la pantalla de su computadora al mismo tiempo. Para moverse de un lugar a otro, necesita saber sobre las teclas de navegación de Word y otros comandos especiales que puede usar para desplazarse.

Ir de aquí y de allá para acullá (teclas básicas de flechas)

La forma más común de moverse en sus documentos es pulsar las teclas de flechas, que también se llaman las *teclas de control de cursor* porque controlan el cursor de palillo de dientes en su pantalla. Estas teclas se pueden usar solas o con otras para juguetear con el palillo de dientes por todo su documento.

Si utiliza las teclas numéricas, asegúrese de que la luz Num Lock esté encendida. Haga esto pulsando la tecla Num Lock. Si no lo hace, verá números en vez del baile del cursor por la ventana –como444aquí

Las cuatro teclas básicas de flecha hacia arriba, abajo, hacia la derecha y la izquierda:

Tecla	Lo Que Hace
↑	Mueve el cursor hacia la línea de texto anterior
↓	Mueve el cursor hacia la siguiente línea de texto
→	Mueve el cursor al siguiente carácter
←	Mueve el cursor al carácter precedente

Si pulsa la tecla Ctrl (Control) y luego pulsa una tecla de flecha, entra en el modo turbo. El cursor de palillo de dientes súper cargado realiza saltos rápidos en las cuatro direcciones:

Pulse estas teclas	Para Hacer Esto
Ctrl+↑	Mueve el cursor al inicio del párrafo anterior
Ctrl+↓	Mueve el cursor al inicio del párrafo siguiente
Ctrl+→	Mueve el cursor al inicio (primera letra) de la palabra anterior
Ctrl+←	Mueve el cursor al inicio (primera letra) de la palabra siguiente

Use la tecla Ctrl con la tecla de flecha de la misma manera que utiliza la tecla con la letra S para obtener una S mayúscula: pulse la tecla Ctrl y luego pulse una tecla de flecha. Suelte ambos botones. No tiene que presionar con fuerza.

✔ No puede mover el cursor del palillo de dientes más allá de los límites de su documento: no puede desplazarse más "arriba" de la primer línea ni más "abajo" de la última línea de su documento; tampoco puede intentar colocar el cursor en las regiones inferiores entre las páginas haciendo clic en su mouse.

✔ Si lo desea, puede hacer que Word emita un sonido si intenta mover el cursor más allá de los límites de un documento: seleccione Tools⇨Options, desde el menú. Haga clic en la etiqueta General del cuadro de diálogo y ponga una marca de verificación en el ítem referente a los sonidos. Haga clic en OK, Word cacofónicamente emite un sonido cuando intenta forzar el cursor del palillo de dientes a salir de la página.

✔ Mover el cursor no borra los símbolos; usar las teclas Backspace y Delete elimina símbolos (entre otras cosas discutidas en el Capítulo 4).

✔ La palabra *acullá* se utiliza en español en oposición a ciertos pronombres demostrativos (como *allí o allá*). Puede tener un valor intensivo en relación con ellos. Acullá quiere decir que está más allá que "allá".

Hacer que el cursor de palillo de dientes salga pitando (moverse a brincos y a saltos)

No todos los dedos tienen la misma extensión. ¡Mírelos ahora! ¿Ve cómo algunos son más largos y otros más cortos? Los más cortos son probablemente así porque pueden pulsar las teclas de flecha en su teclado de una manera impropia. Existen mejores formas de saltar por un documento.

En vez de carpintear su teclado, intente usar algunas teclas de flecha (y las teclas que no son de flechas) en las combinaciones de las secciones siguientes, ya que realmente hacen que el cursor del palillo de dientes vuele por su documento.

¡Paginar con Don PgUp y Don PgDn!

PgUp es el lenguaje de teclado para Page Up, y PgDn es el lenguaje de teclado para Page Down. Su teclado tiene dos conjuntos de teclas: el lenguaje de teclado PgUp y PgDn del teclado numérico, y Page Up y Page Down del área del cursor (a la izquierda del teclado numérico). ¿No es lindo?

Uno pensaría, lógicamente, que el set de teclas Page Up mueve un documento hacia arriba en una página y que el set de Page Down mueve el documento hacia abajo. En vez de deslizar su documento de página en página, estas teclas se mueven de *pantalla en pantalla:*

PgUp	Mueve el cursor del palillo de dientes una pantalla. O, si está en la parte de arriba de su documento, esta tecla lo mueve hasta la parte superior de la pantalla.
PgDn	Mueve el cursor abajo una pantalla o hasta el final del documento, si está allí (hasta el final del documento si está a menos de una pantalla de este).
	Si solo está interesado en moverse de arriba para abajo en su pantalla, el texto mostrado en la ventana de Word usa estos comandos:
Ctrl+Alt+PgUp	Mueve el cursor a la parte superior de la pantalla actual.
Ctrl+Alt+PgDn	Mueve el cursor a la parte inferior de la pantalla actual.

Personalmente, nunca he usado esas teclas porque es más fácil hacer clic con el mouse en donde deseo poner el cursor del palillo de dientes.

Las últimas combinaciones de teclas de PgUp y PgDn son más difíciles de explicar. Cuando se usan en combinación con la tecla Ctrl, PgUp y PgDn son empleadas para explorar el documento de acuerdo con ajustes elaborados por los botones de la barra de desplazamiento. Esta información es cubierta en este capítulo.

 No existe lógica en la industria de las computadoras.

Principios y finales

Arriba/abajo, principio/final parte inferior/parte superior –algunas veces, sencillamente, necesita estar ahí. Estas son las teclas que lo hacen –y tienen nombres sorpresivamente correctos:

Tecla o Combinación	En Dónde Ubica al Cursor
End (Fin)	Esta tecla envía el cursor del palillo de dientes al final de una línea de texto.
Home (Inicio)	Esta tecla envía el cursor del palillo de dientes al principio de una línea de texto.
Ctrl+End (Ctrl+ Fin)	Esta combinación de teclas manda al cursor del palillo de dientes al final exacto del documento.
Ctrl+Home (Ctrl+ Inicio)	Esta combinación de teclas lo lleva al principio de su documento.

Ctrl+End es una rápida combinación de teclas para pulsar de modo equivocado. Lo lleva –literalmente– al final de su documento. Si lo hace y siente que se ha equivocado, pulse Shift+F5, el atajo de teclado para volver al lugar de donde venía (esto es: de vuelta a la edición previa). También, refiérase a "Ir de Regreso", más tarde en este capítulo.

Usar el mouse para moverse por doquier

El mouse proporciona una manera rápida y fácil de mover el cursor del palillo de dientes: primero, halle una nueva ubicación para el cursor, en la pantalla. Luego, mueva el puntero del mouse a donde desea que esté el cursor y haga clic. El cursor se reubica instantáneamente. Es apuntar y hacer clic.

También puede usar su mouse para manipular la barra de desplazamiento vertical (a la derecha de la ventana de su documento). La barra de desplazamiento es un juguete estándar de Windows. La única bonificación extra aquí es que si usted arrastra el botón elevador con el mouse, podrá ver un globo de aparición automática que le dice a cuál página se está moviendo en su documento, como aparece en la Figura 3-1. Hasta podría ver el encabezado de la parte actual o el título del capítulo, mientras arrastra el botón elevador.

Figura 3-1:
Informa-
ción vital
sobre la
numeración
de las
páginas.

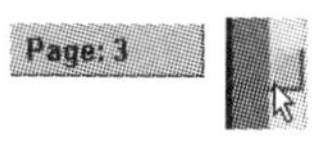

Finalmente, si su PC goza de uno de los nuevos mouse con "ruedita", como el Microsoft Intellimouse, puede desplazarse a través de su documento usando la rueda central del mouse:

> Gire la rueda hacia abajo y hacia arriba para desplazarse por su documento (el número de líneas que se desplaza un documento es configurado usando el icono del mouse del panel de control de Windows).

> Haga clic en la rueda para ejercer súper control con el mouse sobre la barra de desplazamiento vertical y poder desplazarse rápidamente a lo largo y ancho de su documento.

> Pulse la rueda como un botón y arrastre el mouse para deslizarse hacia arriba y hacia abajo o, en un documento, de izquierda a derecha.

¡Oh, simplemente adoro esos juguetitos del mouse!

✔ ¡Cuidado cuando use la barra de desplazamiento para moverse en su documento! Desplazar la pantalla no hace que el cursor se desplace con ella. Debe *hacer clic en el mouse* sobre el texto para realmente mover el cursor sobre un punto. Así, por ejemplo, puede desplazarse para ver la página 5, pero el cursor del palillo de dientes todavía está emitiendo su intermitencia en la página 3. Cuando empiece a digitar, el texto nuevo aparece en la página 3, donde está el cursor, y no en la 5, aunque sea la página que está observando.

✔ Debe hacer clic en el mouse para mover el cursor sobre un punto. Si no hace clic en el mouse para mover el cursor a un punto, sencillamente, se está metiendo con la mente de la computadora.

Ir de Aquí para Allá con el Comando Go To

Ah, otro consejo para ahorrar tiempo: suponga que necesita estar en la página 14; bien, si está en la página 1, puede A) usar el botón elevador de la barra de desplazamiento para encontrarla, B) pulsar la tecla → 14 000 veces, C) pulsar PgDn para llegar allí, aproximadamente con 28 pulsaciones, o D) usar el comando Go To.

Sí, Go To arregla las cuentas.

Go To le permite ir directamente a cualquier lugar del documento en que desee estar. El comando Go To le permite encontrar un número de página específico, una línea o cualquier cosa que tenga en su documento.

Para usar el comando Go To, seleccione Edit⇨Go To (o pulse Alt, E, G) y la pestaña Go To del cuadro de diálogo de Find and Replace aparecerá exactamente ante sus ojos (refiérase a la Figura 3-2).

Figura 3-2:
Dígales dónde ir en el cuadro de diálogo Go To.

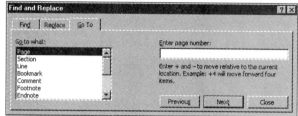

Existen muchísimos lugares a los que puede ir, tal como lo demuestran los confusos ítemes de la lista Go To, en la Figura 3-2. Usualmente, no obstante, deseará ir a un número de página específica.

Digite un número de página en el cuadro Enter Page Number.

Por ejemplo, digite **14** en el cuadro y pulse Enter, y se va a la página 14. Eso es suponiendo que tenga una página 14 a dónde ir.

✔ También puede pulsar la tecla F5 para abrir la pestaña Go To, del cuadro de diálogo Find and Replace.

✔ Vaya, también puede pulsar el atajo de teclado Ctrl+G (tiene más sentido que F5, en todo caso).

✔ Si hace clic dos veces en el número de la página, en la barra de estado, (refunfuñar: "Cambia, idiota –cambia, cambia", mientras hace esto es algo muy útil) el cuadro de diálogo Go To aparece como un genio desde su lámpara.

✔ Para ser más específico en sus comandos Go To, refiérase a "¡No le Doble la Esquina a Su Monitor! Use el Comando Bookmark", adelante en este capítulo.

Regresar

Dicen que una vez que usted lo hace, no hay regreso. Eso es correcto (quizás) pero nunca si está usando Word. Si va a algún lugar al que no quiere ir, pulse Shift+F5 y Word lo lleva de regreso a donde había empezado.

El acceso directo de teclado Shift+F5 funciona solo en Word; no puede usar este comando en la vida real.

Pulsar Shift+F5 lo regresa a donde estaba antes; pulsarlo de nuevo lo lleva de regreso a donde estaba antes de eso. Este atajo de teclado funciona cerca de tres veces antes que empiece a repetirse solo. Repetirse solo. Repetirse solo.

¡No le Doble la Esquina a su Monitor! Use el Comando Bookmark

Conforme digito, me encuentro con frecuencia trabajando en varias partes de un documento a la vez. Talvez, también le pase a usted. O quizás esté leyendo lo que escribió y necesite recordar un punto específico al cual regresar. Sin importar la razón que sea, a veces es necesario, bueno, poner un marcador en su documento. Es mejor hacer eso que doblar la esquina de su monitor, lo cual creo que no serviría de mucho, en todo caso.

Bienvenido al comando Bookmark (Marcador) de Word.

Colocar un marcador

Para marcar su lugar en un documento, coloque un marcador. Siga estos pasos:

1. **Coloque el cursor del palillo de dientes donde desea colocar el marcador.**

2. **Seleccione el comando Insert⇨Bookmark (o, si tiene tres manos, intente Ctrl+Shift+F5).**

   Se abre el cuadro de diálogo Bookmark, tal como aparece en la Figura 3-3.

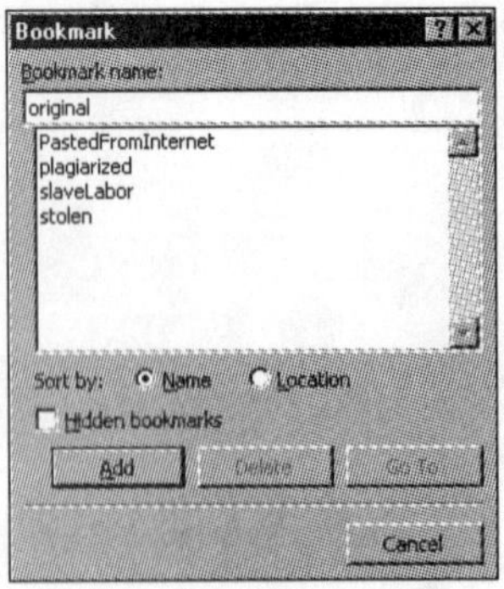

Figura 3-3:
El cuadro de diálogo Bookmark.

3. **Digite un nombre para el marcador.**

   ¡Sea claro! El nombre le recordará dónde está en su documento. Así que si está creando un escrito, unas banderas recordatorias para partes diversas del documento le podrían resultar de ayuda.

   Por cierto, los nombres de los marcadores no pueden contener espacios. Sin embargo, puede usar mayúsculas especiales si lo desea, como en la Figura 3-3.

4. **Pulse Enter o haga clic en el botón Add.**

Encontrar un marcador y moverse hasta ese punto de su documento

Para devolverse a un marcador, use el comando Go To, como se describe en "Ir de Aquí para Allá con el Comando Go To", anteriormente en este capítulo. Estos pasos le evitarían darle vuelta a la página y perder su flujo de pensamientos:

1. **Pulse la tecla F5.**

   El cuadro de diálogo Find and Replace aparece en la pantalla.

2. **Destaque la opción Bookmark en la lista de Go To.**

   Bookmark es el cuarto ítem hacia abajo.

   El cuadro Enter Page Number se transforma en Enter Bookmark Name. Su marcador más reciente aparece en este espacio.

   Si no ve el marcador, haga clic en la flecha hacia abajo y podrá ver una larga lista de marcadores de su documento. Haga clic en el que desea.

3. **Haga clic en el botón Go To.**

   ¡Allí está!

4. **Haga clic en el botón Close para librarse del cuadro de diálogo Find and Replace y volver a editar su documento.**

Usar los Botones de la Secreta Barra de Desplazamiento para Navegar

Acechando en la parte inferior de la barra de desplazamiento vertical, hay tres botones, como se muestra en el margen. Estos son los botones de exploración, que le permiten buscar a lo largo de todo el documento, a brincos y a saltos.

El botón de arriba es el botón *Browse Up (Explorar hacia arriba)*.

El botón de arriba es el botón *Browse Down (Explorar hacia abajo)*.

Y el botón del centro es el botón *¿Qué Cosa Es Lo Que Estoy Buscando?*

Cuando haga clic en el botón del centro, aparece una combinación de cosas entre las que se puede buscar, como aparece en la Figura 3-4. Apuntar con el mouse a cualquiera de estos ítemes despliega texto explicativo sobre ellos.

Figura 3-4:
Varias cosas que se pueden explorar.

Normalmente, el ítem de la página es seleccionado (vea el margen). Eso significa que hacer clic en los botones Browse Up o Browse Down lo lleva hacia atrás o hacia adelante de su documento, de página en página.

Estos botones también están relacionados con el comando Search (cubierto en el Capítulo 5). Hacer clic en los botones Browse Up o Browse Down localiza el último ítem que ha buscado. Manualmente, puede seleccionar esa opción escogiendo el icono de los binóculos desde el menú de objetos (refiérase a la Figura 3-4), aun cuando use el comando Search, los botones Browse automáticamente utilizan las funciones de encontrar siguiente o encontrar anterior.

Otros iconos del menú de objetos le permiten examinar a través de su documento y buscar los ítemes o las ediciones que representan, aunque yo mismo solo he utilizado los botones Find y Page.

Mientras tanto, de vuelta a la tierra de las teclas PgUp y PgDn, puede estar totalmente informado sobre las funciones de las teclas Ctrl+PgUp y Ctrl+PgDn. Básicamente, son accesos directos de los botones Browse Up y Browse Down. Si no ha buscado nada, Ctrl+PgUp y Ctrl+PgDn lo desplaza a través de su documento de pantalla en pantalla. De otro modo, esas dos combinaciones de teclas toman las funciones de los botones Browse, permitiéndole saltar por el documento y buscar el ítem que haya escogido del cuadro de objetos. Ingenioso.

Capítulo 4

Edición Básica

Editar. ¿Acaso no suena como algo muy limpio y ordenado? Es una palabra que ayuda. Editar es ayudar: "Escuche, permítame editar esto para usted. Simplemente le haré un pequeño toque. De modo parejo. Afinando sus puntos. Guiando sus pensamientos". Así es como me gusta pensar en la edición. Pero la verdad es mucho más fea. Sí, editar es destruir.

Editar es cortar, aporrear, destruir, colocar ringleras de texto quemado, rastrojo y muñones de palabras excedentes y pensamientos mutilados, demasiado gruesos y carentes de gracia para la página impresa. Ese es el legado de la edición. Y es el tema de este capítulo.

Procesar palabras es más que solo digitar y mover un cursor por ahí. Es jugar con el texto. Digitar de nuevo, eliminar, deshacer: estas son las tres tareas básicas que encontrará en el siguiente texto (el cual digité, volví a digitar, sobre-digité, eliminé y deshice muchas veces).

Insertar o Sobrescribir: He Ahí el Dilema

Apuesto a que no sabía que Word, usualmente, está en modo de insertar (Insert). Eso significa que cualquier texto nuevo que digite se inserta exactamente antes del cursor de palillo de dientes. El nuevo material empuja el existente a la derecha y hacia debajo de donde digita. Este es el modo Insert.

El mellizo diabólico del modo Insert es Overtype (Sobrescribir). En este modo, todo el texto que digita se sobrescribe en el texto existente, reemplazándolo mientras usted avanza.

Para cambiar al modo de sobrescritura, pulse la tecla Insert en su teclado. La tecla Insert o la tecla Ins, del teclado numérico (con el Num Lock desactivado) pueden hacer el truco.

Cuando se encuentra en modo de sobrescritura, las tres letras OVR (SOB) se destacan en la barra de estado. De hecho, puede hacer doble clic sobre ellas para cambiar entre los modos de Insert y de Overtype.

Honestamente, no existen razones para digitar en el modo Overtype. El modo Insert es muy bueno, puede usar los diversos comandos de este capítulo para eliminar texto a su antojo.

✔ En modo Overtype, el texto nuevo sustituye al texto existente de su pantalla. Si ve que esta locura tiene lugar, haga doble clic en la cosa OVR, en la barra de estado, para detenerla y, luego, use el atajo del teclado Ctrl+Z (Deshacer) para recuperar el texto borrado.

✔ Así que la solución al dilema que aparece en el título de esta sección es el modo Insert.

Eliminar Cosas

Yo conocí a un escritor que sentía un dolor terrible al borrar *algo* que hubiera escrito. En vez de arrojar un par de párrafos al azar, él simplemente copiaba los párrafos como *bloques* y los movía hasta la parte inferior del documento, para "salvaguardarlos". Sí, claro. Y si él, eventualmente, se convierte en el próximo Willy Shakespeare, la posteridad tendrá todos esos bellos párrafos descartados para maravillarse. ¿Somos unos suertudos o qué?

Triste pero cierto, borrar texto es parte del proceso de editar, al igual que escribir. Todos editan y todos borran texto. De hecho, considero que es altamente probable que se llegue a borrar el primer párrafo de cualquier borrador redactado. Si este es su caso, esta parte del libro puede ser la correcta para su visita.

✔ Se dice que Isaac Asimov nunca hizo un segundo manuscrito de nada. Eso no significa que no se devolviera a auto editarse, sino que era mucho mejor escritor que la mayoría de personas que conozco.

✔ En el Capítulo 6 comento sobre mover bloques.

Sus teclas básicas para borrar: Backspace y Delete

Puede usar estas dos teclas para borrar caracteres individuales de texto:

✔ **Tecla Backspace:** Elimina el símbolo a la izquierda del cursor del palillo de dientes.

✔ **Tecla Delete:** Elimina el símbolo ubicado a la derecha del cursor de palillo de dientes.

> El moho de pan tenia un significado especial para Brenda. Su refrigerador estaba lleno de muestras.

En el texto precedente, el cursor del palillo de dientes está "intermitente" (bueno, *estaría* intermitente en una pantalla de computadora) entre la *n* y *la f* de *significado*. Si se pulsa la tecla Backspace, se elimina la *n;* si se pulsa Delete, se borra la *f.*

✔ Después de eliminar un símbolo, cualquier texto a la derecha o debajo de los símbolos se mueve para llenar el vacío.

✔ Si está en el modo Overtype, la tecla Backspace todavía jala el resto del texto a la derecha.

✔ La tecla Backspace no funciona como la correspondiente de las máquinas de escribir. La diferencia es que cuando se pulsa Backspace en Word, el cursor se devuelve y *borra* (el equivalente de la tecla Backspace en las máquinas de escribir es la tecla de la flecha izquierda).

✔ Algunos tipos de texto especiales de Word no se pueden borrar tan fácilmente usando las teclas Backspace o Delete. Un ejemplo es un campo de texto de actualizar, que es un texto especial que siempre muestra, digamos, la fecha de hoy. Tal texto aparece sombreado con gris claro cuando trata de eliminarlo. Se trata de Word que le recuerda la especialidad del texto. Es necesario que pulse Delete o Backspace para borrar un texto así.

✔ Puede pulsar Backspace o Delete para borrar símbolos en grandes cantidades. Suelte la tecla para detener la destrucción.

Eliminar una palabra

Word tiene dos comandos que borran palabras completas:

✔ Ctrl+Backspace elimina la palabra enfrente (a la izquierda) del cursor.

✔ Ctrl+Delete elimina la palabra detrás (a la derecha) del cursor.

Para borrar una palabra usando Ctrl+Backspace, coloque el cursor en la última letra de la palabra. Pulse Ctrl+Backspace ¡y la palabra se esfuma! Entonces, el cursor se ubica al final de la palabra precedente o al principio de la línea (si borró la primera palabra de un párrafo).

Para borrar una palabra usando Ctrl+Delete, ubique el cursor en la primera letra de la palabra. Pulse Ctrl+Delete y la palabra se esfuma. Entonces, el cursor queda en el principio de la siguiente palabra o al final de la línea (si borró la última palabra de un párrafo).

Desafortunadamente, si está en la mitad de una palabra, el comando solo borrará desde ese punto hasta el inicio o hasta el final de la palabra. Por lo tanto, les obsequio el siguiente truco:

Para borrar una palabra, toda la palabra y nada más que la palabra, apúntele con el mouse a la criatura ofensiva y haga doble clic sobre ella. Esta acción seleccionará la palabra entera, y la destacará en la pantalla. Pulse la tecla Delete para desaparecer la palabra para siempre.

Después de eliminar el texto, Word graciosamente ajusta el resto del escrito para que se una con el restante, todo de una manera gramaticalmente correcta.

¡Ningún mero borrador de lápiz puede igualar a Ctrl+Delete o a Ctrl+Backspace al esparcir el terror!

Eliminar líneas, oraciones y párrafos

En Word, existe una diferencia entre una línea de texto, una oración y un párrafo. Observe estas definiciones:

✔ Una *línea de texto* es simplemente una línea a través de la página (nada que tenga que ver con alguna cosa gramatical. El indicador Ln de la barra de estado le dice en cuál *línea* de texto se encuentra, contando desde la parte superior de la página. Por ejemplo, en este mismo momento, estoy editando la línea 23. Lo que sea.

✔ Una *oración* es una frase. Usted sabe: empieza con una letra mayúscula y termina con una letra minúscula, un signo de interrogación o de exclamación. Probablemente, aprendió este concepto en las clases de español de la escuela, que seguramente por ese tipo de cosas es que se les llama clases de español.

✔ Un *párrafo* es una cantidad de texto que termina con una pulsación de la tecla Enter. De este modo, un párrafo puede ser una línea de texto, una oración o varias de estas.

¿Y a quién le importa? Bueno, todas esas cuestiones, surgen cuando uno borra varios fragmentos de texto. Existen varias formas de eliminar líneas, oraciones y párrafos.

Eliminar una línea de texto

Word no tiene comandos para borrar líneas de texto con el teclado. Pero con el mouse, eliminar una línea es tan fácil como hacer un clic y presionar una tecla. Siga estos pasos:

 1. Mueva el mouse al margen izquierdo de su documento.

El cursor se convierte en una flecha que apunta hacia el "noreste" y no tanto al "noroeste".

2. **Apunte la flecha del cursor del mouse hacia la línea de texto que desea desterrar.**

3. **Haga clic en el botón izquierdo del mouse.**

La línea de texto es destacada; es decir, seleccionada.

4. **Pulse la tecla Delete para enviar la línea al limbo.**

Cuando el cursor del mouse está apuntando al noroeste, puede arrastrarlo al margen izquierdo y seleccionar tanto texto como lo desee. Todas las líneas, entonces, pueden ser borradas con una pulsación de la tecla Delete.

Refiérase también al Capítulo 6, en el cual hablamos sobre convertir un texto en un bloque y luego mandarlo al cielo.

Eliminar una oración

Hacer que una oración se desvanezca es pan comido. Bueno, sencillamente, pulse la tecla Delete una vez antes de cada símbolo de una oración. Pero, como ocurre con todas las cosas de las computadoras, siempre hay una forma mejor y más fácil:

1. **Ubique el cursor del palillo de dientes firmemente en el medio de la oración ofensiva.**

Haga clic.

2. **Pulse la tecla F8 tres veces.**

Pulsar la tecla F8 una vez activa el *modo de selección extendida,* que es cubierto en el Capítulo 6. Pulsarla dos veces selecciona una palabra y, tres veces, selecciona una oración.

3. **Pulse la tecla Delete.**

¡Zas! Se fue.

Pulsar la tecla F8 tres veces destaca (selecciona) una oración.

Si cambia de idea, pulse la tecla Esc. Ello cancela el modo de Selección Extendida. Pulse cualquier tecla o haga clic con el mouse sobre su texto para destacarlo.

Eliminar un párrafo

Existen dos, nop, *tres* formas de marcar un párrafo para su destrucción:

✔ **El método del triple clic.** Haga tres veces clic en el mouse, sobre el párrafo. Clic,clic,clic. Sea rápido en lo referente al triple clic. Eso destaca el párrafo y una pulsación hábil de la tecla Delete lo saca de la página.

✔ **El método F8, F8, F8, F8.** También puede seleccionar y borrar un párrafo ubicando el cursor del palillo de dientes en el párrafo y pulsando la tecla F8, bueno, cuatro veces. Pulse la tecla Delete y... ¡presto!... texto vaporizado!

✔ **El método cursor del noreste/doble clic.** Si le gusta el mouse cuando apunta hacia el noreste, mueva el puntero del mouse a la columna izquierda de la página (cuando se convierte en la flecha que apunta hacia el noreste) y, luego, haga doble clic. El párrafo ubicado a la derecha del cursor del mouse se selecciona y queda listo para ser eliminado con un toque rápido de la tecla Delete.

Eliminar formas viejas con bloques

Word puede eliminar símbolos, palabras y líneas con comandos específicos. Para eliminar alguna otra cosa, debe marcarla como un bloque de texto y luego eliminar el bloque.

Refiérase al Capítulo 6 para más información sobre marcar un bloque de texto. Después de que cualquier bloque es marcado en su documento, presionar la tecla Delete lo elimina (si librarse de las cosas que nos molestan fuera así de fácil...).

Borrar Errores con el Comando de Deshacer

Ahora, indicadme cómo me desharé de mí mismo. — Ricardo II, William Shakespeare

No hay de que preocuparse cuando se hace alguna cosa en Word. ¡Nada! Ello es porque Word posee el útil comando Undo. El comando Undo recuerda las últimas cosas que ha agregado o eliminado y, muy fácilmente, puede revertir cualquier error que haya cometido. Además, existe un comando Redo, que es esencialmente Undo-Undo, aunque eso es un negativo doble y me maltrata el cerebro pensar en ese tipo de cosas.

El bendito comando Undo

Para cancelar la eliminación de un texto, haga alguna de las siguientes acciones:

✔ Pulse Ctrl+Z.

✔ Seleccione Edit⇨Undo, con el mouse.

✔ Haga clic en la herramienta Undo, de la barra de herramientas.

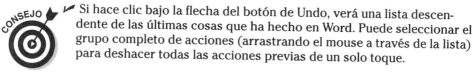 Estas son las tres formas de usar el comando Undo (por mi parte, yo prefiero la combinación de teclas Ctrl+Z).

✔ A diferencia de otros programas, usar el comando Undo en Word no deshace su última orden de Undo. Por ejemplo, presionar Ctrl+Z puede recuperar el texto que había eliminado, pero si pulsa Ctrl+Z de nuevo no volverá a eliminar el texto, deshaciendo la acción de deshacer.

✔ El ítem de Undo, del menú de Edit cambia cualquier cosa que necesite ser deshecha: deshacer negrita, digitaciones y todo tipo de errores.

✔ Si hace clic bajo la flecha del botón de Undo, verá una lista descendente de las últimas cosas que ha hecho en Word. Puede seleccionar el grupo completo de acciones (arrastrando el mouse a través de la lista) para deshacer todas las acciones previas de un solo toque.

✔ Para deshacer una acción Undo, seleccione Redo. Refiérase a la sección "Rehacer, o toma dos" dentro de un par de secciones.

¿No puede deshacer? Aquí está la razón. . .

Algunas veces, lo puede desesperar que Word no deshaga una acción. En la barra de menú, incluso ve el mensaje Can't Undo. ¿Qué se puede hacer?

Esencialmente, cualquier acción que haya hecho, puede llegar a ser imposible de deshacer para Word. Este resultado puede deberse a una serie de razones: no hay nada que deshacer; no hay suficiente memoria para deshacer; Word no puede deshacer nada porque lo que usted hizo fue demasiado complejo; Word lo olvidó; Word lo odia, y así sucesivamente.

Sé que es frustrante, pero todos tienen que vivir con ello.

Rehacer, o toma dos

Si deshace algo y —caramba– no tenía intención de hacerlo, debe usar el comando Redo para regresar las cosas a la normalidad. Para borrar cualquier texto que haya eliminado accidentalmente, haga alguna de estas cosas:

- Pulse Ctrl+Y.
- Seleccione Edit⇨Redo, con el mouse.
- Haga clic en la herramienta Redo, en la barra de herramientas (si está disponible).

¿Cómo funciona esto? Bueno, pretenda que después de un almuerzo particularmente pesado, vuelve a su oficina para unas fuertes digitaciones. Dios mío, el sueño eventualmente le ganará y su cabeza se precipitará sobre el teclado y presionará algunas teclas al azar. Después de que el ligero golpe lo despierte –revise para asegurarse de que nadie fue testigo de tan embarazoso incidente– decida si desea deshacer las digitaciones que su frente causó: Ctrl+Z, Ctrl+Z, Ctrl+Z.

Pero –¡rayos!– pulso Ctrl+Z demasiadas veces. En ese caso, use el comando Edit⇨Redo (o Ctrl+Y) para recuperar las cosas que deshizo.

¿Y qué si no hay nada qué rehacer? Luego, el comando Redo se convierte en el comando Repeat, que es cubierto en la sección sobre tomar ventaja de la tecla Repeat, en el Capítulo 10.

- Honestamente, nadie usa el comando Redo mucho. Si lo hace, puede hallarlo frustrante porque tiende a rehacer las cosas que realmente quería deshacer en primer lugar (podrá entender esto si alguna vez usa Redo varias veces en una sola fila).
- El botón Redo de la barra de herramientas puede no estar visible. Le imploro acomodar sus barras de herramientas, lo cual es cubierto en el Capítulo 30.
- Al igual que el comando Undo, el comando Redo tiene un botón en la barra de herramientas Standard. Junto al botón hay una flecha que apunta hacia abajo, en la cual se puede hacer clic para revisar las últimas cosas que ha deshecho.

Capítulo 5

Buscar Esto y Reemplazarlo por Aquello

. . . .

En este capítulo

▶ Buscar texto en su documento

▶ Usar varias opciones del comando de Find

▶ Buscar texto arriba o abajo del cursor de palillo de dientes

▶ Buscar cosas que no se pueden digitar en su teclado

▶ Buscar códigos de formato en su documento

▶ Utilizar el comando Replace

. . . .

Los alquimistas pensaban que uno podía convertir el plomo en oro. Por supuesto, ahora usted se ríe de ellos. "Ja, ja", dice –porque usted sabe que tanto el oro como el plomo son elementos básicos que no se pueden convertir en ellos mismos. Al menos eso es lo que su profesor de química le juraba y perjuraba. ¿No se maravillaría si pudiera cambiar plomo en oro? O agua en gasolina? ¿O cartón en pizza?

Bueno, estoy aquí para decirle que los alquimistas tenían razón. *Es* posible cambiar plomo en oro –siempre y cuando sean palabras de un documento y usted esté utilizando el comando de Word Find and Replace (Buscar y reemplazar). Sí, Word puede localizar la palabra *plomo* y, ágilmente, sustituirla por la palabra *oro*, todo de una manera elegante y rápida. Quizás no sea la máquina para un retiro lucrativo, pero al menos es posible. Este capítulo tiene todos los detalles.

¡Texto, Oh Texto! ¿Dónde Estáis?

Word puede localizar rápidamente cualquier fragmento de texto de su documento, desde el segmento más amplio de oratoria hasta la letra más ínfima. El comando utilizado se llama, para sorpresa de todos, el comando Find (Buscar) y se oculta en el menú de Edit (Edición). Siga estos pasos para usar el comando Find y localizar el texto que acecha en su documento:

1. **Piense en algún texto que desee encontrar.**

    Por ejemplo, *plomo.*

2. **Seleccione el comando E̲dit⇨F̲ind.**

    Verá el cuadro de diálogo Find and Replace, como aparece en la Figura 5-1. Note que este cuadro de diálogo también se usa para reemplazar texto y para el comando Go To, como se indica en las pestañas. Pero usted desea buscar texto, así que la pestaña Find aparece de primero. Bien.

Figura 5-1: El cuadro de diálogo Find and Replace.

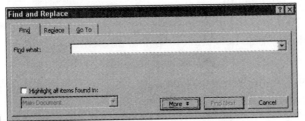

3. **Digite el texto que desea buscar.**

    Introduzca el texto en la casilla Find what (Buscar); por ejemplo, **plomo.** Digítelo exactamente como lo desea encontrar.

Si no está seguro de si el texto está digitado en letras mayúsculas o minúsculas, utilice minúsculas.

4. **Haga clic en el botón Find Next para empezar la búsqueda.**

    O, simplemente, pulse Enter.

Si aparece un texto, este es destacado en la pantalla. El cuadro de diálogo Find and Replace no desaparece hasta que haga clic en el botón Cancel o hasta que pulse la tecla Escape (el cuadro de diálogo permanece para que pueda seguir buscando más texto, en caso que se sienta inclinado a hacerlo).

✔La tecla de acceso rápido para encontrar texto es Ctrl+F o Ctrl+B, dependiendo de la configuración de su teclado.

✔ Digite exactamente el texto que desea encontrar. Puede ser una palabra, varias o una oración completa (no concluya la oración con un punto a menos que desee encontrar el punto también).

✔ Si el texto no aparece, el perro (o el Asistente de Office) le pregunta si desea buscar de nuevo desde el principio. Haga clic en Yes o en No, según sea el caso. O, si el texto no se encuentra, el Asistente de Office se lo dice (si el asistente no está en pantalla, el texto aparece en un simple y viejo cuadro de diálogo).

✔ Si el texto no aparece y está seguro de que estaba allí, inténtelo de nuevo. Verifique la ortografía primero, en todo caso.

✔ Si trabaja en más de un documento al mismo tiempo, asegúrese de que Word solo encuentre el texto en el documento actual (el que ve en la pantalla). Para encontrar texto en otro documento, haga clic en el botón de ese documento, en la barra de tareas, e inténtelo de nuevo.

✔ Refiérase al Capítulo 28 para hallar información sobre buscar textos en varios documentos.

✔ Para encontrar una aparición adicional del texto, haga clic en el botón Find Next.

  ✔ También puede usar los botones Browse Up o Browse Down para encontrar la siguiente aparición del texto –incluso si el cuadro de diálogo Find and Replace no aparece en la pantalla. Así, si ha buscado y ha encontrado la palabra Vianey, hacer clic en el botón Browse Down encuentra su nombre de nuevo (también puede usar Ctrl+PgUp o Ctrl+PgDn para hallar la aparición previa o siguiente del texto).

 ✔ A su Asistente de Office le puede aparecer un bombillo sobre la cabeza después de que cierra el cuadro de diálogo Find and Replace. Hacer clic en el bombillo despliega información adicional sobre el comando Find, la mayoría de la cual está resumida en los apartados anteriores.

Rebuscar

Word recuerda el último fragmento de texto que buscó. Aparece seleccionado (destacado) la siguiente vez que llame al cuadro de diálogo Find and Replace. Ello es útil si desea encontrar el mismo fragmento de texto una vez más –o puede editar el texto, modificándolo ligeramente para encontrar otra cosa.

Si vuelve su mirada hacia el lado derecho del cuadro de texto Find what, verá un dispositivo descendente (refiérase a la Figura 5-1). Hacer clic allí exhibe una lista con el texto que había buscado previamente. Para buscar de nuevo un trozo de texto que ya ha buscado, haga clic en la flecha que apunta hacia abajo y haga clic sobre el texto que desea encontrar otra vez. Haga clic en el botón Find Next y estará en camino.

Encontrar más cosas

La ventana de diálogo básica de búsqueda (refiérase a la Figura 5-1) está bien para encontrar rápidamente pedacitos de texto. Pero algunas veces puede querer encontrar más cosas detalladas o cosas que no puede digitar fácilmente en el teclado (como la pulsación de Enter de un párrafo nuevo). También puede querer encontrar texto que, exactamente, calce con *Puba* y no con *puba*. En esos casos, necesita usar la robusta ventana de diálogo Find and Replace.

Para activar más opciones en la ventana de diálogo Find and Replace, presione Ctrl + F. Haga clic en el botón More. La ventana de diálogo Find and Replace se vuelve más grande, con un montón de opciones y funciones en la parte inferior, como se indica en la Figura 5-2.

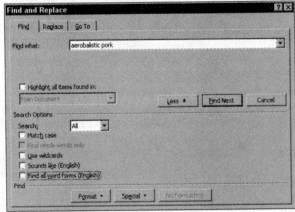

Figura 5-2:
El más detallado cuadro de diálogo Find and Replace.

Las siguientes secciones le dicen por qué quizás desee usar esas opciones.

Encontrar un trocito exacto de texto

Existe una diferencia entre *Rocío* y *rocío*. Uno es un nombre propio y el otro es una acumulación de humedad en las plantas y en otros objetos. Para usar el comando Find y encontrar una y no otra, seleccione la opción para hacer calzar las mayúsculas con las minúsculas, bajo la opción de Search Options. De esa manera, *Rocío* solo concuerda con las palabras que empiecen con mayúscula y que tengan ocío en minúsculas.

Encontrar una palabra entera

La opción Find Whole Words Only le permite buscar palabras como *rollo* y *pan* sin tocar palabras como *desarrollo* o *panteón*.

Buscar texto que usted sabe que solo es parte de algo más (usar comodines)

Este es un tarro de gusanos para usted. Es posible usar comodines para encontrar solo partes de palabras o grupos de palabras con letras similares. Este truco es altamente técnico, así que tenga mucho cuidado mientras lee lo siguiente.

Los dos símbolos de comodines son ? y *. ? representa cualquier letra y * representa un grupo de letras. Así que suponga que digita la siguiente línea en el cuadro Find what:

```
?sa
```

Si seleccionó la opción Use Wildcards, Word busca cualquier palabra de tres letras que empiece con cualquier letra y que termine con *sa:* como por ejemplo *osa, asa, esa.*

El asterisco encuentra un grupo de símbolos, así el siguiente comodín localiza cualquier palabra que empieza con D y que termina con O (hay muchas):

```
D*O
```

Puede usar una enorme cantidad de símbolos de comodín para encontrar texto en un número de formas interesantes y extrañas. Por ejemplo:

```
c[ea]nso
```

Esta opción de los paréntesis cuadrados en realidad encuentra las palabras *censo* y *canso*, dependiendo de lo que desee.

Word tiene muchas más variaciones de comodines disponibles, aunque * y ? son los más populares y deberían de ser suficientes. Para ver el resto de los comodines disponibles, haga clic en el botón del signo de interrogación en la esquina superior derecha del cuadro de diálogo Find y Replace y, luego, seleccione la opción Use Wildcards.

Encontrar texto que suena como alguna otra cosa

La opción Sounds Like (Suena como) le permite buscar homónimos o palabras que suenan igual a la palabra buscada. Por ejemplo, encuentra halla y haya, casa y cosa, haz y hoz. Qué tan útil es esto, nunca lo sabré.

Oh! Este es el comando para buscar rimas. Si intenta usarlo para usar todo lo que rima con *puerta*, por ejemplo, *Berta, tuerta, muerta, etcétera.*

Encontrar variaciones de una palabra

"¡No, no, no! ¡Superman ya no camina. Él vuela! ¡Cambie esto!" Así que allí va usted, buscando cada variación de la palabra *caminar: caminando, caminante, caminó*, y así en adelante. Word lo puede hacer por usted. Simplemente digite **caminar** en el cuadro de diálogo Find what y haga clic en la opción Find All Word Forms.

Buscar hacia adelante, hacia atrás, a la izquierda y la derecha

Janus era el dios latino de los principios y los finales. Tenía dos caras que veían en dos direcciones, era ideal para ver partidos de tenis o para encontrar cosas perdidas. Dios mío, el comando de búsqueda no es Janus sino Find. Solo busca en un sentido, usualmente hacia el final del documento, cuando usted sale a cazar texto.

Apenas llegue al final de su documento, Word (o el Asistente de Office) le pregunta si desea buscar de nuevo desde el principio. Si usted lo desea hacer, haga clic en Yes. Eventualmente, el comando Find deja de buscar cuando vuelve a donde el cursor de palillo de dientes estaba al pronunciar por primera vez el hechizo Find.

Claro está, no tiene que buscar hacia "abajo" siempre. Puede decirle al comando Find que busque desde donde está el cursor de palillo de dientes hasta el *inicio* de su documento. Eso es buscar hacia "arriba". O, puede buscar en todo el documento. Todas estas cosas se hacen en la parte More (Más) del cuadro de diálogo Find and Replace.

Localice el cuadro de Search (refiérase a la Figura 5-2) y haga clic en la flecha que apunta hacia abajo. Allí encontrará tres opciones:

- **Down (Abajo):** Busca desde el cursor de palillo de dientes hasta el final del documento.
- **Up (Arriba):** Busca desde el cursor de palillo de dientes hasta el principio del documento.
- **All: (Todo):** Sin importar dónde esté el cursor de palillo de dientes, Word busca en el documento completo.

Solo estaba bromeando sobre buscar a la izquierda y la derecha, en el título de esta sección. La izquierda viene a ser parte de "arriba" o antes del cursor de palillo de dientes; derecha es "abajo" o después del cursor de palillo de dientes. Además, estribor es derecha y babor es izquierda, si llega a usar Word en una computadora portátil en una barco.

Encontrar cosas que, sencillamente, no puede digitar

No, este no es el apartado de las censura. Algunos símbolos no se pueden colocar apropiadamente en el cuadro de diálogo Find and Replace –cosas que no se pueden escribir o son ininteligibles. No, no es el tipo de cosas de Victoria's Secret. Estoy hablando sobre los símbolos que no se pueden escribir fácilmente. Por ejemplo, intente encontrar un símbolo de tabulación: ¡No puede! Pulse la tecla Tab en el cuadro de diálogo Find and Replace –¡uy!– no pasa nada. Ese resultado es debido a que Tab y unas cuantas teclas son especiales, y debe alimentarlas con el cuadro de diálogo Find and Replace.

Para encontrar un símbolo especial, que no se pueda digitar, haga clic en el botón More para ver el cuadro de diálogo Find and Replace expandido y luego haga clic en el botón Special (refiérase a la Figura 5-2). Aparece una lista de varios símbolos que Word puede buscar pero que sería muy difícil de digitar (refiérase a la Figura 5-3).

Seleccione uno de los ítemes de la lista para buscar ese símbolo especial. Cuando utiliza una representación especial breve (como ^t para Tab) aparece en el cuadro Find. Haga clic en el botón Find Next para buscar ese símbolo.

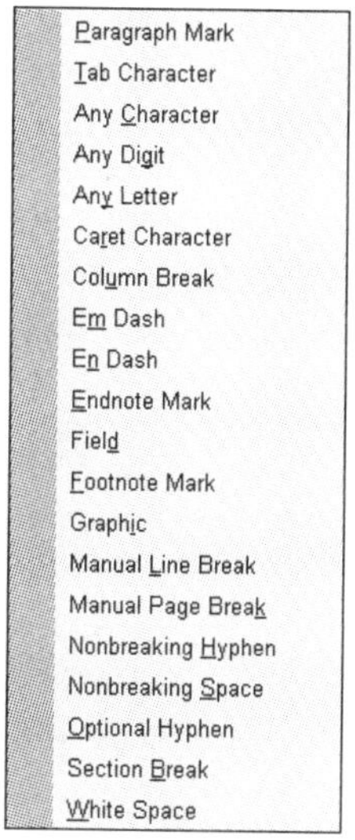

Figura 5-3:
Ítemes para
buscar y
que no
puede
digitar.

Paragraph Mark
Tab Character
Any Character
Any Digit
Any Letter
Caret Character
Column Break
Em Dash
En Dash
Endnote Mark
Field
Footnote Mark
Graphic
Manual Line Break
Manual Page Break
Nonbreaking Hyphen
Nonbreaking Space
Optional Hyphen
Section Break
White Space

Estos son algunos de los símbolos especiales disponibles cuando usted hace clic en el botón Special, del cuadro de diálogo Find:

- **Any Character(Cualquier símbolo), Any Digit (Cualquier dígito), y Any Letter (Cualquier letra)** son símbolos especiales que representan, bueno... en realidad nada. Estos botones se usan como comodines para encontrar muchas cosas.

- **Caret Character (Símbolo de caret)** le permite buscar el símbolo ^, que es un símbolo especial. Si usted solo digita el símbolo solo (^) Word piensa que está tratando de digitar otro símbolo especial.

- **Paragraph Mark (¶) (Marca de párrafo),** es un símbolo especial que equivale al símbolo Enter –el cual se pulsa al finalizar cada párrafo.

- **Tab Character (Símbolo de tabulación)** es el símbolo que mueve el cursor a la siguiente marca de tabulación.

- **White Space (Espacio blanco)** es cualquier espacio en blanco: un espacio o una tabulación, por ejemplo.

Sí, puede mezclar y hacer coincidir los símbolos especiales con otro texto que desee hallar. Si quiere encontrar el símbolo de tabulación seguido de *Cazador,* debe usar el botón Special para insertar el símbolo de tabulación (^t en la pantalla) y, luego, solo debe digitar **Cazador** con sus dedos. Se vería así:

```
^tCazador
```

No es necesario que utilice el menú del botón Special, siempre y cuando pueda mantener una lista de los símbolos especiales en su memoria. Siempre lo hago, porque sé que ^p es el acceso directo de la tecla Enter, simplemente puedo digitar y ni siquiera tengo que molestarme con hacer clic en el botón More en el cuadro de diálogo Find. Aquí hay una lista de accesos directos de los símbolos especiales más comunes, en caso que desee memorizarlos:

Marca de párrafo	^p
Símbolo de tabulación	^t
Cualquier símbolo	^?
Cualquier dígito	^#
Cualquier letra	^$
Símbolo caret	^^
Salto de línea manual	^l
Salto de página manual	^m
Espacio blanco	^w

Buscar formatos

La cosa final y más loca que el comando Find puede hacer por usted, es encontrar códigos de formato distribuidos a lo largo del documento. Por ejemplo, si desea buscar las apariciones de la palabra yacer pero solo en fuente negrita, lo puede hacer.

Muchas búsquedas de formatos requieren que sepa un poco sobre los formatos de texto de Word, símbolos y documentos, de modo que recomiendo altamente que se familiarice con los capítulos de la Parte II de este libro si no lo ha hecho aún.

Para encontrar cosas de formato en un documento, use la parte de More del cuadro de diálogo Find and Replace (refiérase a la Figura 5-2). Haga clic en el botón Format para ver la lista de opciones de formato de Word, como se muestra en la Figura 5-4.

Figura 5-4:
Varias
opciones de
formato que
se pueden
buscar.

Cada uno de los ítems del menú muestra uno de los cuadros de diálogo de formato de Word. Dentro de esos cuadros de diálogo, puede seleccionar los atributos de formato entre los que puede buscar. Se usa el cuadro de diálogo Font para seleccionar formatos de texto usando un estilo específico, (de nuevo, ayuda si sabe cómo utiliza Word estos cuadros de diálogo para formatear texto).

Suponga que desea encontrar la palabra *yacer* en negrita en un documento:

1. **Llame al cuadro de diálogo Find and Replace.**

   Pulsar Ctrl+F es la única forma cuerda de realizar este paso.

   De modo opcional, borre cualquier búsqueda de texto anterior del cuadro de texto Find what (el último texto que buscó siempre se queda por allí, solo en caso de que olvide lo que encontró la última vez).

2. **Haga clic en el botón More para desplegar la parte inferior del cuadro de diálogo Find and Replace.**

Este paso no es necesario si la parte de abajo está abierta (y ya todos sabemos cuan bochornoso puede ser eso).

3. **Haga clic en el botón Format.**

   Salta la lista Format. Use el cuadro de diálogo Font para aplicar la negrita a su texto.

4. **Haga clic en el botón Font.**

   El cuadro de diálogo Font aparece (el cual es comentado en el Capítulo 11, en el caso de que necesite saber más). Debido a que el texto que está buscando está en negrita, necesita aplicar el formato de negrita del cuadro de diálogo Font.

5. **Seleccione Bold de la lista de los estilos de las fuentes.**

6. **Haga clic en OK.**

   El cuadro de diálogo Font se esfuma y devuelve el cuadro Find and Replace.

   ¿Nota el texto ubicado junto al cuadro Find what? Dice `Format: Font: Bold`. Eso es decirle a Word que busque solo texto en negrita.

   Si fuera a hacer clic en el botón Find Next, Word simplemente localiza la siguiente aparición de negrita en su documento. Sin embargo, si desea localizar la siguiente aparición de texto en negrita en el documento, necesita llenar la casilla Find what.

7. **Digite** yacer **en el cuadro Find what.**

   8.**Haga clic en el botón Find Next para encontrar su texto formateado.**

   Word localiza el texto formateado.

¡Word recuerda sus opciones de formato! Cuando busque texto no formateado, necesita hacer clic en el botón No Formatting. Hacer eso elimina las opciones de formato y le permite buscar el texto puro otra vez. Después de que olvide esto unas cuantas veces, realmente le molestará si Word no puede encontrar su texto. ¡No se olvide de hacer clic en el botón No Formatting para regresar a Word al modo normal de encontrar texto!

✔ Puede usar esta técnica para buscar incidencias específicas de una fuente, como Courier o Times New Roman, seleccionando la fuente de la lista de selección. Desplácese a través del menú de las fuentes para ver lo que puede escoger.

✔ Puede buscar un tamaño particular (24 puntos, por ejemplo) seleccionándolo desde la lista. Refiérase al Capítulo 11 para hallar información sobre el formato de los caracteres.

✔ También puede buscar formatos de párrafo seleccionando Paragraph en vez de Font, del menú de formato, en el cuadro de diálogo Find and Replace. Refiérase al Capítulo 12 para información sobre formatos de párrafo.

✔ Las opciones restantes de la lista de formato son algo oscuras, pero si llega a ser fluido en Word, puede buscar formato de texto con esas opciones.

Buscar y Reemplazar

Por sí mismo, el comando Find es realmente útil. Pero su verdadero poder yace en su habilidad de no solo encontrar texto sino también reemplazarlo con alguna otra cosa. Esta es una de las características de los procesadores de palabras que ayudó a sacar del negocio a las compañías que producían máquinas de escribir.

Si ha llegado a dominar el comando Find, su cinturón negro en el comando Replace está a solo un párrafo. De hecho, el único problema que tendrá con el comando Replace es su tecla de acceso directo.

No, no es R – el acceso directo Ctrl+R se usa para alinear a la derecha un párrafo (buen intento, en todo caso). Aparentemente, Microsoft pensó que más personas estarían desesperadas por alinear párrafos a la derecha de lo que lo harían para buscar y reemplazar.

De acuerdo, simplemente ríndase ahora. Cada palabra en que pueda pensar como sinónimo de *reemplazar* (expulsar, cambiar, sustituir, eliminar) tiene una tecla de acceso directo propia. Así la tecla rápida del comando Replace es. . . ¡Ctrl + H!

Suficiente jugueteo. Suponga que desea reemplazar la palabra *puerco* con *cochino*. Ambas significan lo mismo, pero a veces es necesario utilizar cierta palabra y no otra. Bueno, a menos que su religión no se lo permita y no pueda ni siquiera pensar en comerse una chuleta de puerco. En ese caso, le recomendamos un delicioso platillo vegetariano. ¡Suficiente!

1. **Seleccione Edit⇨Replace.**

    O, si puede recordar qué significa la H, digite Ctrl+H. Honestamente.

    El cuadro de diálogo Find and Replace, como se muestra en la Figura 5-5, aparece en la pantalla. Esta pestaña, realmente, es otro panel del cuadro de diálogo Find and Replace –lo cual tiene sentido porque buscar es una parte de buscar y reemplazar.

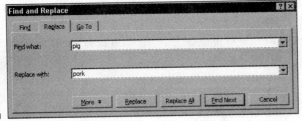

Figura 5-5: La parte Replace del cuadro de diálogo Find and Replace.

El cuadro de diálogo Find and Replace también tiene un botón More. Si ve las opciones de More, haga clic en el botón Less para hacer que su pantalla se vea como en la Figura 5-5 (refiérase a la sección "Buscar más cosas", anteriormente en este capítulo, para información sobre lo que estas opciones significan; todas aplican para buscar y reemplazar).

2. **En el cuadro Find what, digite el texto que desea encontrar.**

   Este es el texto que desea reemplazar con otra cosa.

   Pulse la tecla Tab cuando termine de digitar.

3. **En el cuadro Replace With, digite el texto que desea usar para reemplazar el texto original.**

4. **Pregúntese: "¿Deseo tener una oportunidad para cambiar de opinión antes de reemplazar cada fragmento de texto?"**

   Si es así, haga clic en el botón Find Next (ejecutar esta acción, usualmente, es una buena idea). Si no, puede hacer clic en el botón Replace All; el texto es hallado y reemplazado automáticamente, sin darle oportunidad de cambiar de opinión.

5. **Si hace clic en Find Next, Word pausa ante cada aparición del texto.**

   El texto hallado se destaca en pantalla al igual que la tarea regular Find. Cuando este destacado ocurre, puede hacer clic en el botón Replace para reemplazarlo o hacer clic en Find Next para saltárselo y encontrar el siguiente pedacito de texto que calza. Haga clic en el botón Cancel o presione la tecla Escape cuando se canse de este proceso.

Word puede encontrar texto, como _rollo_, en el medio de otra palabra, como _desarrollos_. ¡Uy! Haga clic en el botón More y seleccione la opción Find Whole Words Only para prevenir que eso pase.

Si no hay nada más que reemplazar, el perro dice:

> Word ha completado su búsqueda y ha hecho 9 reemplazos.

De hecho, el número de reemplazos depende de qué estaba buscando.

 ✔ Si no digita nada en el cuadro Replace with... ¡Uy! Olvidar digitar texto de reemplazo no convierte al comando Replace en la orden Find. No, Word simplemente asume que desea encontrar el texto y reemplazarlo con *nada*. Yup, eso significa eliminar todo el texto que aparece. Este proceso puede ser algo espeluznante, así que asegúrese de hacer clic en Find Next. De otra manera, puede eliminar partes de su documento y, muchacho, sería algo terrible (hasta que utilice el comando de deshacer).

✔ Mi consejo es hacer clic en Find Next la mayoría del tiempo. Solo si está absolutamente seguro (algo inusual, en la mayoría de mis viajes), debería hacer clic en Replace All.

 ✔ El comando Undo restaura su documento a su condición precedente si falla en su operación de Replace.

 ✔ Hacer que Ctrl+H sea la tecla de acceso directo del comando Replace no tiene sentido para mí. Pero el diligente lector Robin R. ha notado que la tecla H está junto a las teclas F y G, en el teclado. De modo que los comandos Ctrl+F para Find, Ctrl+G para Go To y Ctrl+H para Replace son los tres comandos representados en el cuadro de diálogo Find and Replace. Claro.

✔ También puede encontrar y reemplazar formato; por ejemplo, reemplazar todo el formato de subrayado de su documento con letras itálicas. Para hacer esto, haga clic con el mouse sobre el cuadro de texto Find what y, luego, seleccione el formato que desee encontrar, como es descrito anteriormente en este capítulo. Después, haga clic con el mouse sobre el cuadro de texto Replace y, luego, seleccione el formato con el que desea reemplazar. No hay ni que decirlo, este es un aspecto difícil –no, uno "avanzado"– de usar Word, así que guarde su documento antes de que pruebe cualquier búsqueda y reemplazo de formato.

Capítulo 6

Trabajar con Bloques de Texto

¿Qué sería escribir sin bloques? No, no hablo del bloqueo de escritor, que es la cerrazón de cerebro que algunas personas afirman tener cuando no pueden encontrar la palabra justa o cuando el párrafo inaugural de un capítulo parece eludirlos. Es un mito, en mi opinión; el bloqueo del escritor es una frase pegajosa y es más fácil decir algo así que aceptar el hecho de que los dedos, simplemente, no están haciendo lo que su cerebro les ordena.

En Word, por otro lado, existen los *bloques,* que son unidades de texto. Word le permite amarrar un trozo de texto –palabras, frases, párrafos o el documento entero– y, luego, hacer cosas divertidas e interesantes con ese bloque de texto. Todo este capítulo es sobre hacer cositas con los bloques. ¡Oigan! ¡Niños y niñas, es hora de jugar con bloques!

Marcar Bloques de Texto

Un escritor maduro y famoso me recomendó una vez que dejara espacio triple entre las líneas, que escribiera en papel grueso, de 20 libras, y que tuviera tijeras y pegamento al alcance para ayudarme a reacomodar y editar. Después de eso, dijo unas fanfarronadas, haciendo un viraje y empezando a pegar sus textos y digitarlos una y otra vez. Su consejo pudo haber sido útil en 1978, pero hoy es una chifladura.

Word le permite hacer varias cosas con los bloques de texto. Y no tiene que preo-cuparse por espaciar con dos líneas en blanco, escribir en papel de 20 libras, o in-cluso gastar $ 1.29 por una tina de tamaño industrial de pegamento. En lugar de eso, necesita saber cómo marcar un bloque. Como siempre, Word le ofrece varios trillones de formas de hacerlo. Describo algunos de esos métodos aquí, cada uno de los cuales es aconsejable para marcar trozos de texto de diferente tamaño.

Una forma astuta de marcar pedacitos de texto

Para marcar, rápidamente, un trozo pequeño de texto –una palabra, una línea o un párrafo– puede usar la tecla de mayúscula en combinación con cualquiera de las teclas de las flechas (también conocidas como las teclas del movimiento del cur-sor). Esta técnica es más conveniente para marcar una pequeña porción de texto en la pantalla. Deje que la Tabla 6-1 sea su guía.

Tabla 6-1	La Magia de la Selección con Shift
Para hacer esto	*Pulse esto*
Seleccionar un carácter a la derecha del cursor del palillo de dientes	Shift+→
Seleccionar un carácter a la izquierda del cursor del palillo de dientes	Shift+←
Seleccionar un bloque de texto desde el cursor del palillo de dientes hasta el final de la línea	Shift+End
Seleccionar un bloque de texto desde el cursor del palillo de dientes hasta el principio de la línea	Shift+Home
Seleccionar un bloque de texto desde el cursor del palillo de dientes una línea hacia arriba	Shift+↑
Seleccionar un bloque de texto desde el cursor del palillo de dientes una línea hacia abajo	Shift+↓

Algunas recomendaciones sobre usar la tecla Shift para seleccionar texto son las siguientes:

✔ Cualquier tecla Shift funciona.

✔ Usar la tecla Shift es útil para marcar trocitos de texto. Existen formas mejores, sin embargo, de marcar bloques más grandes de una línea o dos.

✔ Refiérase al Capítulo 3 para hallar más información sobre las teclas de movimiento del cursor.

✔ Yo uso la tecla de mayúscula izquierda combinada con las teclas de flechas del lado derecho del teclado. Si puede entrenarse para trabajar de este modo, encontrará que puede hacerse muy hábil en estos métodos de selección de Shift + flechas.

✔ Si utiliza la tecla Shift para marcar hasta el final de un párrafo, note que la pulsación de la tecla Enter (que marca el final de un párrafo) también es seleccionada. Eso significa que si elimina o cambia el formato de un bloque, este también puede afectar el formato del párrafo siguiente. Para evitar eso, pulse Shift+← con cuidado y no seleccione la pulsación de Enter al final del párrafo.

Marcar un bloque con el mouse

Mickey puede haber nacido para gobernar un reino, pero el mouse de su computadora nació para seleccionar texto. ¡En serio! Además de entretenerse con todo tipo de gráficos, los mouse de las computadoras son los especialistas en la selección de palabras.

Seleccionar texto es cuestión de arrastrar

Para seleccionar un bloque de texto con su mouse, siga estos pasos típicos de los roedores:

1. **Coloque el cursor del mouse donde desee que empiece el bloque.**

2. **Pulse el botón izquierdo del mouse y arrastre a este sobre su texto.**

   Conforme arrastra, el texto se destaca, o se selecciona, tal como aparece en la Figura 6-1. Arrastre el mouse desde el principio al final del texto que desea marcar como un bloque.

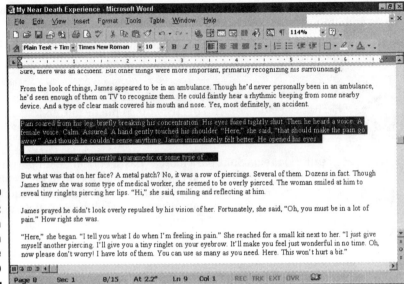

Figura 6-1:
Selección
de un
bloque de
texto

Note cómo Word automáticamente selecciona palabras enteras cuando arrastra su mouse sobre ellas. Para decirle a Word que no seleccione palabras enteras, seleccione Tools➪Options desde el menú. En el panel Edit, cancele la selección de la casilla de verificación llamada When selecting, automatically select entire word (Seleccionar automáticamente la palabra completa), haciendo clic en la casilla para eliminar la marca. Haga clic en el botón OK para guardar sus cambios.

3. Suelte el mouse –detenga el arrastre– para marcar el final de su bloque.

Puede seleccionar un trozo de texto de cualquier tamaño con su mouse. Sin embargo, mi consejo es que solo seleccione tanto texto como sea posible verlo en la pantalla a la vez. Si intenta seleccionar texto más allá del que ve en la pantalla, tiene que seleccionar y desplazar –lo cual puede ser un poco inmanejable; el mouse se desplaza hacia arriba y abajo rápidamente y, bueno, las cosas pueden salirse de control.

Técnicas de clic rápido del mouse para marcar su texto

La Tabla 6-2 le dice cómo poner a su robot roedor a trabajar en la selección de trozos de texto de tamaños específicos.

Tabla 6-2	Arcanos de la Selección con el Mouse
Para realizar esto	*Realice este poquito de magia con el mouse*
Seleccionar una palabra	Apunte la palabra con su mouse y haga doble clic sobre ella.
Seleccionar una línea	Mueva el mouse al margen izquierdo, junto a la línea que desee seleccionar. El cursor del mouse cambia y se convierte en una flecha que apunta hacia el noreste. Haga clic en el mouse para seleccionar una línea de texto, o arrastre el mouse para seleccionar varias líneas.
Seleccionar una oración	Apunte con el mouse a la oración, pulse Ctrl y haga clic. La oración queda seleccionada.
Seleccionar un párrafo	Apunte con el mouse en algún lugar del párrafo y haga triple clic.

El viejo método de selección de punzar y apuntar

Una técnica final que yo utilizo para seleccionar un bloque de texto de cualquier tamaño con el mouse es lo que llamo la técnica de punzar y apuntar:

1. **Empiece colocando el cursor del palillo de dientes donde desea que empiece el bloque –el punto de ancla.**

2. **Desplácese a través de su documento usando la barra de desplazamiento.**

   Debe usar la barra de desplazamiento para moverse por su documento. Si utiliza las teclas de movimiento de cursor, este cambia de posición, que no es lo y esto usted deseaba hacer.

3. **Para marcar el final del bloque, pulse Shift y haga clic con el mouse donde desee que termine el bloque.**

   Se selecciona como el texto un bloque desde el cursor del palillo de dientes hasta el sitio donde hizo clic con el mouse.

Este método funciona bien para seleccionar trozos de texto de cualquier tamaño, especialmente cuando necesite desplazar el documento para marcar el final del bloque.

Usar la milagrosa tecla F8 para marcar un bloque

¿Quién en su sano juicio le asignaría a la tecla F8 la función de "seleccionar texto"? Probablemente la pandilla de personas de Microsoft, que conducen Volvo, y están obsesionadas por las opciones múltiples para realizar acciones; sí, los mismos que le trajeron la tecla F4. ¿Recuerda esa tecla? Es la tecla de Repetición, de modo que, naturalmente, la tecla F8 debería significar seleccionar texto. Beba un poco de lluvia y entenderá.

¡No importa! Si puede encontrar campo en su cabeza para recordar la tecla F8, puede darle buen uso. F8 selecciona texto en fragmentos especiales, no disponibles con otros comandos. Lo que sigue es un pequeño ejemplo de lo que hace mejor.

Seleccionar una palabra. Pulsar la tecla F8 dos veces selecciona una palabra. Pero, honestamente, si va apuntar con el cursor a la palabra, puede mejor hacer doble clic en ella para seleccionarla.

Seleccionar una oración. Coloque el cursor del palillo de dientes en una oración y, luego, pulse la tecla F8 tres veces para seleccionarla.

Seleccionar un párrafo. Coloque el cursor del palillo de dientes en un párrafo y, luego, pulse la tecla F8 cuatro veces para seleccionar el párrafo completo.

Seleccionar su documento. Pulse la tecla F8 cinco veces para seleccionar su documento completo, pero hay una mejor manera de hacerlo también, que se comenta en la sección: "Marcar todos los garabatos del documento", más adelante en este documento.

¡Oh! ¿Y pulsar la tecla F8 solo una vez? ¿Le ordena una nueva taza de café? ¿Enciende WebTV? ¿Activa el modo de Voz? ¡Nop! Siga leyendo en la siguiente sección para descubrir el terrible secreto.

Echar anclas con la tecla F8

Lo que hace la tecla F8 es colocar a Word dentro del conveniente (pero potencialmente molesto) modo Extended Selection. En este modo, la tecla F8 echa anclas en el extremo de un bloque. Luego puede usar las teclas del cursor, el mouse o incluso una tecla de letra para seguir marcando el bloque. Sin embargo –y esto es más importante– durante el tiempo que esté en el modo Extended Selection, no podrá usar Word para nada que no sea seleccionar un bloque.

¡No deje que esto le moleste! Seguro, lo puede confundir a veces, pero usar la tecla F8 en el modo Extended Selection es la mejor forma de seleccionar un trozo de texto que se extiende más de una pantalla.

Preste atención a estos pasos para usar el modo Extended Selection:

1. **Coloque el cursor del palillo de dientes al inicio del bloque de texto que desea marcar.**

2. **Pulse la tecla F8.**

   La tecla F8 arroja el ancla y marca el final del bloque.

   ¿Nota las tres letras EXT en la barra de estado? Este es un consejo importante. Ahora se encuentra en el modo de Extended Selection, y las teclas de su teclado sirven para seleccionar texto, no para digitar. ¡Tenga cuidado!

3. **Seleccione el bloque de texto.**

   Puede seleccionar el bloque de texto usando las teclas de flechas o cualesquiera teclas de navegación de cursor comentadas en el Capítulo 3.

   Puede pulsar una tecla de letra para seleccionar texto que incluya la letra. Si pulsa la N, se selecciona todo el texto hasta la N, en su documento. Agradable. Ingenioso.

   Word destaca el texto desde el punto en que dejó caer el ancla con F8 hasta donde quiera que mueva el cursor del palillo de dientes (refiérase a la Figura 6-1). El texto aparece en blanco y negro.

4. **Después de que el bloque quede marcado, ya está listo para hacer algo con él.**

5. **Hacer algo con el bloque de texto seleccionado.**

Esta es la parte difícil. Después de que marque un bloque, usted *debe* realizar algunos comandos de bloques. ¿Ve la barra de estado? El EXT todavía está seleccionado. ¡Todavía está marcando un bloque! Así que, a menos que copie, corte, pegue, revise la ortografía o haga alguna otra cosa, todavía está en el modo de marcar bloques.

   Si desea cancelar la selección extendida, pulse la tecla Esc. O, puede hacer doble clic en la barra de estado, en ESC (que lo fuerza a poner atención en EXT, para que no se frustre más adelante).

✔ Puede usar el mouse y la tecla F8 para ponerse más fantasioso. Coloque el cursor en cualquier borde del bloque que desea marcar y pulse la tecla F8. Luego, coloque el cursor del mouse al final del bloque y pulse el botón izquierdo del mouse. Todo lo ubicado entre los dos puntos queda marcado.

✔ No importa cuántas veces pulse F8, tome en cuenta que esto arroja el ancla. Si lo pulsa dos o tres veces (refiérase a la sección precedente), F8 marca un fragmento de texto –pero todavía estará en el modo de Extended Selection. Haga algo con el bloque o pulse Esc para cancelar ese modo.

✔ Acostúmbrese a usar los comandos de teclado para crear bloques de texto y usted estará mucho más feliz, créame.

Seleccionar más de un fragmento de texto

Es posible, aunque no práctico, seleccionar más de un trozo de texto como un bloque. Por ejemplo, puede seleccionar un grupo de nombres de un documento como un bloque, aunque los nombres no estén en el mismo lugar. La Figura 6-2 le muestra esta función en actividad.

Figura 6-2:
Seleccionar
varios
bloques.

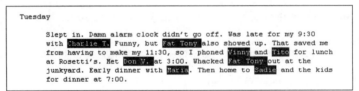

```
Tuesday

     Slept in. Damn alarm clock didn't go off. Was late for my 9:30
with Charlie T. Funny, but Fat Tony also showed up. That saved me
from having to make my 11:30, so I phoned Vinny and Tito for lunch
at Rosetti's. Met Don V. at 3:00. Whacked Fat Tony out at the
junkyard. Early dinner with Maria. Then home to Sadie and the kids
for dinner at 7:00.
```

Para seleccionar varios fragmentos de texto en un solo documento, necesita dos herramientas, el mouse y la tecla Ctrl. Siga estos pasos:

1. **Seleccione un primer bloque de texto.**

   Puede usar cualquiera de las técnicas de marcado de bloques mencionadas anteriormente en este capítulo.

2. **Pulse la tecla Ctrl.**

   Puede usar cualquier tecla Ctrl de su teclado.

3. **Arrastre el mouse para seleccionar un bloque de texto adicional.**

   Repita este paso para seleccionar bloques adicionales de texto.

Note que cada bloque de texto está separado. Solo el texto destacado en la pantalla está contenido en el bloque. El texto del medio, que no está seleccionado, no es parte del bloque. El secreto es pulsar la tecla Ctrl mientras avanza lentamente con el mouse.

El texto que selecciona de esta manera todavía es considerado por Word como un solo bloque, sencillamente, el texto es entresacado de varios lugares de su documento. Si corta el texto, entonces todos los trozos desaparecen de los diversos lugares seleccionados. Pegar el texto de nuevo en un documento coloca cada trozo separado como un párrafo de texto.

Marcar todos los garabatos del documento

Para marcar todo su documento como un bloque, seleccione Edit⇨Select All. La tecla de Windows equivalente al comando Select All (Seleccionar todo) es Ctrl+A.

En Word, también puede usar la oscura combinación de teclas Ctrl+5 (el cinco del teclado numérico de la derecha) o golpear la tecla F8 cinco veces.

Nooooo: mejor solo pulse Ctrl+A para marcarlo todo.

Cancelar la Selección de un Bloque

Ahora que tiene más de un bloque marcado, hum, ¿qué pensaba hacer con él? ¿Y cómo se regresa al modo normal, librándose del bloque destacado para poder escribir algo? ¿Frustrado? ¡Tranquilícese!

Estas son algunas formas útiles de cancelar la selección de un molesto bloque de texto destacado:

- **Pulsar la tecla ←.** Esta acción cancela la selección de un bloque y devuelve al cursor del palillo de dientes al punto donde empezaba el bloque, o en la parte superior del documento, si usted lo seleccionó todo. Esta técnica funciona con cosas que ha seleccionado con el mouse o con la tecla de mayúsculas.

- **Hacer clic con el mouse.** Este método cancela la selección del bloque y pone al cursor del palillo de dientes en cualquier lugar donde haga clic. Este método funciona para las selecciones hechas con el mouse o con la tecla de las mayúsculas.

- **Pulse la tecla Esc y, luego, la tecla ←.** Este método funciona cuando utiliza el comando de Extended Selection (la tecla F8 o el botón EXT de la barra de estado, ¿lo recuerda?).

- **¡No olvide el comando Shift+F5!** Pulsar estas teclas no solo cancela la selección de un bloque (sin importar el método que haya seguido para seleccionarlo), sino también lo devuelve al texto que estaba editando antes de llevar a cabo la selección. ¡Magnífico!

Copiar un bloque

Después de que marca un bloque, puede copiarlo a otra parte de su documento. El bloque original permanece intacto a través de esta operación. Siga estos pasos para copiar un bloque de texto de un lugar a otro:

1. **Marque el bloque.**

   En la primera parte de este capítulo, se ofrecen instrucciones detalladas sobre cómo hacer esta tarea.

2. **Seleccione Edit⇨Copy.**

Word ubica una copia del bloque marcado en el Clipboard (Portapapeles) que es un área de almacenamiento de texto o de gráficos que se pueden cortar o copiar. Para completar la operación de copiado, todo lo que tiene que hacer es pegar el bloque, lo cual se cubre en la sección "Pegar un Bloque", más adelante en este capítulo.

✔ Las teclas de acceso directo para copiar en Word (y en Windows) son Ctrl+C.

 ✔ También puede hacer clic en la herramienta de copiar que aparece en la barra de herramientas superior.

✔ Si, accidentalmente, pulsa Ctrl+C dos veces para copiar un bloque, podrá ver el panel del portapapeles. Sobre este tema en especial, puede hallar más información en la sección "Copiar Varios Bloques (Recolectar y Pegar)", más adelante en este capítulo.

✔ También, refiérase a la sección: "Copiar Varios Bloques (Recolectar y Pegar)" para hallar más información sobre el portapapeles.

Mover un Bloque

Para mover un bloque de texto, debe cortarlo y pegarlo. Esta es la terminología de Microsoft, no la mía. Tradicionalmente, los procesadores de palabras mueven bloques de texto. Cortar y pegar es lo que los niños hacen en el jardín preescolar. Pero ya estoy divagando...

Mover un bloque de texto es como copiar ese bloque, pero con la salvedad de que se usa el comando Ctrl+X (o Edit⇨Cut) en vez de Ctrl+C. El bloque de texto seleccionado desaparece. Bueno, en realidad, se va al portapapeles. Pero desde allí, puede pegarlo en cualquier otro sitio del documento.

¡Más que pegar, es el pegado especial!

Cuando Word pega texto en su documento, lo hace incluyendo todas las opciones de formato y todos los adornos del caso. Usted puede pasar por encima de esta configuración seleccionando una de las opciones del icono Paste Options. O, simplemente, puede decirle a Word cómo pegar su texto antes de hacerlo, usando el comando Edit⇨Paste Special.

El comando Paste Special quizás no se vea fácilmente en el menú Edit . Para verlo, haga clic en la flecha que apunta hacia abajo, al pie del menú Edit. Esta acción despliega el menú completo, lleno de opciones que probablemente nunca usará. Entre ellas, encontrará Paste Special.

Seleccionar el comando Paste Special despliega el cuadro de diálogo Paste Special, que enumera varias opciones para pegar texto: Document Object (Objeto de documento), Formatting Text (Texto con formato),

Unformatting text (Texto simple), Picture (Imagen), etcétera. Cada uno de estos ítemes le dice a Word cómo pegar la información. Para descubrir lo que cada opción hace, selecciónela de la lista y lea la descripción del área Result, en el cuadro de diálogo.

Por ejemplo, cuando deseo pegar texto desde una página Web, pero no deseo todas las opciones de formato de HTML, empleo el comando Paste Special y selecciono la opción Unformatted Text . Hago clic en OK y el texto es pegado en Word como texto puro y no como algún objeto de Web.

Por cierto, este cuadro de diálogo es la forma en que Word pega vínculos a otras aplicaciones de Office, como una hoja de cálculo de Excel o información de Access. Para vincular el objeto pegado, seleccione el ítem Object de la lista.

No se alarme cuando el bloque desaparezca. Recuerde, esta es una operación de movimiento; el bloque original será puesto en algún otro sitio (tal y como se explica en la siguiente sección).

 ✒Puede usar la herramienta Cut, en la barra de herramientas para mover el bloque de texto.

✒ En las primeras dos secciones de este capítulo aparece más información sobre marcar bloques.

 ✒La combinación de teclas de acceso directo Ctrl+Z deshace el movimiento de un bloque.

✔ Después de que corte y mueva un bloque, puede pegarlo en el documento una segunda vez. Este asunto se comenta en la siguiente sección: "Pegar un Bloque".

Pegar un Bloque

Después de que haya copiado o cortado un bloque de texto, el siguiente paso es pegarlo. No importa si el bloque fue copiado o pegado. Pegar funciona de la misma manera en ambos casos. Siga estos pasos:

1. **Mueva el cursor a la posición donde desea que aparezca el bloque.**

   ¡No se preocupe si no hay campo! Word inserta el bloque en su texto tal como si lo hubiera pegado por su propia cuenta.

2. **Seleccione Edit⇨Paste.**

   Ahora tiene dos copias del bloque en su documento.

   Cuando pega texto en Word, el icono Paste Options aparece cerca del final del texto pegado, como se muestra en el margen. No se alarme. Ese botón le permite seleccionar formatos para el bloque pegado, ya que ocasionalmente el bloque puede contener formatos que, digámoslo de una vez, pueden verse muy feos después de pegar el texto.

Usar el icono Paste Options es absolutamente opcional. De hecho, puede seguir digitando o trabajando en Word y el icono desaparece instantáneamente. Pero si desea ajustar el formato del texto pegado, siga estos pasos:

1. **Apunte con el mouse en el icono de Paste Options.**

   El icono se convierte en un "botón" con un triángulo que apunta hacia abajo en el extremo. Si ha utilizado Word por algún tiempo, reconocerá esto como un menú descendente.

2. **Haga clic en el triángulo que apunta hacia abajo.**

   Aparece un menú desde el cual puede seleccionar varias opciones de formato (refiérase a la Figura 6-3).

Figura 6-3:
Varias
opciones de
comandos
de formato
para pegar.

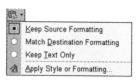

Este es un rápido sumario de las opciones disponibles:

Keep Source Formatting (Mantener el formato original)	El formato está bien, no se modifica.
Match Destination (Coincidir con formato del destino)	Cambia el formato del bloque pegado para que se vea igual al formato del texto en el que se pegó.
Keep Text Only (Mantener solo el texto)	Solo se pega el texto, sin ningún formato.
Apply Style or Formatting (Aplicar estilo o formato)	Despliega un panel que posee varios textos y estilos, además de otras cosas que rellenan la pantalla.

Seleccione una opción que concuerde con el formato deseado. Yo puedo recomendarle la primera o la segunda opción. La última, decididamente, es como abrirle la puerta a lo ignoto y lo desconocido.

✔ También puede usar las teclas de acceso directo Ctrl+V para pegar un bloque de texto.

 ✔ Ah, y usted puede hacer clic en la herramienta Paste para pegar un bloque de texto copiado o cortado. Decisiones, decisiones…

✔ El icono de Paste Options (Opciones de pegado) generalmente no se va hasta que empieza a digitar texto nuevo o a usar algunos de los comandos de edición de texto.

✔ Si saca el botón Paste Options, puede desactivar esa función: seleccione Tools⇨Options y luego escoja la pestaña de Edit. Elimine la marca que se halla junto el ítem Show Paste Options buttons (Mostrar los botones de las Opciones de pegado). Haga clic en OK.

✔Después de que copie un bloque, lo puede pegar en su documento una segunda vez. Eso es porque cuando un bloque de texto es cortado o copiado, Word lo recuerda. Puede jalar ese bloque hasta su documento otra vez en cualquier momento –es semejante a pegar de nuevo el texto, sin importar que se haya pegado anteriormente. Utilice el acceso directo de pegado: Ctrl + V. Pegar texto otra vez simplemente pega una segunda copia del bloque, (supercalifragilísticamente, como diría Mary Poppins).

✔ Incluso puede pegar un bloque en algún otro documento en que esté trabajando, o hasta en otra aplicación (este es un truco de Windows, que la mayoría de los libros buenos sobre Windows explican detalladamente).

Copiar o Mover un Bloque con el Mouse

Si tiene que mover un bloque a través de una corta distancia, puede usar el mouse para arrastrar o copiar el bloque. Esta función es conveniente pero, usualmente, surte mejor efecto si mueve o copia entre dos sitios que se pueden ver directamente en la pantalla. De lo contrario, desplazar su documento con el mouse, que es como tratar de agarrar una serpiente enojada.

Para mover con el mouse cualquier bloque de texto seleccionado, solo apúntelo y arrástrelo: apunte con el cursor del mouse sobre cualquier parte del texto en bloque y, luego, arrastre el bloque a su nueva posición. Advierta cómo cambia el cursor del mouse, como se muestra en el margen. Eso significa que usted está arrastrando y moviendo texto.

Copiar un bloque con el mouse funciona igual que moverlo, pero pulsando la tecla Ctrl a medida que avanza. Cuando hace eso, un signo de más aparece en el cursor del mouse (vea el margen). Ese es su signo de que el bloque está siendo copiado y no solo movido.

✔ El icono Paste Options aparece después de que ha arrojado el trozo de texto. Refiérase a la sección precedente para más información sobre el icono Paste Options.

✔ Cuando arrastra un bloque de texto con el mouse, no está copiando nada en el portapapeles. No puede usar el comando de Ctrl+V para pegar el bloque de nuevo.

✔ Una *copia vinculada* se puede crear arrastrando un bloque de texto seleccionado con el mouse y pulsando *tanto* la tecla Shift como Ctrl. Cuando suelte el botón del mouse, el bloque copiado aparece en el otro documento de esta fea manera:

```
{LINK Word.Document.1 "Document2" "OLE_LINK2" \a \r}
```

¡Caracoles! Esta es una función avanzada de Word (de ahí que el aviso técnico aparezca en el margen), ya que vincula el bloque copiado al original, motivo por el cual un cambio en uno de ellos afecta a ambos. Hicieron esto tan feo que, como Medusa, lo mejor es evitarlo y ni siquiera voltear a verlo. Lo mejor es reservar el truco para el libro de Word avanzado que todavía no he escrito.

Copiar Varios Bloques (Recolectar y Pegar)

Una de las mejores funciones de Word (una que la mayoría de los programas no posee), es la habilidad de almacenar más de un bloque de texto copiado o cortado en el portapapeles al mismo tiempo. Así, usted puede cortar, cortar, cortar o copiar, copiar, copiar y, luego, escoger cuál de estos bloques será copiado en su documento. Ellos lo llaman "Recolectar y pegar" y yo, firmemente, considero que esta es una función muy útil y oportuna, pero que necesita un poco de explicación.

El portapapeles puede almacenar bloques de texto amplios y pequeños. Pero, normalmente, solo los guarda de uno en uno.

Ver el portapapeles

Puede ver los ítemes copiados o cortados husmeando en el portapapeles de Word. Así:

1. **Llame al panel de tareas.**

   Si el panel de tareas no está visible (en la parte derecha del área del documento, como se muestra en la Figura 1-3), seleccione View⇨Task Pane.

2. **Ver el panel de tareas Clipboard (Portapapeles).**

   Haga clic en el triángulo que apunta hacia abajo, en el panel de tareas. Seleccione Clipboard, desde el menú. El panel de tareas Clipboard (Portapapeles) aparece, como se muestra en la Figura 6-4.

La lista contiene los últimos ítemes que ha copiado, no solo de Word sino de otros programas.

En la siguiente sección se explica cómo pegar ítemes desde el portapapeles.

✔ El portapapeles puede almacenar un máximo de 24 ítemes. Si más de esa suma es copiada o cortada, los ítemes más antiguos son empujados hacia fuera, para hacer campo a los nuevos. El número actual de ítemes aparece en la parte superior del panel de tareas.

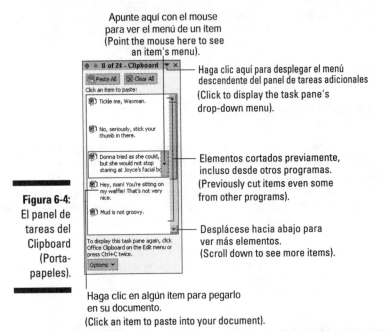

Apunte aquí con el mouse
para ver el menú de un ítem
(Point the mouse here to see
an item's menu).

Haga clic aquí para desplegar el menú
descendente del panel de tareas adicionales
(Click to display the task pane's
drop-down menu).

Elementos cortados previamente,
incluso desde otros programas.
(Previously cut items even some
from other programs).

Figura 6-4:
El panel de
tareas del
Clipboard
(Porta-
papeles).

Desplácese hacia abajo para
ver más elementos.
(Scroll down to see more items).

Haga clic en algún ítem para pegarlo
en su documento.
(Click an item to paste into your document).

✔ Otros programas de Microsoft Office (Excel y PowerPoint, por ejemplo) también comparten esta función de recolectar y pegar.

✔ Puede cerrar el panel de tareas cuando haya terminado de recolectar y pegar información: haga clic en la X, en la parte superior derecha de la ventana del panel de tareas.

Pegar desde el portapapeles

Para pegar cualquier texto recolectado en el portapapeles, haga clic en ese texto con el mouse. El texto se copia desde el portapapeles hasta la ubicación del cursor del palillo de dientes en su documento.

Para pegar todo lo que aparece en el portapapeles –todas las cosas– haga clic en el botón Paste All. ¡Zas! Todo queda pegado de una vez en el documento.

 Es posible tomar y seleccionar lo que desea pegar. Por ejemplo, coloque el cursor del palillo de dientes y seleccione un ítem específico para pegarlo. Luego, mueva el cursor del palillo de dientes y pegue algo más. Puede pegar de este modo todo el tiempo que el panel de tareas permanezca visible.

Después de pegar, el icono de Paste Options aparece junto al texto pegado. Refiérase a la sección "Pegar un Bloque", anteriormente en este capítulo, para saber qué hacer con esa cosa.

Asear el portapapeles

Usted puede limpiar el portapapeles de Word cuando el panel de tareas Clipboard esté visible. Para remover un solo ítem, apunte a este con el mouse y haga clic en el triángulo que apunta hacia abajo (refiérase a la Figura 6-4). Seleccione Delete desde el menú, y ese ítem es exterminado del portapapeles.

Para eliminar todos los ítemes del portapapeles, haga clic en el botón Clear All, en la parte superior del panel de tareas Clipboard. Yo hago esto cuando planeo pegar al mismo tiempo en algún sitio todo lo que he recolectado. Por ejemplo, yo hago clic en Clear All y, luego, salgo a copiar, copiar, copiar. Luego, muevo el cursor del palillo de dientes al sitio donde deseo pegarlo todo y hago clic en el botón Paste All, y punto.

 Note que no puede deshacer ninguna eliminación hecha en el panel de tareas del portapapeles. ¡Tenga cuidado!

Otras Cosas para Hacer con sus Bloques

Hay bloques de sombrero (hormas), bloques de motores, bloques para construcción, bloques mentales, bloques de nervios y, finalmente, bloques de texto. No sé con las otras cosas, pero cuando usted tiene un bloque de texto, puede hacer un sinnúmero de cosas con él. El comando que use solo afectará al texto de ese bloque.

Además de usar los comandos Copy, Cut y Paste, puede hacer lo siguiente con un bloque de texto en Word:

- Formatear el bloque (refiérase a la Parte II).
- Usar el comando Replace para buscar y reemplazar solo en el bloque de texto (refiérase al Capítulo 5).
- Imprimir el bloque (refiérase al Capítulo 9).
- Eliminar el bloque con las teclas Delete o Backspace.

Capítulo 7

Ponerle Atención a la Ortografía

La habilidad de escribir correctamente es un talento, no una adquisición. —
Mark Twain

¿Qué hay de malo con la ortografía inglesa? Las vocales, claro. Agréguele a eso un feo surtido de reglas y excepciones que carecen de sentido para todos. Enmasille las cosas con un poco de gramática latina para mantener a los académicos contentos. Y, finalmente, lance un arsenal de palabras de otros lenguajes, aceptadas en la piscina del inglés sin modificaciones fonéticas. No es de extrañar que la ortografía y la gramática inglesas sean tan dementes.

Admítanlo, profesores de inglés de mundo: no hay reglas verdaderas (Twain las llamaba "arbitrarias"). Eso le deja tres opciones: 1) Olvidarlo todo y adoptar de nuevo al Latín como el idioma del mundo (*lingua mundum*, que suena bien, pero que está mal escrito, 2) hablar inglés y no escribirlo jamás ó 3) usar las habilidades de corrección ortográfica y gramatical de Word para asegurarse de que texto escrito es perfecto, pretérito perfecto, pluscuamperfecto, pero nunca imperfecto. O algo por el estilo.

La Corrección Ortográfica

Es ampliamente conocido que los procesadores de palabras incluyen la habilidad de etiquetar de modo incorrecto las palabras mal escritas o, de algún modo, sospechosas. Cielos, incluso el programa de correo hace esto ahora (y si no lo hace, es porque no está usando la versión más actualizada).

Las computadoras de hoy son tan rápidas que pueden percibir una palabra mal escrita o una gramática embarazosa en el mismo momento en que la digita. En algunos casos, los errores se corrigen automáticamente; en otros casos, aparecen subrayados por Word –tinta roja para mala ortografía y verde para gramática. ¡No deje que esta intrusión de la propiedad lingüística lo fastidie! En lugar de eso, estudie atentamente los siguientes capítulos para aprender los caminos del corrector ortográfico de Word a fondo.

 El corrector ortográfico de Word le dice instantáneamente si reconoce una palabra. Sin embargo, no le dice si la palabra está bien usada. Solo porque un documento no contenga palabras mal escritas, no significa que está perfecto.

Activemos esto (o desactivémoslo)

Para asegurarse de que Word automáticamente revisa su digitación, seleccione Tools⇨ Options, del menú. Haga clic en la pestaña Spelling & Grammar que aparece en la Figura 7-1.

Busque la opción Check spelling as you type. Una marca de verificación en esa opción significa que la corrección automática de Word ha sido activada.

¡La corrección ortográfica automática no funciona!

En algunas ocasiones, la corrección automática no parece funcionar. Si esto le pasa, intente estas cosas:

Primero, asegúrese de que la corrección automática está activada. Refiérase a la sección cercana: "Activemos esto (o desactivémoslo)".

Segundo, visite el cuadro de diálogo Options: seleccione Tools⇨Options. Haga clic en la pestaña Spelling & Grammar. Si aparece una marca de verificación en el ítem Hide spelling errors in this document (Ocultar errores de ortografía en este do-

cumento), haga clic para eliminarla. Haga clic en OK.

Tercero, su documento puede formatearse con lenguaje "sin pruebas". Para solucionar ese problema, seleccione su documento completo pulsando Ctrl+A. Luego, seleccione Tools⇨Language⇨Set Language (quizás deba hacer clic en las flechas que apuntan hacia abajo en la parte inferior del menú Tools para ver el ítem Language. En el cuadro de diálogo Language, seleccione English (US) (para los Estados Unidos) y haga clic en OK. Esto debería reactivar la corrección sobre la marcha.

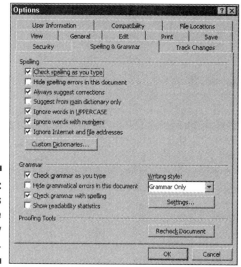

Figura 7-1:
Varias opciones de ortografía y gramática.

Si detesta la corrección ortográfica automática, puede hacer clic en el cuadro para eliminar la revisión ortográfica. Word ya no lo molestará con subrayados rojos, aunque todavía podrá usar el comando Tools⇨Spelling and Grammar para revisar su documento en cualquier momento.

Haga clic en OK para cerrar el cuadro de diálogo Options.

El corrector ortográfico automático en acción

Word automáticamente revisa todo lo que usted escribe conforme lo va digitando. Cometa un error y Word se lo hará saber. En el momento en que pulse la Barra espaciadora o digite un signo de puntuación, Word examina lo que digitó e, inmediatamente, lo señala como malo, malo, malo. Lo hace subrayando la palabra con una línea de zigzag roja. Refiérase a la Figura 7-2 para una muestra.

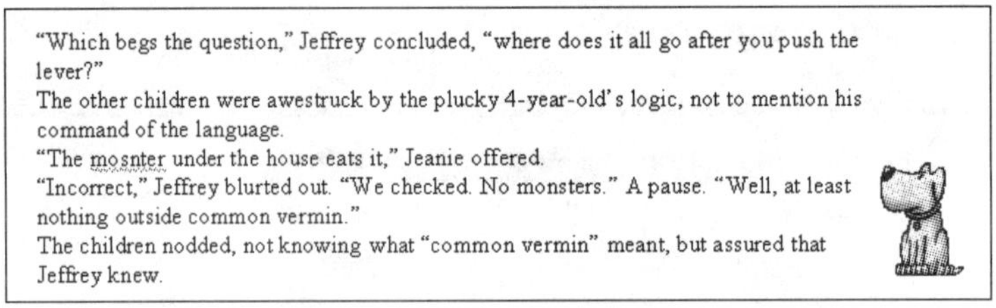

Figura 7-2:
La palabra
mosnter
está
marcada
como mal
escrita.

> "Which begs the question," Jeffrey concluded, "where does it all go after you push the lever?"
> The other children were awestruck by the plucky 4-year-old's logic, not to mention his command of the language.
> "The mosnter under the house eats it," Jeanie offered.
> "Incorrect," Jeffrey blurted out. "We checked. No monsters." A pause. "Well, at least nothing outside common vermin."
> The children nodded, not knowing what "common vermin" meant, but assured that Jeffrey knew.

Mi consejo: siga digitando. No permita que "el zig zag rojo de la educación elemental fallida" lo haga sentir mal. Es más importante llevar sus pensamientos a la pantalla que preocuparse por dedazos inevitables (además, le muestro un truco en la siguiente sección para corregir automáticamente sus errores comunes).

Cuando esté listo, regrese para arreglar sus errores de gramática. Yo hago esto cada dos o tres párrafos:

1. **Busque la palabra mal escrita.**

   Busque el subrayado rojo.

2. **Haga clic derecho en la palabra mal escrita.**

   Este paso abre un menú automático, semejante al de la Figura 7-3.

Eliminar palabras del diccionario

Con el tiempo, puede encontrarse agregando muchísimas palabras nuevas al diccionario –palabras que usted sabe que están bien escritas, pero que el diccionario no reconoce. Usted sabe, nombres de ciudades, de calles, de relativos, de seres extraterrestres y cosas así. Word almacena esas palabras agregadas en lo que se llama el diccionario Custom (personalizado).

El diccionario Custom no es algo con lo que normalmente debería meterse, por ello le hablo de él aquí, en una barra lateral llena de tecnología. Pero, ocasionalmente, recibo correo electrónico de lectores que, necesitan eliminar una palabra que agregaron accidentalmente al diccionario Custom. Uy. Cuando eso pasa, debe acceder al diccionario Custom para eliminar la palabra agregada accidentalmente. Este es el procedimiento:

1. Seleccione Tools➪Options, del menú.

2. En el cuadro de diálogo Options, haga clic en la pestaña Spelling & Grammar.

3. Haga clic en el botón Custom Dictionaries.

Este paso despliega una lista con todos los diccionarios personalizados (custom) que tiene. Lo más probable es que haya solo uno en la lista: CUSTOM.DIC.

4. Seleccione el archivo del diccionario CUSTOM.DIC y haga clic en el botón Modify.

Verá la lista de palabras que ha agregado al diccionario personalizado. Puede eliminar cualquiera de esas palabras seleccionándola y luego haciendo clic en el botón Delete. (también puede agregar palabras aquí digitando la palabra en el cuadro de texto Word y luego haciendo clic en el botón Add).

Cuando haya terminado, siga haciendo clic en los diversos botones de OK hasta que los cuadros de diálogo se esfumen y esté de vuelta usando Word.

Figura 7-3:
Seleccione la palabra bien escrita de la lista.

3. **Seleccione de la lista la palabra que deseaba digitar.**

En la Figura 7-3, la palabra *monster* llena el primer espacio. Haga clic en esa palabra y esta es insertada automáticamente en su documento y reemplaza la palabra incorrecta.

4. Continúe con la siguiente palabra mal escrita

 Puede rastrear la página en busca de la siguiente palabra, pero es mejor que hacer doble clic en el icono de ortografía de la barra de estado (refiérase al margen). Hacer doble clic en ese, uf, "libro" lo lleva instantáneamente a la siguiente palabra mal escrita (o error gramatical).

Si la palabra que intentaba digitar no está en la lista, no se apure. Word no es *tan* listo. Quizás deba usar un diccionario real o realizar otro intento para escribir correctamente la palabra y poder corregirla de nuevo.

Seleccione el ítem Ignore All de la lista si la palabra está bien escrita y si desea que Word no siga marcándola como incorrecta. Por ejemplo, si realmente deseaba que la pequeña Jeanie de la historia dijera *mosnter* en vez de *monster,* le podría decir a Word que lo ignore solo esta vez.

El ítem Add to Dictionary se usa para agregar palabras usadas comúnmente al diccionario de Word. Por ejemplo, mi apellido es Gookin, pero Word piensa es una falta de ortografía de la palabra *Goofing (Pifiar).* No, no, no. Así es que haga clic en el ítem del menú Add to Dictionary para introducir la palabra *Gookin* en el diccionario interno de Word.

✔El comando Ignore All, justamente, ignora los errores ortográficos de una cierta palabra solo en el documento que está editando. Si desea ignorar la palabra por siempre, seleccione el comando Add to Dictionary para agregar la palabra a la lista "esto-está-bien-escrito" de Word.

✔ Si la palabra se ve bien pero está con una línea roja debajo, puede ser una palabra repetida. Estas son marcadas por Word como mal escritas, así que puede o eliminar la palabra repetida o ignorarla.

Las Alegrías de la Autocorrección

La verdad es que no puede escribir mal la palabra *mosnter* como si fuera *monster* en Word. ¡Inténtelo! Word auto corrige la falta de ortografía en el momento en que pulsa la Barra espaciadora o digita un signo de puntuación. Esto es porque *mosnter* está en lista interna de opciones de auto corrección de Word. Word asume que cuando digita *mosnter,* realmente quería decir *monster.* Ídem para otras faltas de ortografía comunes: *archevo* para *archivo* y *lsa* para *las,* por ejemplo. Esa es una de las alegrías de la auto corrección: es difícil escribir mal ciertas palabras que comúnmente inducen a error.

Otra alegría de la auto corrección es que puede agregar la lista de las palabras que usted comúnmente digita mal al repertorio de auto corrección. Por ejemplo, si a menudo digita la palabra *ecxusa* en vez de *excusa*, puede decirle a Word –no, *ordenarle* — que para siempre la corrija en vez de usted. Las siguientes secciones le dicen cómo.

Usar Autocorrección

No hay nada de especial al usar la Autocorrección; sucede automáticamente. El único truco es cómo agregar su propio conjunto de palabras a la lista de Autocorrección. Es fácil.

Para arrojar las palabras mal escritas al cesto de la Autocorrección, haga clic derecho en la palabra. En vez de seleccionar la escritura correcta del menú, seleccione el ítem de Autocorrección. Aparece un submenú que contiene varias correcciones, como se muestra en la Figura 7-4. Seleccione la palabra bien escrita del submenú que aparece. Esa palabra se agrega a la lista de Autocorrección y, como un favor especial, Word corrige la palabra de su texto, al mismo tiempo.

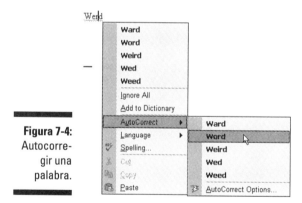

Figura 7-4: Autocorregir una palabra.

Si es posible, intente solo agregar palabras en minúsculas a la lista de Autocorrección. Por ejemplo, la Figura 7-4 muestra la palabra *Werd* al ser agregada; *Werd* será corregida como *Word*. Sería mejor. Sin embargo, es mejor agregar la palabra *werd* sin mayúsculas. Así, la Autocorrección arregla todas las variantes de *werd*, en mayúscula o minúscula.

Deshacer autocorrecciones

Si la Autocorrección hace algún cambio no deseado, puede deshacerlo. Usualmente, pulsar el acceso directo Ctrl+Z, para el comando Undo, tan pronto como vea el texto corregido realiza el truco. Algunas veces, presionar la tecla Backspace también funciona.

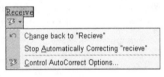 Cuando corrija una palabra autocorregida, un pequeño rectángulo azul aparece bajo la palabra. Apunte el mouse al rectángulo para ver el icono de Autocorrection Options (Opciones de Autocorrección). Hacer clic en la flecha que apunta hacia abajo en el icono despliega algunas opciones (refiérase a la Figura 7-5) ya que Word está consciente de por qué usted deshizo la Autocorrección.

Figura 7-5:
Ajustar una
Autoco-
rrección.

Receive

↺ Change back to "Recieve"

Stop Automatically Correcting "recieve"

Control AutoCorrect Options...

Puede deshacer una acción seleccionando el primer ítem del menú.

Seleccionar el segundo ítem elimina la palabra del repertorio de Autocorrección.

La opción final muestra el cuadro de diálogo Autocorrección, que es comentado más adelante en este capítulo.

Haga clic en algún otro sitio de su documento o pulse la tecla Esc para ocultar el menú de Autocorrection Options.

Otros trucos de Autocorrección

Intente digitar la siguiente línea en Word:

```
Derechos de copia (C) 2001 Vladisoft S.A.
```

Cuando digite la (C), Word automáticamente convierte el (C) en el símbolo de derechos de copia ©. Esta también es una función de la Autocorrección.

Intente esto:

```
Vea la horrible foto de -->
```

La --> se convierte en una flecha que apunta hacia la derecha.

Y , además, está el siempre popular:

```
Siento lo que paso con el gato. :-)
```

Vea cómo el :-) se convierte en ☺. Realmente aligera el tono del mensaje, ¿no le parece?

¿Qué le parecen algunos trucos del Autotexto?

Otro truco de la Autocorrección es el Autotexto. A diferencia de la Autocorrección, la cual rescribe el texto que estaba mal escrito, el Autotexto *termina* de escribir las palabras que se empiezan a escribir.

Como ejemplo, intente digitar la siguiente línea en Word:

```
Estimado señor o señora:
```

Cuando vaya por la *a* de *Estimado,* aparece un cuadro encima del cursor de palillo de dientes. Dice "Estimado Señor o Señora: (Pulse ENTRAR para insertarla)". Esa es una acción de Autotexto. Pulse o presione la tecla Enter para que Word complete el trocito de texto en su lugar.

Revisar las configuraciones de Autocorrección y Autotexto

Puede revisar el lenguaje de la Autocorrección y del Autotexto, ya sea si es una persona curiosa o si desea eliminar o agregar palabras o frases. Para hacer esto, debe llamar al cuadro de diálogo de Autocorrección.

Del menú, seleccione Tools⇨AutoCorrect Options (quizás deba hacer clic en las flechas que apuntan hacia abajo, en el menú, para encontrar el menú de la Autocorrección). Asegúrese de que la pestaña AutoCorrect está seleccionada, como se muestra en la Figura 7-6.

Usted puede hacer que la Autocorrección arregle muchos errores comunes por usted usando las opciones en la parte superior del cuadro de diálogo. Dos letras mayúsculas al inicio de una palabra (para ustedes, digitadores veloces); la primer letra de una frase que se haya puesto en minúscula; los nombres de los días y algunos otros problemas que ocurren cuando se deja activada la tecla de las mayúsculas.

El último ítem es la casilla de verificación Replace text as you type (Reemplazar texto conforme digita), que activa la Autocorrección. Asegúrese de que esta casilla esté seleccionada.

Las siguientes secciones asumen que el cuadro de diálogo Autocorrección está abierto y listo para el negocio.

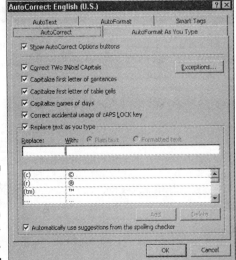

Figura 7-6:
El cuadro de
diálogo
Auto-
Correct.

Agregar manualmente una entrada de Autocorrección

En la pestaña AutoCorrect, en el cuadro de diálogo del mismo nombre, puede crear manualmente sus propias entradas usando los cuadros Replace y With:

✔ Los errores tipográficos y ortográficos van en el cuadro Replace.

✔ La palabra para corregir va en el cuadro With (seleccione "Plain text" para asegurarse de que su formato permanece bien).

✔ Haga clic en el botón Add para agregar la entrada.

✔ Haga clic en OK para cerrar el cuadro de diálogo de Autocorrección una vez que haya terminado.

Ser cruel con la Autocorrección es enteramente posible. Por ejemplo, insertar un error, como *dellos* en vez de cursiva, haría que algunas personas se volvieran locas. Recuerde que la Autocorrección es sutil. Si digita mientras ve el teclado en vez de la pantalla, nunca se dará cuenta precisa de lo que está haciendo.

Eliminar entradas no deseadas de Autocorrección

Para eliminar un ítem de la Autocorrección, localícelo en la lista. Por ejemplo, la Autocorrección pone tres como una corrección para ters, pero qué tal si está trabajando en un proyecto denominado TERS y no tiene la intención de corregirlo cada vez que lo digita.

Cuando encuentre la ortografía ofensiva en la lista, coloque el cursor del mouse sobre ella y haga clic para seleccionarla y, luego, haga clic en el botón Delete. El ofensor se irá.

Haga clic en OK para cerrar el cuadro de diálogo Autocorrección cuando sus pulsiones destructivas se hayan saciado.

Agregar una nueva entrada de Autotexto

Para agregar una nueva entrada de Autotexto (recuerde, allí es donde Word concluye sus digitaciones) haga clic en la pestaña AutoText, en el cuadro de diálogo Autocorrección. Esta acción despliega información sobre el Autotexto, como se muestra en la Figura 7-7.

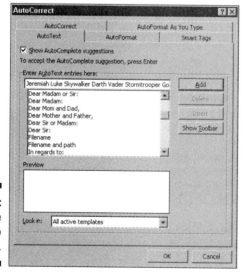

Figura 7-7:
El cuadro de diálogo AutoText.

El Autotexto no tiene el tipo de función Reemplazar/Con. Solamente digite la palabra o la frase que desea que Word utilice en sus reemplazos, como con su dirección o su nombre, en el cuadro Enter AutoText Entries Here (Introducir entradas de Autotexto aquí):

```
Don Jeremías Guillermo Wood Ibañéz III, Esquire, Ret.
```

Hacer clic en el botón Add coloca ese ítem en el depósito del Autotexto. Ahora, cada vez que digite Don en un documento, Autotexto toma el control y despliega el resto del nombre. Pulse Enter para insertarlo. Haga clic en el botón OK para cerrar el cuadro de diálogo AutoCorrect.

Haga clic en el botón OK para cerrar el cuadro de diálogo AutoCorrect.

Cualquier texto seleccionado de su documento aparece automáticamente en el cuadro de diálogo AutoCorrect/AutoText. Esa es una manera intrépida de poner información detallada y extensa en el cuadro de diálogo sin tener que digitarla una vez más: simplemente, seleccione el texto que desea agregar al Autotexto, llame al cuadro de diálogo AutoCorrect o AutoText y haga clic en Add; el texto seleccionado se agrega.

Eliminar una entrada de Autotexto

No necesita de un enano vidente para librar a la casa del Autotexto de los espíritus indeseables. En su lugar, simplemente, seleccione el ítem que no desee, destáquelo en la lista y haga clic en el botón Delete.

Haga clic en OK para cerrar el cuadro de diálogo de Autocorrección cuando haya terminado de limpiar la casa.

Gramática, Pórtate Bien

Si la ortografía es arbitraria, la gramática es un mito. Bueno, podría discutir sobre esto por horas. Que sea suficiente decir que, sin importar lo que ciertos gramáticos piensen, el español no es lo mismo que el latín. No puede ser. El latín, usualmente, tiene una única y muy correcta forma de decir algo. El español tiene muchas formas y muchas palabras con las cuales expresar el mismo pensamiento. Por ello el español es tan poético.

A pesar de lo que yo pienso, Word incluye un corrector de gramática que, a veces, subraya las palabras sospechosas y las frases con un molesto zigzag verde. Esa es su pista de que, en cierta forma, ha ofendido el sentido de Word de lo que es la justicia gramatical. La Figura 7-8 le muestra un ejemplo. Al hacer un clic derecho en el texto subrayado de verde se despliega un menú de aparición automática, parecido al menú del corrector ortográfico.

El menú que aparece enumera algunas alternativas, como las que se ofrecen en la Figura 7-8, ó simplemente le dice que la oración es muy larga o que solo es un fragmento, sin ofrecer sugerencias o algún pobre aporte a sus esfuerzos. Simplemente, seleccione una oración para que Word reemplace la oración incorrecta o intente de nuevo hasta que complazca a los Dioses de la Gramática.

✔ Si selecciona en el menú automático About This Sentence (Sobre esta oración), el perro asistente le explica cuál parte del *Libro de las reglas del idioma español ha ofendido* (bueno, más o menos; a veces, el perro no sabe cómo explicar bien las cosas).

✔Algunas veces, el corrector gramatical parece estar equivocado. ¡Pero no se angustie! Siempre revise la oración completa, para buscar posibles errores. Por ejemplo, puede sugerir *han* en vez de *ha*. Es posible que *ha* sea lo correcto y que cerca de ese verbo haya alguna palabra plural incómoda.

✔ Si detesta la corrección de la gramática mientras escribe, puede desactivarla. Seleccione Tools⇨Options, del menú. Haga clic en la pestaña Spelling & Grammar. Cerca de la parte inferior del cuadro de diálogo, en el área Grammar, se encuentra la casilla de verificación Check grammar as you type (Revisar la gramática mientras digita). Haga clic en la casilla de verificación para cancelar la selección de esa opción y haga clic en OK. La gramática queda desactivada.

✔También puede usar la pestaña Spelling & Grammar, en el cuadro de diálogo Options, para personalizar el tipo de gramática ofensiva que desea que Word etiquete para usted. Haga clic en el botón Settings y podrá seleccionar dentro de varios niveles (sutiles o estrictos) de gramática que Word puede esculcar.

Diccionario de Sinónimos, Encuéntre una Palabra Mejor

Si desea agregar más vigor a su prosa, considere al diccionario de sinónimos como su pera de boxeo. Tradicionalmente, un buen diccionario de sinónimos era apenas inferior al diccionario regular como la máxima herramienta del escritor. El diccionario de sinónimos permitía buscar una palabra común y aburrida; como por ejemplo, *grande* y permitía reemplazarla con algo que quería decir lo mismo pero que calzara mejor, como *enorme*, *inmenso* o hasta *ciclópeo*. Pues bien, del mismo modo que la revisión de ortografía y gramática de Word, un diccionario de sinónimos está disponible para ayudarle a hallar exactamente la palabra correcta.

El rápido diccionario de sinónimos

Un *sinónimo* es una palabra que posee un significado semejante al de otra palabra. Como *enorme* y *gigante* o *diminuto* y *chico*. El español está lleno de ellos y también lo está Word. Los sinónimos están tan cerca como un clic derecho. Para encontrar el sinónimo de cualquier palabra, haga clic derecho sobre ella, en el documento. Del menú automático, seleccione el submenú de sinónimos, para ver una lista de palabras con significado semejante (refiérase a la Figura 7-9).

El submenú Synonyms despliega una lista de una docena, aproximadamente, de sinónimos para la palabra inglesa *big,* además de un antónimo (una palabra que posee el significado opuesto) como se muestra en la Figura 7-9. Para reemplazar la palabra del documento con un sinónimo, solo selecciónela del submenú.

El submenú Synonyms muestra sinónimos para las palabras que los tienen, ya que no todas los poseen; de ser este el caso, el submenú despliega (No Suggestions) (No hay sugerencias). Muy bien...

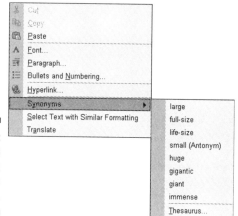

Figura 7-9:
Sinónimos
de la
palabra
inglesa *big.*

El diccionario de sinónimos oficial

Una forma más tradicional de usar el diccionario de sinónimos de Word es con el cuadro de diálogo Thesaurus. A diferencia del submenú Synonyms (refiérase a la sección precedente) el cuadro de diálogo Thesaurus es más un lugar para explorar palabras que para buscar simples sinónimos. Aquí está el modo para llegar allí:

1. **Ubique el cursor de palillo de dientes dentro de una palabra sencilla, como** *grande.*

   Los adjetivos funcionan mejor con el diccionario de sinónimos, a pesar de que el Departamento Estadístico de Word me ha asegurado que este diccionario contiene más de 120 000 palabras.

2. **Abra el diccionario.**

   Para abrir el diccionario, seleccione Tools⇨Language⇨Thesaurus o pulse su acceso directo, Shift+F7. Instantáneamente, el cuadro de diálogo Thesaurus se abre (refiérase a la Figura 7-10). Word despliega varias alternativas para cada palabra. Se encuentran agrupadas en categorías de significados a la izquierda y sinónimos a la derecha.

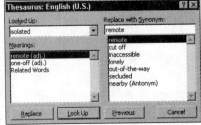

Figura 7-10:
El cuadro de
diálogo
Thesaurus.

3. **Para reemplazar la palabra de su documento, destaque su elección y haga clic en el botón Replace.**

✔ Después de seleccionar una palabra, vuelve a su documento. Si no encuentra una palabra, haga clic en el botón Cancel para volver a su documento.

✔ Si una de las palabras de la columna izquierda está cerca de lo que busca, pero no completamente, selecciónela y haga clic en el botón Look Up. Los nuevos sinónimos de las palabras aparecen en la columna derecha.

✔ Si la palabra que seleccionó no tiene sinónimo, el diccionario despliega una lista alfabética de palabras. Digite una palabra nueva y similar o haga clic en el botón Cancel, para regresar a su documento.

✔ Después de insertar una palabra nueva, quizás tenga que hacer un poco de ediciones. Agregue *ado* o *ar* a la palabra o haga algún tipo de reemplazo obvio. A veces, se necesita un poco de edición cuando se reemplaza una palabra por otra.

✔ También puede acceder al cuadro de diálogo Thesaurus seleccionando Synonyms➪Thesaurus del menú que se ve cuando hace clic derecho sobre una palabra.

Dígalo en francés

Otra característica de Word es su habilidad de traducir palabras a otro idioma. Word traduce mejor de palabra en palabra, lo cual es aconsejable, porque las computadoras todavía no han perfeccionado la habilidad de traducir oraciones completas. En todo caso, para agregar un poquito de francés a sus documentos, el comando de traducción funciona bien.

Para traducir una palabra al francés, siga estos pasos:

1. **Haga clic derecho en la palabra que desea traducir.**

La palabra debe estar bien escrita y libre de errores gramaticales. De no estar así, arregle la palabra e intente hacer clic derecho de nuevo.

2. **Seleccione Translate del menú que aparece.**

   El panel Translate (Traducción) aparece como se muestra en la Figura 7-11. Las traducciones aparecen en el área Results (Resultados); si no lo hace, haga clic en el botón Go. Note que quizás deba instalar la función, lo cual significa que debe tener a mano el disco de Word o de Microsoft Office.

3. **Haga clic en el botón Replace para dejar su palabra en el documento.**

   ¡Comment facile!

Figura 7-11:
El panel
Translate.

✔ Esta característica funciona bien si se usa de palabra en palabra. Aunque parece que se podría seleccionar una oración completa, eso, sencillamente, es más de lo que Word puede manejar.

✔ Mi copia de Word venía solo con traducciones al ingles y al francés. Se espera que en el futuro habrá más idiomas disponibles, incluyendo el básico traductor al latín y el, a menudo ridículo pero igualmente necesario, traductor Klingon.

✔ Yo evitaría visitar la Internet para conseguir una traducción, al menos en la manera en que Word intenta hacer las cosas.

✔ Por otro lado, mi página Web favorita para traducir es
`http://babelfish.altavista.com/`. Aquí se puede copiar y pegar texto desde Word, sin ningún problema.

Contar Palabras

A los escritores les pagan por palabra. Si es lo suficientemente afortunado como para que le paguen por sus escritos, entonces conoce al dedillo el recuento de palabras. Los editores de revistas demandan artículos basados en la cantidad de palabras."Necesito 350 palabras sobre lo extremadamente chistoso que es comprar una computadora por primera vez ", me dijo un jefe de redacción una vez. Y los escritores de novelas, típicamente, presumen de cuántas palabras ha tenido su último esfuerzo. "Mi siguiente libro es de 350 000 palabras ", dicen con una voz agotada. ¿Cómo saben cuántas palabras hay? ¡Bueno, usan la útil característica de Word para contar palabras!

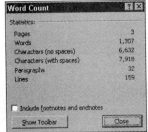

Figura 7-12:
Contar las
palabras.

El cuadro de diálogo Word Count está bien, pero Word tiene una manera más interactiva de decirle cuántas palabras tiene –o cuántas palabras puede tener: es la barra de herramientas de contar palabra. Haga clic en el botón Show Toolbar, en el cuadro de diálogo Word Count (refiérase a la Figura 7-12) o seleccione Show Toolbar, del menú. Esta acción despliega el panel de Word Count, igual al mostrado en la Figura 7-13.

Figura 7-13:
Contar
palabras al
vuelo.

El panel de contar palabras Word Count vuela sobre su documento conforme digite. Para ver el conteo actual de las palabras, haga clic en el botón Recount. También puede seleccionar otro ítem para contar párrafos, caracteres, páginas y líneas.

Haga clic en el botón X, en la paleta flotante de Word Count para hacerlo desaparecer.

Capítulo 8

Trucos Básicos de los Documentos

C ada vez que digite la mínima cantidad de texto, debería guardar su documento. Así, en su disco, su documento se convierte en un *archivo,* un registro permanente que puede abrir de nuevo para editarlo, imprimirlo o revisarlo. Siempre que guarde su trabajo en el disco –incluso las cosas más insignificantes– lo tendrá para siempre, y no tendrá que preocuparse de que ocupen mucho espacio. Los documentos de procesamiento de texto ahorran mucho espacio en el disco. ¡Así que guárdelos todos!

Esta sección le muestra cómo guardar un documento en el disco y cómo abrir un documento que ya haya guardado en el disco. Y solo porque está haciendo un lindo día, le diré cómo abrir un documento *dentro* de otros. Sí, ahora los secretos pueden ser revelados.

✔ Lo que usted guarda en el disco es un *documento* — todo el texto y las cosas que ha creado en Word. Algunas personas se refieren a los documentos guardados en el disco como *archivos*. Es lo mismo.

✔ Relativamente hablando, un documento de procesador de texto consume poco espacio en el disco duro. Cada capítulo de este libro, que en promedio es de 5 a 10 páginas, en el disco duro consume aproximadamente 42K, comparados con los 100K o más del archivo de una simple imagen.

Guardar un Documento en el Disco (Por Primera Vez)

No crea que tiene que guardar hasta que haya terminado de escribir su documento. De hecho, debería guardar casi inmediatamente, tan pronto como haya redactado las primeras líneas o párrafos. ¡Guarde, guarde, guarde!

Para guardar un documento por primera vez, siga estos pasos:

1. Llame al comando Save.

 Solo haga clic en el botón Save, en la barra de herramientas. El cuadro de diálogo Save As lo ilumina con su presencia, como se muestra en la Figura 8-1.

Figua 8-1: El cuadro de diálogo Save As.

Si no ve el cuadro de diálogo Save As, esto significa que ya el documento ha sido guardado antes al menos una vez. Esta vez, usted solo lo está guardando de nuevo. Está bien.

2. Digite un nombre para su documento.

Word automáticamente selecciona la primer línea o las primeras palabras como el nombre del archivo de su documento y lo pone en el cuadro de diálogo de Save. Si está de acuerdo, puede seguir al paso 3.

Si le desea dar a su documento otro nombre y no el que Word empezó a escribir, digite el nombre nuevo. Puede usar letras, números, espacios y todo tipo de símbolos. Aunque el nombre del archivo puede ser tediosamente largo, mi consejo es que lo mantenga corto, simple y descriptivo (lo cual ha evitado que, hasta la fecha, los abogados puedan, de modo eficaz, ponerles nombres a los archivos).

3. **Haga clic en el botón Save.**

Si todo sale bien, su unidad de disco se agitará por breves segundos y el archivo se guarda.

La pista de que el archivo ha sido guardado exitosamente es que el nombre del archivo ahora aparece en la barra de título del documento, cerca de la parte superior de la pantalla.

Si se origina un problema, probablemente verá uno de dos mensajes de error:

```
El archivo [lo que sea] ya existe
```

Tiene tres elecciones. Seleccione la del medio, guarde con un nombre diferente. Luego, digite un nombre diferente en el cuadro de diálogo Save As (si selecciona alguna de las otras opciones, se arriesga a destruir un archivo en el disco de un modo que no puede enmendarse).

El segundo mensaje de problema se lee de esta manera:

```
El nombre del archivo, la ubicación o el formato de '[lo que
sea]' no son válidos. Digite un nombre de archivo y una lo-
calización en el formato correcto, como c:\ localización-
\nombre de archivo.
```

Lo que sea. Básicamente, usted utilizó un carácter equivocado para ponerle nombre al archivo. Para estar seguro, solo use letras, números y espacios. Ir más allá de ese límite significa que puede ofender el sentido de Word de qué es un nombre de archivo y qué no lo es. Revise la barra lateral: "Complicado pero importante: información sobre los nombres de archivo". Luego, haga clic en OK e intente de nuevo.

✔ Además de usar el botón Save, en la barra de herramientas, puede guardar un archivo usando el comando File➪Save, el acceso directo de teclas Ctrl+S, o la estrafalaria combinación Shift+F12.

✔Siempre guarde su documento, incluso si solo digitó unas líneas de texto.

✔ También debería organizar sus archivos almacenándolos en sus propias carpetas especiales en su disco.

Complicado pero importante: información sobre los nombres de archivo

Debe ponerles nombre a sus archivos de acuerdo con las bellas pero firmes reglas de nombres de archivo de Windows. Esta tarea no es tan difícil como memorizar cosas para un examen oficial, ni tan horrible como eran las cosas en los días antiguos del DOS —pero casi:

✔ Un nombre de archivo puede tener hasta 245 caracteres, pero trate de que sus archivos tengan nombres breves y descriptivos.

✔ Un nombre de archivo puede incluir letras, número y espacios, y puede empezar con cualquiera de esos caracteres.

✔ Un nombre de archivo puede contener puntos, comas y guiones.

✔ Un nombre de archivo no puede contener ninguno de estos símbolos: \ / : * ? " < > |

✔ No se moleste digitando una extensión de tres letras (.DOC) al final de sus archivos de Word (esto va para aquellos que usaban versiones viejas de Word, en las cuales escribir .DOC al final del nombre era necesario. Pues ya no).

✔ Si desea guardar el documento como una página Web, seleccione File⇨ Save, desde el menú. Esto también es llamado guardar en formato HTML, el cual es un formato común para compartir documentos y cosas como esas.

✔ Aunque Word puede manejar documentos amplios (el tamaño absoluto es ilimitado), los documentos más pequeños son más fáciles de manejar a la larga. Si está escribiendo un libro o cualquier cosa compuesta de varias partes, guarde cada parte por separado.

Guardar un documento (después de que ya lo ha guardado antes)

Solo porque ha guardado su documento en el disco una vez no quiere decir que ya lo tenga todo hecho. De cuando en cuando, debe guardar su documento de nuevo. De ese modo, cualquier cambio que haya hecho desde que guardó por última vez es recordado. Esto no significa que tenga que ser obsesivo acerca de guardar. Por ejemplo, yo guardo una vez cada cierta cantidad de páginas de texto que escribo, o cada vez que suena el teléfono o cuando necesito levantarme para estirar las piernas, tomar un poco de café o volverme un poco loco.

Para guardar un documento después de guardarlo la primer vez (lo cual se describe en la sección precedente) pulse Ctrl+S o haga clic en el botón Save, en la barra de herramientas. Verá la barra de estado cambiar muy ráp]nimarse para demostrar de algún modo que está guardando su documento –una recompensa gráfica por ser un muy bien ciudadano de Word.

Guardar en el disco un documento con un nombre diferente

Con un procesador de palabras, no existen cosas tales como "borradores": usted sabe, una copia previa de borrador, segundo borrador, tercero y así sigue. Pues bien, de algún modo, cada vez que imprime un documento, está imprimiendo un borrador. Pero el concepto de borrador no es necesario porque usted solo se mantiene guardando el mismo documento en el disco cada vez que lo corrige o lo revisa.

Si desea guardar borradores, o si desea guardar cualquier documento en el disco con un nombre nuevo, seleccione File⇨Save As. Esta acción despliega el cuadro de diálogo Save As (refiérase a la Figura 8-1), en el cual puede digitar un nombre nuevo para el archivo, como **Planes de invasión, Borrador No. 2.**

Debe seleccionar File⇨Save As para guardar el archivo con un nombre nuevo. Si utiliza uno de los comandos regulares para guardar (File⇨Save, el botón para guardar en la barra de herramientas o Ctrl+S, por ejemplo) simplemente estará guardando su viejo documento, no creando un segundo archivo.

Recuperación Automática (en caso que olvidara guardar)

Guarde su documento. Guárdelo a menudo. Yo uso Ctrl+S o hago clic en el botón de guardar de la barra de herramientas todo el tiempo. El motivo es el miedo. Tendrá miedo de que algo horrible le pase a la computadora y que pierda todo lo que ha digitado (eso ya me ha pasado a mí una suficiente cantidad de veces, si me permite decírselo).

Para estar aún más seguro y asegurar que siempre tendrá una copia de sus cosas, Word posee la función de AutoRecover (Autorrecuperación).

Lo que AutoRecover hace es guardar información secretamente sobre su documento cada ciertos minutos. De ese modo, si ocurre algún accidente con la energía o si ocurre algún otro imprevisto y olvida digitar Ctrl+S, puede recuperar algo de su documento. Se trata de una función muy útil que todos deberían usar.

Para activar la Autorrecuperación, siga estos pasos:

1. **Seleccione Tools➪Options.**

   Quizás tenga que hacer clic en las flechas de abajo del menú para poder encontrar el ítem del menú Options.

2. **Haga clic en la pestaña Save (Guardar).**

   El cuadro de diálogo Options tiene montones de pestañas. Localice la llamada Save y haga clic en ella para observar la información sobre guardar su documento.

3. **Asegúrese de que la casilla de verificación Save AutoRecover está seleccionada.**

   La casilla de verificación se llama Save AutoRecover info every (Guardar información de Autorrecuperación). Está en el centro del cuadro de diálogo.

4. **Introduzca el intervalo para los respaldos en la casilla de textos llamada minutes (minutos).**

   Por ejemplo, el número **10** hace que Word respalde su documento cada 10 minutos. Si en su casa u oficina, la energía es inestable, escriba **5**, **3**, **2**, o incluso **1** minuto como el intervalo de respaldo (cuanto menor sea el intervalo, más a menudo Word lo interrumpirá para respaldar el documento actual).

5. **Pulse Enter para volver a su documento.**

Aunque Word tenga la opción de Autorrecuperación, ¡no sea confiado! Lo mejor es guardar con el botón de guardar de la barra de herramientas o con Ctrl+S tan frecuentemente como pueda.

La Autorrecuperación funciona todo el tiempo sin necesidad de que se preocupe de ello. Pero suponga que algo pasa. Un camión de carga impacta contra un poste de cableado eléctrico en su barrio. La electricidad se va, sin darle la oportunidad de que guarde su documento. Oh oh. Ojalá que la Autorrecuperación haya guardado la mayoría de su trabajo.

Eventualmente, arreglarán las cosas (incluyendo el camión) y la energía volverá. Cuando ejecute Word de nuevo, verá el panel Document Recovery (Recuperación de documentos) como se muestra en la Figura 8-2. Este enumera cualesquiera archivos que hayan sido guardados automáticamente por Word. Por ejemplo, el do-

Otras opciones del cuadro de diálogo Options/Save

Usted pudo haber puesto cuidado en un buen número de opciones interesantes de la pestaña Save, en el cuadro de diálogo Options. Evite la tentación aquí. Ignore tales elecciones seductoras como la de permitir guardar rápidamente. Esta opción puede causar problemas porque guarda solo los cambios de un documento y no el documento entero. Seguro, funciona. Pero puede llegar a tener problemas sobre la marcha, especialmente si el documento es muy grande.

La opción Always create backup copy (Crear siempre copia de seguridad) es interesante. Lo que hace es crear dos copias del documento que usted guarda: la copia en uso en estos momentos y un respaldo de la vieja copia. Eso está bien, pero es realmente una opción de las versiones viejas de Word que carecían del comando actual y poderoso de deshacer. Además, todos esos respaldos consumen espacio del disco.

Otras opciones del cuadro de diálogo Options/Save deberían ser determinadas solo si necesita esa característica o si está siendo dirigido a usar la opción para algún propósito específico. Generalmente, todas las opciones predefinidas de Word son buenas. La única que quizás desee travesear es el espacio de tiempo para la Autorrecuperación, cubierta en la sección "Recuperación Automática (en caso que se le olvide guardar)".

cumento `Fourmyle [Original]`, mostrado en la Figura 8-2, fue guardado en el disco, pero la copia de Autorrecuperación fue guardada en un momento posterior, la cual estaba más actualizada.

Seleccione el documento que desea recuperar, solo haga clic en él, desde la lista. El documento se abre. Inmediatamente debería inspeccionarlo para buscar algún texto faltante. No hay manera de recuperar ese texto, pero, con suerte, aún está lo suficientemente fresco en su mente como para reconstruirlo.

Haga clic en el botón Close para disponer de la ventana Document Recovery.

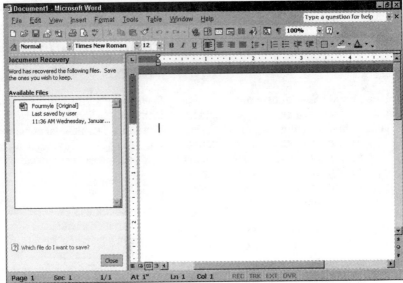

Figura 8-2:
La Autorre-
cuperación
en acción.

Guarde cuando haya terminado

Ya terminó y sus dedos están lastimados. Sus ojos están cubiertos con una costra. Las imágenes titilan cuando cierra sus párpados. Yup. Creo que eso se puede llamar un día con Word. Levántese y estírese. Pero antes de que se mude completamente al mundo real, tiene dos opciones:

✔ **Seleccione File⇨Close.** Este método cierra el documento en el que está trabajando sin salir de Word. Esto le permite abrir un documento en blanco, un documento viejo o quedarse jugando con el Asistente de Office.

✔ **Seleccione File⇨Exit.** Este método cierra Word y le permite volver a Windows para seguirse divirtiendo.

En cualquier caso, cuando cierre el documento en el que está trabajando, Word le preguntará si necesita guardar. Haga clic en Yes. El documento se guarda una última vez.

Si el documento en el que está trabajando aún debe ser guardado, verá el cuadro de diálogo Save As (refiérase a la Figura 8-1) en cuyo caso, necesita darle al archivo un nombre y guardarlo de ese modo.

El punto es que Word no lo deja salir ni cerrar ningún documento que no esté guardado en el disco de la computadora.

Si selecciona File➪Close o File➪Exit y Word no le pide guardarlo, significa que ya el documento está guardado. No se ofusque. Todo está bien.

 ✔ Las teclas rápidas para el comando File➪Close son Ctrl+W.

 ✔ Las teclas rápidas para cerrar Word son –¿está listo?– Alt+F4.

 ✔ No hay razón para salirse de Word para iniciarlo de nuevo y abrir un documento en blanco.

 ✔ Siempre sálgase de Word apropiadamente. Nunca apague su computadora ni la reinicie cuando Word o Windows todavía estén activados. Apague su computadora solo cuando Windows le diga que es seguro hacerlo. Si no lo hace, su computadora empieza a correr más despacio y Windows puede caerse (con más frecuencia).

Abrir un Documento del Disco

Para traer un documento del disco, se usa el comando Open. Este comando recupera un documento que usted haya guardado y lo abre en una ventana donde lo puede leer, revisar, imprimir o hacerle cualquier cosa una vez más.

Para abrir un archivo del disco, siga estos pasos:

1. Llame al comando Open.

Seleccione File➪Open para desplegar el cuadro de diálogo Open, como se muestra en la Figura 8-3.

Figura 8-3:
El cuadro de
diálogo
Open.

 Las teclas rápidas para el comando Open son Ctrl + O y hay también un botón de acceso directo en la barra de herramientas, como se muestra en el margen.

2. **Haga clic en el nombre del documento.**

El cuadro de diálogo Open –vasto y salvaje como es– contiene una lista de documentos previamente guardados, como puede ver en la Figura 8-3. Su trabajo es encontrar el que quiere abrir.

Algunas veces, puede tener que abrir un icono de la carpeta para localizar su documento. Por ejemplo, la carpeta del teatro, como se muestra en la Figura 8-3, contiene cosas que he escrito para las tablas (mi otra vida).

Cuando usted encuentra el archivo, haga clic una vez en su nombre. Esto resalta el archivo.

3. **Haga clic en el botón Open.**

Word abre el archivo, lo extrae cuidadosamente de su unidad de disco y lo pega en la pantalla, donde puede editarlo, imprimirlo, leerlo o solo verlo con admiración brillante.

✔ Abrir un documento no hace que este se borre de su disco duro.

✔ Abrir un documento es una de las primeras cosas que puede hacer cuando empieza su día de Word.

 ✔ Word puede quejarse de que no puede abrir un documento porque le hace falta cierta función de conversión. De ser así, haga clic en Yes para cargarla (quizás necesite tener a mano el CD de Word o de Office para completar la operación).

✔ Si no encuentra su documento, refiérase al Capítulo 28.

Una forma conveniente de abrir un archivo reciente

Word recuerda los últimos archivos en los que ha trabajado y los conserva en una lista del menú File. Es probable que necesite abrir uno de ellos, escoger uno del menú File es una forma conveniente de abrir ese documento rápidamente.

El número de archivos que Word recuerda en el menú File es regulable. Para ajustar el valor, seleccione Tools⊅Options. En la ventana de diálogo Options, haga clic en la pestaña General. Busque el ítem de lista Recently used file (Archivo usado recientemente). Al lado de él hay un dispositivo, normalmente, con un número 4. Puede ajustar ese valor hacia arriba o hacia abajo para que Word recuerde más o menos archivos, a los que les seguirá la pista en el menú File. Haga clic en OK cuando haya terminado de modificar este valor.

Usar la lista Files of type (Archivos de tipo)

El cuadro de diálogo Open exhibe dos cosas: carpetas y archivos. Los tipos de archivos que aparecen son determinados por la lista descendente Files of type (Archivos de tipo). En la Figura 8-3, dice All Files (Todos los archivos), lo cual quiere decir que la ventana de diálogo Open muestra todos los archivos de la carpeta de Mis Documentos.

Para ver solo archivos de un tipo específico, seleccione ese tipo de archivo de la lista descendente. Por ejemplo, para ver solo documentos de Word, seleccione Word Documents (Documentos de Word) de la lista.

Si desea ver solo documentos de WordPerfect, seleccione uno de los tipos de archivos de la lista descendente.

Última línea: si no ve el archivo que usted sabe que está ahí. Revise la lista descendente Files of type (Archivos de tipo) para asegurarse de que el cuadro de diálogo Open muestre los archivos que está esperando (además, refiérase al Capítulo 28 para más información sobre trabajar con otros tipos de archivo en Word)

Abrir un documento dentro de otro

Word coloca todos los documentos que abre en sus propias ventanas. Cada ventana incluso tiene un botón en la barra de tareas, para que usted pueda hacer clic en esos botones para cambiar entre los diversos documentos que Word le puede acercar. Lo que no es tan obvio, sin embargo, es cómo puede abrir Word un documento dentro de otro.

Suponga que usted revisa algún informe general y necesita combinar varios documentos más pequeños, creados por otras personas en un documento individual y más grande. O talvez tenga un pedacito de texto que haya guardado, y que necesita ser insertado en otros documentos. Usted podría abrir esos otros documentos y luego copiar y pegar sus contenidos. Pero Word tiene una forma mejor de hacerlo.

Para insertar el contenido de un documento en otro, siga estos pasos:

1. **Ubique el cursor del palillo de dientes justo donde desea insertar el documento.**

   Este paso funciona como copiar o mover un bloque, el texto nuevo aparece justo donde se encuentra el cursor del palillo de dientes.

2. **Seleccione Insert⇨File.**

   Si no ve el comando File, haga clic en la flecha de "mostrar más", en la parte inferior del menú.

3. **Use el cuadro de diálogo Insert File para empezar a cazar el archivo.**

   El cuadro de diálogo Insert File funciona exactamente como el cuadro de diálogo Open.

4. **Haga clic en el botón Insert para abrir el documento e insertarlo en su texto.**

   Y allí está.

A diferencia de pegar un bloque, no hay ningún botón llamado Paste Options, así que usted estará muy comprometido con todo el formato del documento original. Refiérase a la Parte II de este libro para información sobre formatear el archivo inserto, si necesita hacerlo.

Si no le gusta el documento que insertó, el comando Undo puede deshacerse de él; seleccione Edit⇨Undo o pulse la útil combinación de teclas Ctrl + Z.

Capítulo 9

Ponerlo por Escrito

Este capítulo es sobre el paso final que se toma antes de crear su obra maestra. ¡No, no, no! Olvídese de publicar por ahora. Claro, usted puede enviar sus textos a Esa Gran Casa Editorial De Nueva York, firmar un avance macizo y, luego, vender millones de libros. Pero ¿qué va a enviar? ¿Hmmm?

¡Ajá! Es la impresión. Póngalo por escrito. Imprimir suena fácil: engatusar a su documento para viajar de la computadora a la impresora, y que se imprima y se vea como usted quiere que se vea. Por supuesto, pueden ocurrir algunos problemas, de los cuales se ocupa este capítulo. Después de todo, ningún dispositivo de sistema informático se merece una tunda tal como la impresora.

Preparar la Impresora (¡Haga esto Primero!)

Antes de imprimir, debe asegurarse de que su impresora esté lista para imprimir. Revise estos detalles:

1. **Asegúrese de que su impresora está enchufada y conectada correctamente en su computadora.**

Un cable conecta la computadora con la impresora. El cable debería estar conectado firmemente en ambos extremos (este cable necesita ser inspeccionado si ha estado teniendo problemas con la impresora.)

Nunca conecte un cable de impresora en una computadora que esté encendida. Siempre apague su impresora y su computadora cuando conecte algo en ellas. Si no lo hace, puede dañar los componentes electrónicos internos.

2. **Asegúrese de que su impresora tiene suficiente tóner o tinta y una cinta decente.**

   Las impresoras de láser deberían tener un buen cartucho de tóner instalado. Si el indicador del tóner de la impresora láser marca "bajo", reemplace el tóner de inmediato.

   La mayoría de impresoras de tinta le avisan cuando no tienen tinta, o le advierten que la imagen aparece rayada o descolorida, o con información faltante. Reemplace el cartucho de tinta de inmediato.

   Las cintas deshilachadas de las impresoras más viejas producen un texto pálido y son malas para el mecanismo de la impresión.

3. **Revise si la impresora tiene papel.**

   El papel puede entrar por el dorso de la impresora, puede venir de una bandeja de papel o puede ser manualmente introducido de hoja en hoja. De cualquier forma que su impresora coma papel, asegúrese de que lo tenga colocado correctamente antes de imprimir.

4. **Su impresora debe estar *en línea* o *seleccionada* antes de que pueda imprimir algo.**

   Esto es extraño: algunas impresoras pueden estar encendidas, pero no en condición de imprimir. Están encendidas, pero, a menos que las impresoras estén en línea o seleccionadas, ignoran a la computadora. Para forzar a la impresora a escuchar a la computadora, debe pulsar el botón Online (En línea), Select (Seleccionar), o algún botón similar.

   • Si imprime en la impresora de una red –la idea hace que me estremezca– y otra persona se encarga de ella, la impresora de la red debería estar configurada y en condición de imprimir. En caso que no sea así, alguien con quien quejarse puede ser sumamente útil.

   • La impresora que usa afecta la forma en que Word despliega e imprime su documento, así que antes de que haga muchos formatos, asegúrese de haber seleccionado la impresora correcta.

Observe la Vista Preliminar Antes de Imprimir

Word le muestra exactamente cómo se ve su documento, justo en la pantalla. Especialmente, si selecciona la vista Print Layout (la vista de diseño de impresión) View⇨Print Layout, usted ve la página tal como se imprime – encabezados, pies de página, gráficos, saltos de página y demás. Así y todo, algunas veces eso no es lo suficientemente bueno. Ciertas personas siguen adelante e imprimen una muestra de cualquier manera, solo para ver si les gusta –completamente ignorantes de que lo que están haciendo, destruyen árboles y consumen tanto papel que pronto todos los bosques desaparecerán y el Sr. Conejito ya no tendrá dónde vivir.

¡Salve al Sr. Conejito!

Para andar a hurtadillas por la vista previa de su documento impreso, seleccione File⇨Print Preview o haga clic en el útil botón Print Preview, de la barra de herramientas Standard. Hacer esto exhibe su documento en una vista más bien fría, como se muestra en la Figura 9-1.

Figura 9-1:
Un documento está siendo exhibido antes de ser imprimido, lo cual salva algunos árboles por aquí y por allá.

Tome nota de cómo se ve su texto en la página. Mire los márgenes. Si usa notas al pie, encabezados o pies de página, examínelos. La idea aquí es localizar algo horriblemente equivocado *antes* de imprimir.

Cuando haya terminado de atrapar moscas, haga clic en el botón Close para regresar a su documento.

O, si todo se ve perfecto, haga clic en el pequeño botón Print y su documento se imprimirá instantáneamente.

✔ Use las barras de desplazamiento para ver más de su documento.

✔ Si tiene un mouse de rueda, como el Microsoft Intellimouse, puede girar la rueda para arriba o para abajo para subir o bajar páginas, a través de su documento.

✔ Si su mouse no tiene rueda, puede usar los botones de Retroceder Página o Avanzar Página para examinar varias páginas de su documento.

✔ Haga clic con el mouse sobre su documento para realizar un zoom y obtener una mirada más cercana. Haga clic en el mouse otra vez para alejarse de nuevo del documento. Si esto no surte efecto, haga clic en el botón Magnifier e intente otra vez.

✔ Realmente, yo no uso mucho el modo Print Preview. Sin embargo, si realmente estoy formateando demasiado –con pies de página, columnas extrañas y cosas por el estilo, esta opción puede ser enviada por Dios.

Imprimir un Documento Completo

Todas las pinturas rupestres antiguas eran borradores. Usted al vivir en el siglo XXI, tiene el lujo de editar, formatear y reescribir, todo en la pantalla. Sin embargo, cuando está listo para escribirlo en la pared (o en el papel, en este caso) siga estos pasos:

1. **Asegúrese de que la impresora está en línea y en condición de imprimir.**

   ¡Vea la primera sección de este capítulo: " Preparar la Impresora (¡Haga Esto Primero!)"

2. **Guarde su documento.**

   ¡Ja! Se sorprendió. Guardar antes de imprimir siempre es una buena idea. Haga clic en la pequeña herramienta Save para guardar sus cosas rápidamente y, si necesita cualquier ayuda adicional, refiérase al Capítulo 8 sobre guardar sus documentos.

3. **Imprima su documento.**

   La forma más rápida de hacer esto es hacer clic en la herramienta Print. Haga clic en ella y su documento se comienza a imprimir. Rápido. Fácil. Pero no puede cambiar ninguna configuración; ¡Simplemente, imprime!

   Si selecciona File⇨Print o si pulsa Ctrl + P, en vez de usar la herramienta Print de la barra de herramientas, aparece el cuadro de diálogo Print (refiérase a la

Figura 9-2). Luego, necesita hacer clic en OK o pulsar la tecla Enter para imprimir su documento.

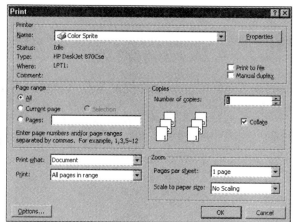

Imprimir puede tomar bastante tiempo. Mucho tiempo. Afortunadamente, Word le permite continuar trabajando mientras imprime. Para asegurarse de que Word trabaje así, refiérase a la barra lateral: "Imprimir y seguir con vida."

✔ ¡Si nada se imprime, no teclee el comando Print otra vez! Probablemente, nada marcha fuera de lugar; la computadora todavía está pensando o enviando (descargando) el texto a la impresora. Si no obtiene ningún mensaje de error, probablemente, todo se imprimirá.

✔ La computadora imprime una copia de su documento por cada comando Print especificado. Si la impresora está siendo lenta y usted, impacientemente, hace clic en el botón Print diez veces, obtendrá diez copias de su documento (refiérase a la sección " Cancelar un Trabajo de Impresión") más adelante en este capítulo.)

✔ Si tiene una impresora que se alimenta manualmente, es ella misma la que suplica por papel. ¡Su impresora dice: "¡Biiiiip, aliménteme!" Debe estar preparado, debe organizar papel y, luego, lo debe empujar en las fauces boquiabiertas de la impresora hasta que su documento haya terminado de imprimirse. Refiérase al Capítulo 30 para entender esto bien.

✔ Si su computadora tiene más una impresora adjunta, o si puede acceder a otras impresoras a través de una red, puede elegir cuál impresora usar seleccionándola de la lista Name (Nombre) en el cuadro de diálogo Print (Imprimir). También así trabajan muchos programas de fax: usted selecciona el fax módem de la lista Name para enviar por fax su documento en vez de imprimir.

✔Además de guardar su documento, puede considerar revisarlo antes de imprimirlo. Refiérase al Capítulo 7.

Imprimir Piezas y Pedazos

No tiene que imprimir su documento completo cada vez que desee una copia en papel. Word le permite imprimir una sola página, una variedad de páginas o un bloque de texto seleccionado. Esto se hace en el área Page range, del cuadro de diálogo Print (en el medio, a la izquierda).

Las siguientes secciones asumen que su impresora está encendida y lista para imprimir.

Imprimir una página específica

Siga estos pasos para imprimir solo una página de su documento:

1. **Mueva el cursor del palillo de dientes para que se quede en alguna parte de la página que desea imprimir.**

   Revise el contador de páginas, en la esquina inferior izquierda de la pantalla (en la barra de estado), para asegurarse de que está en la página correcta.

Puede usar el comando Go To (la tecla F5) para ir a cualquier página específica de su documento. Refiérase al Capítulo 3.

2. **Seleccione File➪Print o pulse Ctrl + P.**

3. **Seleccione la opción Current Page (Página actual) en el panel Print Range (Rango de impresión).**

4. **Haga clic en OK.**

   El cuadro de diálogo se cierra y esa página se imprime (puede tomar algún tiempo imprimir ya que Word organiza sus pensamientos).

La página se imprime con todos los formatos aplicados aunque solo se imprima una página. Por ejemplo, si el documento tiene encabezados, pies de página y números de página, toda esa información se incluye en la página impresa –tal como si hubiera imprimido el documento completo.

Imprimir y seguir con vida

Word tiene la capacidad de imprimir mientras usted hace alguna otra cosa. Si esta capacidad de la impresión de fondo no está establecida, quizás deba esperar un tiempo horriblemente largo mientras sus documentos se imprimen. Para asegurarse de que la opción de impresión de fondo esté activada, haga clic en el botón Options del cuadro de diálogo Print (pulse Ctrl + P y luego Alt + O para alcanzar el botón Options). Un cuadro de diálogo especial aparece.

En la parte superior del cuadro de diálogo, encontrará la opción llamada Printing Options. El ítem de arriba de la columna derecha es la casilla de verificación Background Printing, que debería de tener una marca de verificación en ella. En caso que no, haga clic en la casilla de verificación o pulse Alt + B para poner una allí. Haga clic en el botón OK para cerrar ese cuadro de diálogo y, luego, haga clic en el botón Close para desterrar el cuadro de diálogo Print. Ahora está completamente listo para la impresión de fondo.

Imprimir una sola página de esta manera es genial para cuando usted (o la impresora) pifia en la elaboración de una página del documento y solo necesita reeditar esa página. Esto salva árboles ya que no deberá reeditar el documento entero solamente para arreglar un error. Además, conservará al señor Conejito feliz.

Imprimir un rango de páginas

Word le permite imprimir una página, un rango de páginas o incluso alguna combinación de páginas de su documento. Para imprimir un rango o grupo de páginas, siga estos pasos:

1. **Conjure el comando File⇨Print.**

2. **Haga clic en el botón Pages (Páginas), del área Page Range (Rango de páginas) del cuadro de diálogo Print (Imprimir).**

3. **Digite los números de página y el rango de los números de página.**

   Para imprimir de la página 3 a la 5, digite **3-5**.

   Para imprimir de la página 1 a la 7, digite **1-7**.

   Para imprimir las páginas 2 y 6, digite **2,6**.

4. **Haga clic OK.**

Las páginas que especifica –y solo esas páginas– se imprimen.

Puede volverse muy específico con los rangos de página. Por ejemplo, para imprimir la página 3, las páginas de la 5 a la 9, de la 15 a la 7 y la página 19 (vaya, ese café pasó por todo lado, ¿correcto?) debe digitar **3, 5-9, 15-17, 19.**

Imprimir un bloque

Después de que marque un bloque de texto en la pantalla, puede suplicarle al comando de imprimir que imprima solo ese bloque. Aquí digo:

1. **Marque el bloque de texto que desea imprimir.**

Refiérase al Capítulo 6 para todas las instrucciones habidas y por haber de cómo marcar bloques.

2. **Seleccione File⇨Print.**

3. **Haga clic en el botón cerca de Selection.**

El ítem Selection del cuadro de diálogo Print solo está disponible cuando se selecciona un bloque. Pulse las teclas Alt+S o haga clic en el botón cerca de Word Selection. (Selection está en el área Page Range, Rango de página, del cuadro de diálogo Print). Este paso le dice a Word que desea imprimir solo el bloque seleccionado.

4. **Haga clic en el botón OK.**

En algunos momentos, verá la copia de papel sonando como agua por su impresora. La selección de páginas se imprime en la misma posición y con los mismos encabezados y pies de página (si los había), como si hubiera imprimido el documento completo.

Imprimir Varios Documentos

Puede pensar que la mejor forma de imprimir varios documentos de una vez es abrirlos e imprimirlos de uno en uno. ¡Oh, pero no pudo estar más equivocado! Existe una mejor manera, y está oculta en el cuadro de diálogo Open, de la misma manera que se abriría un viejo documento del disco.

Para imprimir varios archivos al mismo tiempo, siga estos pasos:

1. **Asegúrese de que la impresora esté activada, seleccionada y rugiendo para empezar a imprimir.**

2. **Seleccione File⇨Open.**

   O, use una de las diversas maneras de llamar el cuadro de diálogo Open.

3. **Seleccione los documentos que desea imprimir.**

   Para seleccionar un documento, pulse Ctrl mientras hace clic con el mouse: pulse la tecla Ctrl y haga clic en el archivo. Este paso destaca el documento.

   Siga pulsando Ctrl mientras hace clic en los documentos hasta que destaque todos los que desea imprimir.

 4. **Haga clic en el botón Tools en la parte inferior del cuadro de diálogo Open.**

   Aparece una lista de comandos en el menú (refiérase a la Figura 9-3). El que usted necesita es el comando Print.

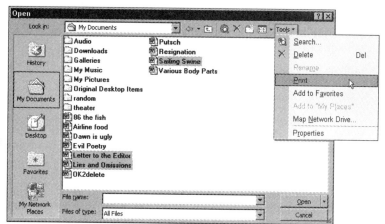

Figura 9-3: Imprimir varios documentos.

5. **Seleccione el comando Print.**

   Word imprime alegremente todos los documentros seleccionados.

Cuando imprime una pandilla de documentos, justamente, se imprimen todos. Ningún cuadro de diálogo ni advertencia le pregunta si la impresora tiene bastante papel o si usted está espiritualmente preparado para imprimir todos esos documentos al mismo tiempo.

Imprimir Más de Una Copia de Algo

Cada año, preparo una carta familiar de Navidad y llevo alegría a los corazones de decenas de amigos y parientes al enviarles una copia. En vez de ir a Kinko y pagar el precio exorbitante de seis centavos por copia, opto por hacer mi propia impresión y hacer que Word le ordene a la impresora que arroje las copias que necesito. Este enfoque es fácil para cualquiera, mientras tenga suficiente papel y sepa cuál parte del cuadro de diálogo Print debe pellizcar.

Para imprimir varias copias de un documento, siga estos pasos:

1. **Prepare todo.**

   Asegúrese de que el documento esté en su punto (para esta tarea, utilice la opción de Print Preview, tal como se comentó anteriormente en este capítulo), también cersiórese de que la computadora tenga el papel apropiado.

2. **Seleccione <u>F</u>ile⇨<u>P</u>rint.**

   O pulse Ctrl + P. Al igual que con otras variaciones de impresión, no puede usar el botón Print de la barra de herramientas para imprimir varias copias (a menos que solo quiera hacer clic en él dos veces para obtener dos copias rápidas).

3. **Introduzca el número de copias en el cuadro Number of copies (Número de copias).**

   El área Copies está en medio del lado derecho del cuadro de diálogo Print (refiérase a la Figura 9-2). En el cuadro, digite el número de copias que desea que Word arroje fuera. Para tres copias de un memorando, digite **3**.

4. **Haga clic en OK para imprimir sus copias.**

   Bajo condiciones normales, Word imprime cada copia del documento una tras otra. Este proceso es conocido como *poner en secuencia*. Sin embargo, si imprime siete copias de algo y desea que Word imprima primero las páginas iniciales y, luego, las segundas, y así sucesivamente, haga clic en la casilla de verificación Collate para eliminar la marca de verificación (normalmente, deja la marca de verificación allí).

Cancelar un Trabajo de Impresión

Ya que, probablemente, necesitará cancelar rápido la impresión, ahí va:

1. **Haga doble clic en el pequeño icono de la impresora cerca de la hora, en la barra de tareas.**

Este paso abre la ventana de su impresora (refiérase a la Figura 9-4) y despliega la lista de documentos que esperan ser imprimidos.

Figura 9-4:
Los documentos que esperan en la cola de impresión.

Color Sprite					_ □ ✕
Printer Document View Help					
Document Name	**Status**	**Owner**	**Progress**	**Started At**	
Microsoft Word - smart inv...	Printing	Vishnu	0 of 1 pages	5:04:23 PM 12/2...	
Microsoft Word - Oh, wait!...	Printing	Vishnu	0 of 3 pages	5:04:34 PM 12/2...	
Microsoft Word - Stupid.doc	Printing	Vishnu	0 of 10 pages	5:04:50 PM 12/2...	
Microsoft Word - I'm done...	Printing	Vishnu	0 of 5 pages	5:05:02 PM 12/2...	
1 jobs in queue					

2. **Haga clic en el nombre del "trabajo" de su documento de Word, en la lista.**

3. **Seleccione Document⇨Cancel Printing.**

4. **Haga clic en OK para terminar el trabajo.**

   Si utiliza la impresora de una red, quizás no sea capaz de cancelar el documento. Oh, cielos.

   Note que puede durar algo de tiempo para que la impresora realmente termine de imprimir, porque la impresora tiene su propia memoria (RAM), y algunas páginas de documentos quizás estén almacenadas allí *y, por ello,* sigan imprimiéndose a pesar de que le haya dicho a la impresora que se detuviera (impresora estúpida, ¡estúpida!)

5. **Cancele más trabajos de impresión si está de un humor especialmente malo.**

   Repita los pasos 2–4 para cada trabajo de impresión.

6. **Cierre la ventana de su impresora cuando haya terminado.**

   Seleccione Printer⇨Close para hacer que la ventana se marche de su escritorio. Será enviado de vuelta a Word para más acción.

Obviamente, cancelar un trabajo de impresión es el acto de una persona desesperada. En sus esfuerzos para hacerles a los usuarios de computadoras la vida más fácil, Windows intenta con mucho ahínco ayudarle a cambiar de opinión. Cancelar algo que se está imprimiendo puede funcionar o no. Mi consejo es, que sea cuidadoso cuando utiliza el comando para imprimir en primer lugar.

Capítulo 10

Consejos de un Gurú de Word

- -

En este capítulo

▶ Usar los consejos del Asistente de Office

▶ Buscar un lugar al inicio de cada día

▶ Usar la tecla Repeat

▶ Vista preliminar en el cuadro de diálogo Open

▶ Contar palabras individuales

▶ Trabajar con varios documentos abiertos

▶ Ver un documento en dos ventanas

▶ Dividir la pantalla

- -

Durante los últimos 10 años, más o menos, he estado usando Microsoft Word como mi procesador de texto principal. Eso puede o no hacerme un experto, pero por lo menos tengo la suficiente experiencia como para dar muchas pistas y consejos almacenados. Ya que soy un tipo agradable, quiero pasarle estos consejos a usted.

En este capítulo, hay sugerencias y pensamientos alternativas que guardan relación con ciertos temas de esta parte del libro, pero los he puesto aquí para una referencia fácil. Estos consejos y trucos son los que me habría gustado saber cuando comencé a usar Word -algunos de estos trucos incluso sorprenden a usuarios de Word de mucho tiempo.

¡El Asistente de Office Ha Pensado en Algo!

Aquí hay una razón para activar al Asistente de Office: ¡El bombillo! Después de que haga ciertas tareas comunes de Word, el Asistente de Office se pone un halo de cierto tipo, como la forma del bombillo que aparece en el margen. Eso significa que el Asistente Office tiene una sugerencia que puede simplificar su tarea.

Para ver la sugerencia, haga clic en el bombillo. Aparece un globo de diálogo con información útil o intuitiva, como se muestra en la Figura 10-1. Haga clic en OK cuando haya terminado de leer.

Figura 10-1:
El Asistente
de Office
dice cosas
profundas.

Para ver al Asistente de Office, seleccione Help⇨Show the Office Assistant, desde el menú.

Ubicarse Rápidamente

Al principio del día, usted abre su documento y entonces qué. Se desplaza hacia abajo, leyendo y editando hasta que supone que ha llegado al lugar donde terminó de editar el día anterior. No hay ni que decirlo, esto puede llegar a ser una pérdida de tiempo tediosa.

Oh destino, el acceso directo Shift F5 (Regresar) no recuerda dónde estaba usted al abrir un documento (a menos que nunca abandone Word). Un truco que yo uso es introducir dos ampersand (&&) en el último sitio donde estaba editando. Por ejemplo:

```
Nuestras herramientas mecánicas Belleza Por el Salón son únicas
    en la industria. Digo, déjenos ser honestos, las cremas y
    las jaleas sencillamente no pueden hacer lo mismo. Para
    llegar a la carne del problema, como quien dice, necesita
    una buena lijadora de cinturón, una sierra circular o &&
```

En este ejemplo, los dos ampersand marcan el lugar donde escribí por última vez. Para encontrar ese lugar después de abrir un documento, pulso Ctrl + F para exhibir el cuadro de diálogo Find and Replace y, luego, busco. Cierro la ventana de diálogo Find and Replace y, luego, sigo con mi trabajo.

No tiene que usar los símbolos && (que es pulsar Shift + 7 dos veces, si ha sido mentalmente engranado por Word para pensar así). Puede usar cualquier símbolo para marcar su lugar. Simplemente, recuerde lo que son.

Aprovecharse de la Tecla Repeat

Cuando el comando Redo, Ctrl + Y no tiene nada más que rehacer, puede ser utilizado como el comando Repeat. Este comando puede ser un verdadero ahorrador de tiempo. Si pulsa un comando de Word, una tecla del cursor o un carácter y, luego, pulsa la tecla Repeat, esa orden, tecla del cursor o carácter es repetido.

Por ejemplo, digite las siguientes líneas en Word:

```
Pum, pum.
¿Quién está allí?
Pum.
¿Pum qué?
```

Ahora pulse Ctrl+Y. Word repite las últimas cosas que digitó (si tuvo que pulsar la tecla espaciadora para borrar algo, Ctrl+Y solo repite desde ese punto en adelante).

También puede usar el comando Edit⇨Repeat o, si lo puede recordar, pulsar la tecla F4 hace lo mismo que la combinación Ctrl+Y.

Otro trato conveniente de Repeat: digite un montón de subrayados en pantalla, como líneas en blanco en un formulario. Luego, pulse Enter. Pulse Ctrl + Y unas pocas veces y la página pronto estará llena de líneas en blanco. ¡Oiga! ¡Cree su propio papel rayado!

Exhibir Previamente Documentos Antes de Abrirlos

Puede etiquetar un archivo con el nombre más descriptivo y útil en que pueda pensar y, luego, diez días más tarde puede olvidar lo que hay en él. O tal vez, está trabajando en un libro y necesita comprobar dos veces el verdadero nombre que le dio al Capítulo 8. Naturalmente, dice (porque usted lo tiene): "sencillamente, puedo abrir ese documento para un rápido vistazo".

¡Oh! Pero hay una mejor manera. Puede usar el cuadro de diálogo Open para exhibir previamente cualquier documento antes de abrirlo, lo cual ahorra tiempo y un esfuerzo valioso. Aquí está cómo:

1. **Seleccione File⇨Open.**

   O haga clic en el botón Open en la barra de tareas o utilice Ctrl+O. Sea como sea, aparece el cuadro de diálogo Open.

2. **Haga clic en la flecha que apunta hacia abajo del botón Views.**

   El botón Views se ubica en la parte superior del cuadro de diálogo (es similar al botón Views de Windows 98). Hacer clic en la flecha de abajo cerca del botón, hace aparecer un menú.

3. **Seleccione Preview en el menú.**

   La apariencia del cuadro de diálogo Open cambia para revelar el modo Preview. Cualquier archivo seleccionado al lado izquierdo del cuadro de diálogo Open es visto de modo preliminar, como aparece en la Figura 10-2.

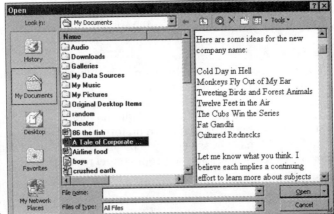

Figura 10-2:
Ver un documento antes de abrirlo.

Puede desplazar el documento para leer más de él, si lo desea.

Seleccione otro archivo para verlo de forma preliminar haciendo clic en su nombre.

4. **Para abrir el archivo, solo haga clic en el botón Open. O bien, si ha terminado de buscar, haga clic en Cancel.**

El cuadro de diálogo Open se queda en modo Preview hasta que selecciona otro modo de la lista de Views; normalmente, Word utiliza la vista Details (Detalles).

✔ Si selecciona All files, puede usar la ventana de vista previa de la ventana de diálogo Open para ver otros tipos de archivos: archivos de gráficos, documentos de texto y hasta documentos de Excel.

✔Ver previamente algunos tipos de documentos puede advertir a Word que abra un cuadro de diálogo File Conversion. Haga clic en OK si desea abrir el archivo; de otra manera –si solamente estaba hurgando– haga clic en Cancel.

✔Si trata de mostrar previamente el documento de una página Web que guardó en el disco, Windows puede intentar conectarse a la Internet para actualizar la información del documento (es solo una advertencia, en caso que algo parecido tienda a molestarlo).

✔ Si el archivo es de un tipo muy misterioso y Word no lo puede abrir, recibirá el mensaje `Preview not available (Vista preliminar no disponible)`. Está bien...

✔ Personalmente, prefiero la vista de Lista.

✔ Refiérase al Capítulo 8 para obtener más información sobre abrir documentos.

✔ Refiérase al Capítulo 28 para obtener más información sobre otras cosas que puede hacer con archivos en el cuadro de diálogo Open.

Contar Palabras Individuales con Find and Replace

Una cosa ingeniosa sobre el comando Replace es que le dice, cuando ha terminado, cuántas palabras encontró y reemplazó. Puede aprovecharse de eso en una forma engañosa para ver cuántas veces ha usado una cierta palabra de su documento.

Suponga que sabe que usa la palabra *verdaderamente* de modo excesivo. Uno o dos *verdaderamente* están bien, pero más ya sería ser un poco obsesivo.

Para descubrir cuántas palabras *verdaderamente* (o cualquier palabra) hay en su documento, llame al comando Find and Replace (Ctrl + H) e introduzca la palabra tanto en el cuadro Find what como en el Replace with. La misma palabra. Dos veces. Haga clic en Replace All y Word, obedientemente, cuenta las apariciones de esa palabra en su documento.

Nada es reemplazado con este truco porque usted está buscando una palabra y reemplazándola con la misma palabra (aunque parezca mentira, esto no confunde al Asistente de Office).

La Manía del Documento Múltiple

Word le permite trabajar con muchos documentos a la vez. Realmente, puede trabajar en varios documentos al mismo tiempo. Cuando abra un documento nuevo o seleccione File➪New para iniciar un documento nuevo desde cero, Word abre otra ventana de documento.

Todas las ventanas de documentos aparecen como botones en la barra de tareas. Para cambiar de un documento a otro, haga clic en el botón en la barra de tareas.

✔ Sí, de cierta manera, tener todos esos botones quiere decir que tiene más de una copia del programa de Word ejecutándose a la vez. No hay nada malo en ello. De hecho, le animo a que abra tantas ventanas de documentos como lo necesite.

✔ Una forma rápida de cambiar de un documento a otro es pulsar la combinación de teclas Alt+Tab.

✔ Otra forma de cambiar documentos es usar el menú Window. Oh dioses, el menú de Window solo exhibe los primeros nueve documentos que tiene abiertos (que son un montón). Para más de nueve ventanas, vea el ítem de menú More Windows, el cual exhibe la lista entera de todos los documentos y las ventanas en las que está trabajando en Word.

✔ Las acciones posibles de un documento son independientes entre sí: la impresión, la corrección ortográfica y el formato solo afectan al documento que ve en la pantalla.

✔ Puede copiar un bloque de un documento a otro. Solo marque el bloque en el primero, cópielo (pulse Ctrl+C), abra el segundo documento y péguelo (Ctrl+V). Refiérase al Capítulo 6 para conocer la acción detallada de los bloques.

Cerrar sus documentos

Cuando está trabajando con varias ventanas o documentos abiertos a la vez, puede cerrar los documentos haciendo clic en el botón X (Cerrar) en la esquina superior derecha de la ventana. Sin embargo, cuando llegue al último documento abierto, no haga clic en el botón de la X, a menos que desee abandonar Word y su documento.

Ver más de un documento

Puede organizar todos los documentos desplegados en la pantalla seleccionando Window⇨Arrange All (quizás necesite hacer clic en las flechas "show more", al pie del menú, para ver esta orden exhibida). El comando Arrange All organiza cada ventana de documento en un patrón de mosaico, lo cual le permite ver más de un documento a la vez.

Por supuesto, seleccionar Window⇨Arrange All funciona mejor con dos documentos. Tres o más documentos organizados en la pantalla se ven más como arte moderno que como algo diseñado para ayudarle a hacer el trabajo más eficazmente.

✔ Aunque puede ver más de un documento al mismo tiempo, puede trabajar solo en uno a la vez. El documento con el título resaltado es el que está "visible".

✔ Después de que la ventana se ordena, puede manipular su tamaño y cambiar sus posiciones con el mouse.

 ✔ Hacer clic en el botón de Maximizar restaura el documento a su vista normal de pantalla completa.

Trabajar con un documento en dos ventanas

Es posible mostrar en Word un documento en dos ventanas. Puede mirar dos o más partes diferentes del mismo documento en una ventana grande.

Para configurar una segunda ventana en su documento, seleccione el comando Window⇨New Window (puede necesitar hacer clic en las flechas "show more", al pie del menú, para ver el comando New Window). La segunda ventana se abre, al igual que un segundo botón para esa ventana, en la barra de tareas.

Si bien dos ventanas son abiertas, usted está quieto trabajando en un solo documento. Los cambios que hace en una de las copias se incluyen en la otra, inmediatamente (si desea copiar el documento, use a Windows para copiar el archivo del documento).

 Cuando haya terminado con la segunda ventana, haga clic en el botón X para cerrarla. Esta acción cierra la ventana sin cerrar su documento; la primera ventana permanece abierta.

✔ Esta característica es útil para cortar y pegar texto gráfico entre las secciones del mismo documento, especialmente, cuando tiene un documento muy extenso.

✔ La barra de título le dice cuál copia de su documento está observando al desplegar dos puntos y un número después del nombre de archivo; por ejemplo, Cosas aburridas:1 en una ventana y Cosas aburridas:2, en la segundo ventana.

✔ Otra forma de ver las dos partes de un mismo documento usando el viejo truco de la pantalla dividida. Esta opción se comenta, bueno, aquí mismo...

Usar el viejo truco de la pantalla dividida

Dividir la pantalla le permite ver dos partes de su documento en una ventana. No necesita perder tiempo aquí con ventanas adicionales. De hecho, prefiero usar a Word con la menor cantidad posible de cosas desplegadas en la pantalla. Cuando necesito ver dos partes de un mismo documento, simplemente, divido la pantalla –como Moisés– y, luego, uno la grieta cuando he terminado. Puede realizar la misma separación de pantallas siguiendo estos pasos:

1. **Ubique el cursor del mouse en la cosita gris localizada justo sobre el botón de la flecha que apunta hacia arriba, en la barra de desplazamiento vertical (en el lado derecho superior de su documento).**

    Ay, hermano. Mejor vea la Figura 10-3 para que sepa de lo que estoy hablando.

Figura 10-3:
La cosita gris que se usa para dividir pantallas.

 — La cosita gris

Cuando encuentra el lugar adecuado, el cursor del mouse cambia su forma y se ve como un par de líneas horizontales que apuntan hacia abajo y hacia arriba.

2. **Pulse el botón izquierdo del mouse y arrastre el cursor hacia abajo.**

    Conforme arrastre, una línea aparece y corta la ventana del documento en dos mitades. Esta línea marca el punto donde la pantalla se divide.

3. **Suelte el botón del mouse.**

    Su pantalla se verá parecida a la Figura 10-4.

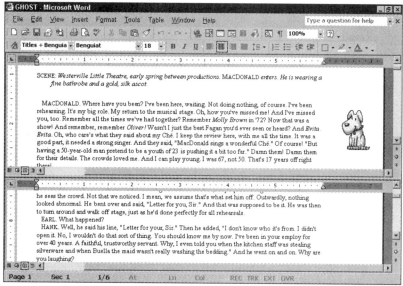

Figura 10-4:
Dividir un
documento.

✔ Cada sección del documento puede ser manipulada separadamente y desplazada hacia arriba o hacia abajo. Aunque está viendo solo un documento, los cambios que haga en una de las copias inmediatamente son incluidos en las otras.

✔ Esta característica es útil para cortar y pegar texto o gráficos entre las partes del mismo documento.

✔La forma más rápida de dividir una ventana es apuntar el mouse sobre el área gris y hacerle doble clic. También es la forma más rápida de deshacer una división de pantalla: coloque el cursor del mouse en la pequeña área gris y haga doble clic.

✔ También puede seleccionar Window⇨Split para dividir su pantalla y Window⇨Remove Split para deshacer la división (el comando Remove Split se puede ver si hace clic en las flechas para mostrar más opciones en la parte inferior del menú de Window).

Parte II

Dejar que Word Haga el Trabajo de Formatear

La 5a Ola   Por Rich Tennant

COMO USTED SABRÁ, LOS CUENTOS QUE SE PUBLICAN EN NUESTROS EBOOKS SOLO PUEDEN TENER 5000 Y 7500 PALABRAS, Y NO PUEDEN SUPERAR EL PESO DE 32 MB DE MEMORIA.

¡¡RAYOS!!

En esta parte . . .

El formato es el arte de hacer que su documento se vea menos feo. Es la segunda parte del procesamiento de texto, viene inmediatamente después de la parte de la escritura, pero a menudo consume mucho más tiempo. Después de todo, el texto es texto. Usted tiene un regalo para él o quizás no. Si no lo tiene, Word es capaz de tomar el texto simple y aburrido y hacerlo verse bien. (todavía puede ser totalmente ilegible, pero al menos se verá bonito). Ah, y déjeme decirle: nada le hace inflar el orgullo más que un documento bien formateado.

Esta parte del libro le dice cómo formatear su documento. Usted puede formatear texto, caracteres, párrafos, frases y documentos enteros. También le cuento todo sobre estilos y plantillas y le doy consejos de formato automático y hasta trucos para saciar los deseos de los documentos más exigentes.

Capítulo 11

Formatear Caracteres, Fuentes y Texto

En este capítulo

▶ Cambiar la fuente

▶ Formatear texto con **negrita,** *cursiva* y <u>subrayado</u>

▶ Usar atributos de texto

▶ Cambiar el tamaño del texto

▶ Crear texto súper escrito y subscrito

▶ Deshacer el formato del texto

▶ Usar el cuadro de diálogo Font

▶ Cambiar a mayúsculas o minúsculas

L a cosa más básica que se puede formatear en un documento es un carácter. Los caracteres incluyen letras, símbolos y al Tío Cedric, a quien le gusta acomodarse los pelos de los oídos con un fósforo.

Puede formatear símbolos para hacerlos lucir en negrita, subrayados, en cursiva, para que sean pequeños, grandes, en fuentes o colores diferentes –o incluso animados, si construye una página Web. Word le da una espléndida cantidad de control sobre la apariencia de su texto. Este capítulo contiene todos los detalles.

Cómo Formatear su Texto

Puede cambiar el formato de su texto de dos formas:

✔ Seleccione un comando de formato de texto y luego digite el texto. Todo el texto que digita tiene el formato seleccionado.

✔ Digite el texto, selecciónelo como un bloque y aplique el formato. Esta técnica funciona mejor cuando usted está ocupado con un pensamiento y necesita regresar para formatear el texto más tarde.

Usted usa ambos métodos a medida que redacta texto en su documento. Algunas veces, es más fácil usar un comando de formato y digitar el texto en ese formato. En otros momentos, usted revisa su documento y selecciona el texto para aplicar el formato en ese bloque. De cualquier forma funciona.

Refiérase al Capítulo 6 para más información sobre marcar bloques de texto.

Cambiar la Fuente

Una de las cosas divertidas de Word es su capacidad para usar muchísimas fuentes diferentes. Seguro, puede hacer texto en negrita, cursiva, subrayado, grande o pequeño, pero ajustar la fuente para que corresponda con su humor lleva la expresión a un nivel completamente nuevo.

Para cambiar una fuente, siga estos pasos:

1. **Abra la lista de fuentes.**

   Haga clic en la flecha que apunta hacia abajo en el cuadro de diálogo Font, para abrir la lista de fuentes, la cual luce parecida a la que aparece en la Figura 11-1.

Figura 11-1: La lista de fuentes.

2. **Desplácese hasta la fuente deseada.**

   Las fuentes aparecen listadas por nombre en orden alfabético, y el estilo de la fuente es desplegado en el menú (refiérase a la Figura 11-1).

3. **Haga clic para seleccionar la fuente.**

Reutilizar fuentes rápidamente

La lista de fuentes se puede volver larga, tan larga como el número de fuentes que tenga instalado en Windows. Afortunadamente, Word recuerda las últimas fuentes que ha seleccionado. Esas fuentes aparecen en lo alto de la lista, como se muestra aquí. Si desea reutilizar alguna fuente para un documento, simplemente desplácese a la parte superior de la lista y extraiga la fuente.

Por ejemplo, la siguiente imagen muestra las fuentes Poor Richard (que yo no hice), Broadway, Arial y Times New Roman como las que han sido seleccionadas recientemente. Debido a que ahora aparecen en la

parte superior de la lista, seleccionarlas otra vez es simple.

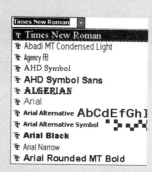

Todo lo que digite después de seleccionar una fuente nueva aparece en esa fuente. El texto debería imprimirse y verse del mismo modo. Si selecciona un bloque de texto, todo el texto de ese bloque cambia a la fuente nueva.

✔ El cuadro de texto Fonts despliega cualquier fuente utilizada. Normalmente, es la fuente Times New Roman. Cuando cambia a otra fuente, su nombre aparece en el cuadro de texto.

 ✔ Si sabe el nombre de la fuente que desea, puede ahorrar tiempo digitándolo en el cuadro de la barra de herramientas. En algunos casos, todo lo que necesita hacer es digitar las primeras letras del nombre de la fuente y Word automáticamente completa el resto, como digitar **CO** para seleccionar la fuente Courier.

✔ ¿La tecla rápida de esto? Intente Ctrl+Shift+F. ¿Luego, pulse la tecla ↓ para desplazarse a través de la lista de fuentes y pulse Enter para seleccionar su fuente (¿Cansado, cierto?)

 ✔ Las fuentes son responsabilidad de Windows, no de Word. Las fuentes nuevas se instalan en la carpeta de Fuentes del Panel de control (el procedimiento realmente no es muy complicado). Miles de fuentes están disponibles para Windows y funcionan con todas las aplicaciones para Windows.

✔ La lista de fuentes aparece en la barra de herramientas Formatting. Para ver más sobre esa barra de herramientas, refiérase al Capítulo 29 (también busque allí si no puede encontrar la lista de fuentes).

Formato Básico de Caracteres

Después de seleccionar una fuente, la forma básica de formatear su texto es ponerlo en **negrita,** *cursiva* o <u>subrayado</u>. Hay accesos directos de teclado y botones en la barra de herramientas para utilizar estas herramientas de formato de texto.

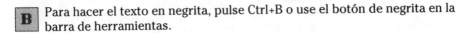 Para hacer el texto en negrita, pulse Ctrl+B o use el botón de negrita en la barra de herramientas.

Utilice **negrita** para que el texto sobresalga en una página –para títulos y subtítulos, por ejemplo– o para enfatizar texto que tenga mucho peso, para ser sincero en un encuentro público o para usar un sombrero de vaquero.

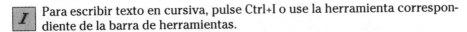 Para escribir texto en cursiva, pulse Ctrl+I o use la herramienta correspondiente de la barra de herramientas.

Las *cursivas* están reemplazando a los subrayados como el formato de énfasis textual predilecto; se ve mejor que el subrayado. Las cursivas son ligeras y atractivas, poéticas y gratuitas.

Subraye el texto pulsando Ctrl+U o usando la herramienta de subrayado de la barra superior.

El texto subrayado, en realidad, es un recuerdo de los viejos días de las máquinas de escribir. En la mayoría de los casos, donde se requiere el texto subrayado (¿y quién lo necesita, en todo caso?), se puede salir bien librado con letras cursivas. Así que, sin importar lo que ese profesor con poca imaginación diga, *Crimen y castigo* sencillamente se ve mejor que el viejo y aburrido <u>Crimen y castigo.</u>

 ✔El formato básico de los caracteres solo afecta el texto seleccionado o cualquier texto nuevo que digite.

✔ Para desactivar un atributo de texto, utilice el comando de nuevo. Por ejemplo, pulse Ctrl+I para digitar algo en cursiva, luego pulse Ctrl+I de nuevo para volver al texto normal.

✔ Puede mezclar y hacer coincidir formatos de caracteres; el texto puede estar en negrita y subrayado o en negrita y cursiva. Sí, quizás deba digitar varios comandos de formateo de carácter de Word antes de digitar su texto: Ctrl + B,

La aburrida diferencia entre la fuente y el texto en negrita

En Windows, puede tener fuentes en negrita y texto en negrita. ¿Loco, verdad? Por ejemplo, existe la fuente Arial Rounded MT que se puede convertir en negrita con Ctrl+B y, luego, existe la fuente Arial Rounded MT Bold que suena como si ya estuviera en negrita. Entonces, ¿cuál es la diferencia?

La diferencia entre una fuente en negrita y el comando de negrita es que una fuente en negrita está diseñada para ser de ese modo. Se ve mejor en la pantalla y cuando se imprime. Hacer texto en negrita con el comando Bold simplemente le dice a Windows que vuelva a dibujar la fuente actual para que aparezca más gorda. Aunque este enfoque funciona, el comando de Bold no despliega ni imprime la fuente tan bien como si la fuente hubiera nacido para estar en negrita.

Obviamente, usar el comando Bold es más fácil que cambiar a una fuente en negrita en la mitad de un párrafo. Pero, si puede, considere usar una fuente en negrita para espacios largos de texto, títulos, titulares, o encabezados, donde sea posible. El comando Bold está bien para hacer texto en negrita en la mitad de una frase. Pero las fuentes en negrita siempre se ven mejor.

Ctrl + I y Ctrl + U para negrita, en cursiva y subrayado al mismo tiempo, por ejemplo. Entonces tiene que digitar cada uno de esos comandos de nuevo para cambiar el texto de regreso.

✔ Para ejercer el formato del texto en una sola palabra, ponga el cursor del palillo de dientes en esa palabra y dé la orden de formato. Por ejemplo, colocar el cursor de palillo de dientes en la palabra *incrédulo* y pulsar Ctrl+I (o seleccionar el botón de cursiva de la barra de herramientas) marca la palabra en cursiva.

✔ Las herramientas de negrita, cursiva y subrayado de la barra de herramientas pueden mostrar los atributos de formato que son aplicados a su texto. Por ejemplo, cuando el cursor del palillo de dientes está sobre una palabra de negrita, la B de la barra de herramientas aparece presionada (no trate de animarla, está simplemente haciendo su trabajo).

Un ejemplo: hacer texto en cursiva

Para convertir su texto en cursiva, siga estos pasos:

1. **Pulse la combinación de teclas Ctrl+I.**

¡El modo está activado! (también puede hacer clic en el botón Italic).

2. **¡Digite según el contenido de su corazón!**

   Observe su delicado texto conforme se abre campo a través de la pantalla.

3. **Pulse Ctrl+I después de que concluya.**

   El formato de cursiva está desactivado (o, puede hacer clic en la herramienta de Italic de nuevo).

✔ Puede usar cualquier comando de formato de texto (o botones de la barra de herramientas) en vez de cursiva en este paso: Ctrl+B para las negritas o Ctrl+U para el subrayado.

 ✔ Si el texto que desea poner en cursiva ya está en la pantalla, debe marcarlo como un bloque y luego cambiar el formato del texto a cursiva. Marque el texto como un bloque, de acuerdo con las instrucciones detalladas en el Capítulo 6 y luego pulse la combinación Ctrl+I o utilice la herramienta Italic.

Efectos de los atributos de los textos

La negrita, la itálica y el subrayado son las formas más comunes de vestir a un carácter. Más allá de eso, Word tiene una cantidad de atributos de caracteres que puede aplicar a su texto. La Tabla 11-1 le muestra algunos de ellos, incluyendo los comandos básicos ya comentados.

Tabla 11-1	Ejemplos de Formato de Texto y Comandos	
Combinación	**Botón de la barra de herramientas**	**Aplicación de este formato**
Ctrl+Shift+A		TODO EN MAYÚSCULAS
Ctrl+B	**B**	**Negrita**
Ctrl+Shift+D	**D**	Subrayado doble
Ctrl+Shift+H		Texto oculto (no se imprime)
Ctrl+I	*I*	*Cursiva*
Ctrl+Shift+K	ABC	VERSALITAS

Combinación	Botón de la barra de herramientas	Aplicación de este formato
Ctrl+U	U	<u>Subrayado continuo</u>
Ctrl+Shift+W	W	<u>Subrayado</u> <u>de</u> <u>palabras</u>
Ctrl+=	x₂	suscrito
Ctrl+Shift + =	x²	Súper escrito

Aplicar uno de los extraños formatos de texto mostrados en la Tabla 11-1 es fácil. Simplemente, siga las instrucciones del capítulo precedente, "Un ejemplo: hacer texto en cursiva" y sustitúyalo con el acceso directo correcto de la Tabla 11-1.

✔ Algunos de los botones listados en la Tabla 11-1 no están en la barra de herramientas. Puede agregarlos, si le apetece (si planea usar ese atributo de texto lo suficiente). Todo en Word 2002 es modificable. Refiérase al Capítulo 29 para más detalles.

✔ Ponga atención especial al subrayado de palabras y al subrayado continuo. A algunas personas les gusta uno y desprecian el otro. Si prefiere subrayar solo palabras, entonces acuérdese de usar Ctrl+Shift+W y no Ctrl+U.

✔ Texto oculto –¿qué tan bueno es eso? Es bueno para usted, el escritor, ya que puede poner por escrito algunos pensamientos y ocultarlos cuando el documento se imprime. Por supuesto, tampoco verá el texto en la pantalla. Para encontrar el texto oculto, debe usar el comando Find (cubierto en el Capítulo 5) con el propósito de localizar el atributo del texto oculto especial. Tiene que hacer clic en el botón Format, seleccionar Font y, luego, hacer clic en el cuadro Hidden (esta información realmente debería haber estado oculta para empezar).

Texto grande y Texto Chico: Efectos del Tamaño del Texto

Los atributos –negrita, cursiva, subrayado y demás– son solo la mitad de los formatos de carácter disponibles. La otra mitad se ocupa del tamaño del texto. Usando estos comandos de formato de texto, puede hacer su texto pequeñito o gigantesco.

Antes de ahondar en este tema, debe familiarizarse estrechamente con el término de linotipia para el tamaño del texto: significa punto. Este significa el que Word usa punto en vez de tamaño de texto. Se trata de punto usado como una unidad de medida. Un punto es igual a $\frac{1}{72}$ pulgadas. Esa linotipia...

✔ Cuanto más grande es el tamaño del punto, más grande es el texto.

✔ La mayoría del texto es de 10 ó de 12 puntos de tamaño.

✔ Los encabezados, típicamente, varían en tamaño entre 14 y 24 puntos.

✔ La mayoría de las fuentes pueden ser de entre 1 punto y 1 638. Los tamaños de los puntos menores a 6, generalmente, son demasiado pequeños para que una persona promedio los pueda leer.

✔ Setenta y dos puntos equivalen a letras de una pulgada de alto.

✔ El autor tiene una estatura de 5 112.

Configurar el tamaño de su texto

El tamaño del texto se establece en el cuadro del Tamaño de Fuente, en la barra de herramientas (justo a la derecha del cuadro de las fuentes). Hacer clic en la flecha que apunta hacia abajo despliega los tamaños de fuente de su texto. Tal como se muestra en la Figura 11-2.

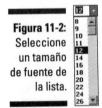

Figura 11-2:
Seleccione
un tamaño
de fuente de
la lista.

El nuevo tamaño del texto solo afecta al bloque marcado en su pantalla. Si no ha marcado ningún bloque de texto, el texto nuevo que digite aparecerá con el tamaño nuevo.

Estas son algunas cosas que debe recordar al configurar el tamaño del texto:

✔ El acceso directo del teclado para llegar al cuadro del tamaño del texto es Ctrl+Shift+P (a mí eso me suena como a ropa interior desechable).

✏ Puede digitar un tamaño de texto específico en el cuadro (aunque yo raramente lo hago).

✏Los número más altos significan texto más grande; los números más bajos producen texto más pequeño.

Hacer texto más grande o más pequeño

Puede usar un par de accesos directos del teclado para encoger o agrandar un bloque marcado de forma instantánea. Los dos más populares son

Ctrl+Shift+> Hace que la fuente se agrande

Ctrl+Shift+< Hace que la fuente se achique

Son fáciles de recordar porque > es el símbolo de mayor que y < es el símbolo de menor que. Solo piense: "estoy haciendo a mi texto mayor que su tamaño actual" cuando pulse Ctrl+Shift+>, o "estoy haciendo a mi texto menor que su tamaño actual" cuando pulse Ctrl+Shift+<.

Si desea aumentar o disminuir el tamaño de la fuente en incrementos pequeños, utilice las siguientes teclas de acceso directo:

Ctrl+] Hace al texto un punto más grande

Ctrl+[Hace al texto un punto más pequeño

Estos comandos (los cuatro) afectan un bloque de texto seleccionado en la pantalla. De otro modo, el comando solo afecta a la palabra en la que el cursor del palillo de dientes está.

¡Vean! Logré escribir toda esta sección sin decir un solo chiste sobre la Viagra!

Crear súper escrito o subscrito

El texto *súper escrito* está por encima de la línea (por ejemplo, el 10 en 2^{10}). El texto *subscrito* está por debajo de la línea (por ejemplo, le 2 en H_2O). Estas son las dos teclas de acceso directo que necesita usar:

Ctrl+Shift+Igual activa el texto súper escrito.

Ctrl+Igual activa el texto subscrito.

Cambiar la fuente predefinida

Odio la palabra inglesa *default (predefinido)*, pero la industria de las computadoras no me escucha. Así que trato de convivir con ella. Lo que significa *predefinido* es que esta es la configuración que será seleccionada para usted cuando aún no haya seleccionado nada. En el caso de Word, el texto predefinido significa la fuente, el tamaño y las configuraciones de los caracteres que aparecen cuando inicia un documento nuevo. Normalmente, la fuente predefinida es Times New Roman de 12 puntos, pero usted puede cambiarla.

Anidado en la esquina inferior izquierda del cuadro de diálogo Font (refiérase a la Figura 11-3) está el botón Default. ¡No haga clic allí todavía! En lugar de eso, elija en el cuadro de diálogo Font la fuente que desea que Word utilice cuando inicie un documento nuevo. Si desea Arial de 14 puntos, con subrayado doble y en cursiva, seleccione esas opciones. Cuando tenga la fuente tal como a usted le gusta, haga clic en el botón Default. Se le preguntará si realmente, realmente, desea cambiar la fuente predefinida. Haga clic en Yes para hacerlo o en No para dejarse amedrentar. Haga clic en Cancel cuando haya terminado con el cuadro de diálogo Font.

Su recién escogida fuente predefinida aparece la próxima vez que inicie un documento nuevo en Word.

"Igual" significa la tecla = (el signo de igual) de su teclado (se vería raro poner aquí "Ctrl+Shift+=").

Ahora puede usar estos comandos a medida que digita para crear súper escrito o subscrito. Sin embargo, recomiendo que digite su texto, que vuelva y seleccione el súper escrito o el subscrito como un bloque y, *luego*, use estos comandos. La razón es que el texto que modifica tiende a ser muy pequeñito y difícil de editar. Mejor, escríbalo primero y luego formatéelo.

Deshacer Completamente Esta Tontería del Formato de Texto

Es posible atiborrar su texto con tantos comandos de formato que deshacerse de todos ellos sería un ejercicio frustrante. En vez de eliminar el texto y comenzar de nuevo, puede usar un comando sencillo y universal para deshacer el formato –el equivalente de Word de un borrador de formatos de texto. El comando es Reset Character y su acceso directo es Ctrl+Barra espaciadora.

Así es que si encuentra un espacio de texto feo y excesivamente formateado, selecciónelo como un bloque y pulse Ctrl+Barra espaciadora. Esta combinación de teclas desnuda el formato del texto, como una poderosa lata de tamaño de industrial y ambientalmente insegura de removedor de pintura. ¡Tuoop! Se fue.

✔ Otra combinación de teclas para Ctrl+Barra espaciadora es Ctrl+Shift+Z. Recuerde que Ctrl+Z es el comando Undo. Para deshacer el formato, todo lo que debe hacer es agregar la tecla Shift, que puede tener sentido –bueno, rayos, si algo de esto puede tener sentido.

 ✔Técnicamente, el comando Ctrl+Barra espaciadora restaura los caracteres al formato definido por el *estilo* que está utilizando. De modo que si el estilo Normal es de 12 puntos y Times New Roman, pulsar Ctrl+Barra espaciadora restaura esta fuente y ese tamaño. No deje que esta información lo moleste o lo confunda. Más bien, vaya al Capítulo 16 para más información sobre los estilos de Word.

Usar el Cuadro de Diálogo Font

Existe un lugar en Word en el cual todas sus delicias de formato se conservan de una manera muy bien organizada. Es el cuadro de diálogo Font, como se muestra en la Figura 11-3.

Para llamar al cuadro de diálogo Font, seleccione Format⇨Font del menú. El útil acceso directo del teclado es Ctrl+D.

Este cuadro de diálogo, definitivamente, no es para los tímidos –algo así como *Fantasy Island*. Todo tipo de cosas excitantes y exóticas ocurren aquí, la mayoría de las cuales este capítulo le muestra cómo hacer de otras maneras. Pero cuando lo desea todo hecho en el acto, este es el lugar. Puede cambiar la fuente, el tamaño, los atributos de texto... todo.

Ah, por favor, note la preciosa ventana Preview, al pie del cuadro de diálogo Font. Esta ventana le permite ver previamente los cambios de su texto. Uno de mis pasatiempos es seleccionar continuamente fuentes en la ventana de diálogo Font para ver cómo lucen en la ventana Preview.

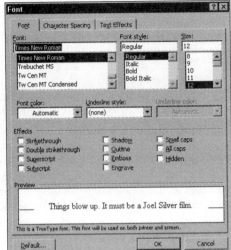

Figura 11-3:
El organiza-
do cuadro
de diálogo
Font.

Los cambios que haga en el cuadro de diálogo Font afectan cualquier bloque marcado en la pantalla o cualquier texto nuevo que digite después de hacer clic en OK.

Haga clic en OK cuando termine de colocar la información de la fuente. O, haga clic en Cancel si simplemente está de visita.

> El mejor beneficio del cuadro de diálogo Font es la ventana Preview, en la parte inferior. Esa ventana le muestra exactamente cómo afectan sus selecciones al texto de su documento.

> Note que el atributo Underline está seleccionado desde la lista descendente de Underline. Word puede hacer varios tipos diferentes de subrayado.

> ¡Revise Emboss y Engrave! Pero, por favor, en nombre de todo el que tiene intención de leer sus cosas –no ponga un documento entero de ese modo. Guarde las fuentes festivas para los títulos y los encabezados.

> La pestaña Character Spacing despliega opciones avanzadas para cambiar el tamaño y la posición del texto en una línea. Esta pestaña está bien para entrometerse con el texto especial, como el de un título, pero no lo convierta en una escala regular.

> El panel de Text Effects es divertido, aunque la mayoría de los efectos solo aparecen en los documentos de página Web que cree (a menos que planee entrenar hormigas reales para que marchen sobre su papel).

Cambiar a MAYÚSCULAS o minúsculas

Los efectos para cambiar a mayúsculas o minúsculas no se consideran parte de una fuente, atributo de carácter o formato. Pero todavía, los genios de Microsoft encontraron en su sombrero de trucos más campo para otro comando de dos dedos que le permite mezclar el tipo de letra de su texto.

Pulse Shift+F3 para cambiar el tamaño de su texto.

El comando Shift+F3 funciona en un bloque de texto seleccionado o en una sola palabra, cuando el cursor de palillo de dientes está en ella (o junto a ella).

Pulse Shift+F3 una vez para cambiar una palabra en minúsculas a una que tenga una mayúscula inicial (o que todas las palabras tengan una mayúscula inicial). Pulse la combinación de nuevo para cambiar todas las palabras a MAYÚSCULAS. Pulse Shift+F3 de nuevo para cambiar el texto a minúsculas. Pulse Shift+F3 para iniciar el ciclo de nuevo.

Aunque prefiero usar el comando Shift+F3, también existe el comando Format↔ Change Case. Ese comando llama al cuadro de diálogo Change Case, como se muestra en la Figura 11-4, que le permite seleccionar segmentos específicos de palabras en mayúsculas o minúsculas en su texto, como se muestra en la figura.

Figura 11-4:
El cuadro de
diálogo
Change
Case.

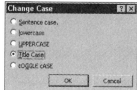

Los cambios de texto del cuadro de diálogo Change Case se aplican a la palabra donde el cursor del palillo de dientes se encuentra o a un bloque de texto seleccionado.

Capítulo 12

Formatear Párrafos

¿**O**uiere estar al día con las últimas tendencias? Dígales grafos a los párrafos. Así es como le dicen los digitadores de avanzada. Aparentemente, ellos están muy ocupados como para decir la palabra "párrafo", que es tan larga. Piense en todos los minutos que se ahorran al día. Vaya, ¡qué muchachos tan eficientes!

Formatear símbolos es un poco más complejo que formatear párrafos completos. No hay mucho que se pueda hacer con un párrafo de texto. Puede hacerlo a la derecha o a la izquierda, o centrarlo y, luego, ajustar el espaciado o las sangrías. Eso es todo. Word intenta, como mejor puede, ayudarle a trabajar con párrafos de la manera más fácil posible. Este capítulo le muestra todos esos trucos.

Técnicas de Formato de Párrafos

Existen varias maneras de formatear un párrafo en Word:

✔ Use un comando de formato y, luego, digite un párrafo nuevo que aparecerá con ese formato.

✔ Use un comando de formato en un solo párrafo para formatearlo (coloque el cursor del palillo de dientes dentro de él y, luego, use el comando de formato).

✔ Use el comando de formato en un bloque de párrafos seleccionados para formatearlos juntos.

Sin importar el método seleccionado, tenga en mente que los comandos de formato de párrafo solo operan con párrafos, no con oraciones ni con palabras. Naturalmente, si su párrafo es una sola oración o palabra, entonces está bien.

✔ Refiérase al Capítulo 6 para instrucciones específicas y entretenidas sobre marcar bloques.

✔ Para convertir una sola palabra en un párrafo, solo digite la palabra seguida por una pulsación de la tecla Enter.

✔ Recuerde: un párrafo es un trozo de texto que termina cuando se pulsa la tecla Enter.

✔ Si desea formatear caracteres individuales o el texto dentro del párrafo, refiérase al Capítulo 11.

✔ Puede formatear todos los párrafos dentro de un documento si selecciona antes el documento completo. Use Edit⇨Select All o pulse la combinación de teclas Ctrl+A.

✔ Si desea ver el símbolo de la tecla Enter (¶) al final de cada párrafo, seleccione Tools⇨Options. Haga clic en el panel de View. En la segunda área (Formatting Marks), seleccione la opción Paragraph marks. Haga clic en OK. Ahora, cada vez que pulse la tecla Enter, un símbolo ¶ marca el final del párrafo (muchos usuarios de Word prefieren este modo de operación).

Alinear Párrafos

La alineación de los párrafos no tiene nada que ver con política. En lugar de eso, observe cómo se ven los bordes del párrafo en una página. Hay cuatro opciones:

Izquierda

Centro

Derecha

Totalmente Justificado

Para la tranquilidad de buena parte del mundo, alinear a la izquierda un párrafo es considerado algo normal. Ese es el viejo estilo en que la máquina de escribir solía hacer las cosas: el lado izquierdo del párrafo queda parejo y ordenado. El lado derecho está irregular, no está alineado.

 Para alinear un párrafo a la izquierda, pulse Ctrl+L o seleccione el botón de alinear a la izquierda, en la barra de herramientas.

El texto aparece centrado en la página.

Si digita más de una línea en un párrafo centrado, cada línea del párrafo queda centrada en la página, una sobre la otra. Yo asumo que a los artistas y a los poetas les puede gustar esto. También es bueno para encabezados y títulos. Pero este tipo de formato de párrafos no es muy fácil de leer en un párrafo largo.

 Para centrar un párrafo, pulse Ctrl+E o use la herramienta de centrar que hay en la barra de herramientas.

Un párrafo que esté alineado a la derecha presenta el margen derecho lindo y acomodado. El margen izquierdo es irregular. ¿Cuándo se debe usar este tipo de formato? No tengo la menor idea, pero es muy divertido digitar un párrafo que tenga alineación derecha.

 Para ajustar el texto a lo largo de la parte derecha de la página, pulse Ctrl+R o haga clic en la herramienta alinear a la derecha, en la barra de herramientas.

Finalmente, existe una justificación completa, que es en la que alínea el texto tanto a la izquierda como a la derecha. Este es el estilo de formato de párrafo usado en las revistas y los periódicos, que ayudan a crear las delgadas columnas que son más fáciles de leer. Word hace que cada línea del párrafo se alinee insertando espacio extra entre las palabras del párrafo.

 Para darle a su párrafo justificación completa, pulse Ctrl+J o haga clic en el botón justificar, en la barra de herramientas.

✔ Los alineamientos a la izquierda y la derecha tienen otros nombre. El texto alineado a la izquierda es considerado como *justificado a la izquierda*. El texto alineado a la derecha es *justificado a la derecha*. Los tipógrafos pueden referirse al texto alineado a la izquierda como *quebrado en la derecha* y al texto alineado a la derecha como *quebrado en la izquierda*. Rush Limbaugh se refiere al texto alineado a la izquierda como *texto liberal* y al texto alineado a la derecha como *la luz de la verdad*.

✔Siempre debe escoger algún tipo de alineación. Si no desea alinear un párrafo, simplemente, seleccione alineación a la izquierda. Recuerde, la izquierda es la normal.

✔ Puede usar también el cuadro de diálogo Paragraph para cambiar la justificación del o de los párrafos. Seleccione Format⇨Paragraph, desde el menú. La lista descendente del área superior contiene las cuatro opciones de alineación de Word.

✔ Puede ver mejor los botones de alinear a la derecha y de justificar si coloca las barras de herramientas una encima de otra. De otro modo, tendrá que hacer clic en la flecha ubicada en el extremo de la barra Formatting, para ver esos botones. Refiérase al Capítulo 29 para más información sobre mover barras de herramientas.

✔ También puede centrar o justificar a la izquierda una sola palabra de una línea usando la tabulación de centrado. Este asunto es tratado en el Capítulo 13.

✔ Cuando digite un nuevo párrafo justificado a la derecha, los caracteres empujan a la derecha, siempre se mantienen cerca del lado derecho del documento ¡Es como escribir en hebreo!

✔Si consigue centrar su alma en el plano cósmico, probablemente recibirá mucho respeto y fama. En este caso, recuerde nunca dejar que sus acólitos lo vean cuando se enoje.

Agregar Aire Vertical a sus Párrafos

Puede espaciar su texto en un estilo de arriba hasta abajo, en dos formas. El primer método y más tradicional es cambiar el espaciado de las líneas y el segundo, agregar espacio antes o después de sus párrafos.

Cambiar el espaciado de las líneas solamente inserta espacio adicional entre todas las líneas de texto (o en todos los párrafos de un bloque) en un párrafo. Desarrollo este tema en el siguiente capítulo.

Añadir espacio entre párrafos es apenas equivalente a pulsar la tecla Enter dos veces después de un párrafo –pero con Word, la computadora puede hacer ese trabajo por usted. Refiérase a la sección "Añadir Espacio entre Párrafos", un poco más adelante en este capítulo.

Al igual que con todo formato de párrafo, cambiar el espaciado de la línea solo funciona en el párrafo actual (en el que el cursor del palillo de dientes parpadea) o en todos los párrafos seleccionados en bloque.

Cambiar espaciado de líneas

Existen tres útiles accesos directos del teclado para tres tipos comunes de espaciado de línea: espaciado sencillo, espacio y medio y doble espacio.

> Para poner espacio sencillo en un párrafo (o en todos los párrafos de un bloque), pulse Ctrl+1.

> Para poner doble espacio en un párrafo (o en todos los párrafos de un bloque), pulse Ctrl+2.

> Para usar líneas de espacio y medio, pulse Ctrl+5.

El espaciado de líneas, usualmente, se hace para escribir notas o comentarios preliminares para efectuar enmiendas más tarde. Por ejemplo, muchos editores solicitan borradores escritos en espaciado doble –o hasta triple– usualmente, para poner notas o comentarios descorteses en ellos. Cuanto más refunfuñón es el editor, más espacios hay que darle.

✔ Ctrl+5 significa un espacio y medio, no espacio de cinco líneas.

✔Para sus comandos de Ctrl+5, no use la tecla 5 del teclado numérico; ese es el comando para seleccionar todo el texto de su documento. En su lugar, use la tecla 5 de la parte superior del teclado, cerca de las teclas R y T.

Cambiar rápidamente el espaciado de las líneas

Un botón especial de la barra de herramientas Formatting es el que se emplea específicamente para cambiar el espaciado de líneas. Hacer clic en el botón Line Spacing despliega una lista descendente de opciones de espaciado de línea, como se muestra en la Figura 12-1. Para fijar el espaciado de líneas, seleccione un valor de la lista.

Figura 12-1:
Seleccione
el espacia-
do de líneas
desde este
menú.

Cambiar el espaciado de líneas a un valor específico

El astuto lector Robert J., un impresor de Indianapolis, ha obsevado que Word es capaz de intervalos de espaciado de líneas que no sean 1, 1.5 y 2. De este modo, si desea retocar el texto de una página, puede seleccionar todos los párrafos y escoger 9 para el espaciado de las líneas. O seleccione 1.2 para tener un poco más de aire, pero no tanto como el que obtiene con un espaciado de 1.5. Puede hacer esto llamando al cuadro de diálogo Paragraph:

1. **Seleccione Format➪Paragraph del menú.**

   Este paso llama al cuadro de diálogo Paragraph, como se muestra en la Figura 12-2.

2. **Seleccione Multiple de la lista descendente Line spacing.**

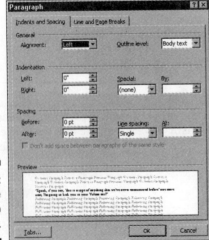

Figura 12-2:
El cuadro de
diálogo
Paragraph.

3. **Introduzca el espaciado que desee.**

   Por ejemplo, **2** es espacio doble, pero **2.5** pone dos espacios y medio entre cada línea. Puede introducir cualquier valor desde **.1** bueno, lo que sea. Valores tales como **.9** ó **.8** realmente pueden ayudarle a mejorar su párrafo

4. **Haga clic en OK.**

   El nuevo espaciado de línea afecta al párrafo actual o a todos los párrafos del bloque seleccionado.

   El cuadro de diálogo Paragraph es un lugar muy transitado. Las siguientes secciones discuten otras cosas que se pueden hacer allí además de cambiar el espaciado de las líneas.

Agregar Espacio Extra entre Párrafos

Algunas personas e incluso yo mismo, tenemos el hábito del doble Enter. Esto es que uno pulsa Enter y Enter al final de un párrafo, cuando todo lo que Word necesita realmente es un solo Enter. Es un desorden parecido a pulsar dos espacios después de un punto -una aflicción básicamente inútil en la edad del procesamiento de palabras, que es un legado de la era de las máquinas de escribir. En Word, cometer un pecado así es como escribir simulando tartamudeo.

Si desea que su párrafo tenga, automáticamente, espacios entre ellos, necesita decirle a Word que agregue esos espacios. Aquí digo cómo:

¿Qué es un pt?

La cantidad de espacio que Word coloca entre los párrafos se mide en puntos -que es la medida de un cajista. Si alguna vez se ha metido con el tamaño de una fuente (refiérase al Capítulo 11), ya habrá trabajado con puntos, aunque el menú del tamaño de las fuentes no usa la abreviatura pt.

Existen 72 puntos en una pulgada. Si usa una fuente de 12 puntos, que es común, un espacio de 12 puntos entre los párrafos agrega una línea extra. Seis puntos (6 pt) es media línea de texto.

Los cuadros en que se introducen los valores del cuadro de diálogo Paragraph usan dispositivos giratorios. Si hace clic en las flechas de arriba o abajo de los giratorios, aumenta o disminuye el espacio entre las líneas en incrementos de 6 puntos. Si necesita valores más específicos, puede digitarlos directamente (aunque solo he usado 6, 12 y tal vez 18 en mi corta vida).

1. **Coloque el cursor del palillo de dientes en el párrafo donde desea agregar espacio o marque un bloque de párrafos para modificarlos a todos.**

   El espacio puede estar arriba o debajo del párrafo.

2. **Seleccione F̲ormat⇨P̲aragraph.**

   El cuadro de diálogo Paragraph aparece (refiérase a la Figura 12-2).

   Asegúrese de que el panel Indents and Spacing está desplegado, como se muestra en la figura (haga clic en la pestaña de ese panel o pulse Alt+I, si aún no está adelante).

   Usted desea concentrarse en el área que dice Spacing.

3a. **Para agregar espacio antes de un párrafo, introduzca un valor en el cuadro Before.**

3b. **Para gregar espacio después de un párrafo, introduzca un valor en el cuadro After.**

   Por ejemplo, para agregar espacio después de cada párrafo -igual que pulsar la tecla Enter- haga clic dos veces en la flecha ubicada cerca del cuadro. El valor 12 pt significa que solo habrá una línea en blanco después del párrafo.

A pesar de que agrega un espacio *debajo* de un párrafo, necesita hacer clic en la flecha para aumentar el valor del cuadro After. Esto es algo un poco alocado y, ocasionalmente, se equivocará porque es un proceso mental incorrecto.

Hablando en general, "6 pt" (puntos) es aproximadamente media línea de texto. Un valor de 12 pts significa una línea extra. "Pt" es la abreviatura de punto, como se explica en la barra lateral "¿Qué es un pt?".

Use la ventana Preview en la parte inferior del cuadro de diálogo Paragraph para ver cómo el espaciado de su párrafo afecta las cosas.

4. **Haga clic en OK.**

   El párrafo (o los párrafos) ahora tienen un espaciado extra.

✔ ¿Se debe usar espacios antes o después? Mi consejo es siempre agregar espacios al final del párrafo, en el cuadro After box. Yo uso el espaciado antes solo si *realmente* deseo separar algo del párrafo anterior (lo cual es algo raro).

✔Para crear una línea blanca entre sus párrafos, siga estos pasos y seleccione 12 pt en el cuadro After.

✔ Agregar espacio antes o después de un párrafo no es lo mismo que usar doble espacio en el texto de un párrafo. De hecho, agregar espacio a un párrafo no cambia el espaciado de las líneas del párrafo para nada.

Cambiar la Sangría de un Párrafo

Word puede colocarle sangría a sus párrafos tan fácilmente como se maneja un carrito de supermercado.

Justo ahora, apuesto a que le está poniendo sangría a su párrafo con la tecla Tab. Aunque no voy a insistir mucho sobre eso, debe saber que existe una mejor manera de hacerlo: ¡deje que Word lo haga automáticamente!

Las siguientes secciones comentan varias opciones de sangría.

Word tiene dos métodos para separar un párrafo de otro. El primero es usar espacios después del párrafo, como se comenta en la sección precedente. El segundo método es no agregar espacio extra entre los párrafos y, en su lugar, poner sangría en la primera línea del párrafo.

Poner sangría automáticamente en la primera línea de un párrafo

No hay necesidad de pulsar Tab al inicio de un párrafo nuevo. No, Word lo puede hacer todo automáticamente:

1. **Seleccione el comando F̲ormat⇨P̲aragraph.**

   El cuadro de diálogo Paragraph aparece. Asegúrese de que el panel Indents and Spacing está en el frente (como se muestra en la Figura 12-2).

2. **Localice la lista descendente Special.**

   Encuentre esta lista a la derecha del área de Indentation, en el cuadro de diálogo.

3. **Seleccione First Line de la lista.**

4. **Introduzca la cantidad de sangría en el cuadro By.**

   A menos que haya modificado con las cosas, el cuadro debe decir 0.5", lo que significa que Word automáticamente le pone sangría de media pulgada a la primera línea de cada párrafo. Digite otro valor si desea que sus sangrías estén más o menos sofocadas (aquí las cosas se miden en pulgadas, no en puntos).

5. Haga clic en OK.

El bloque seleccionado o el párrafo actual (y los siguientes párrafos que digite) tendrán sangría en la primera línea.

Para eliminar la sangría de la primera línea de un párrafo, repita los pasos y seleccione (none) de la lista descendente del paso 3. Luego haga clic en el botón OK.

Crear una sangría francesa

Una sangría francesa o colgante no se llama así porque la vayan a colgar por haber cometido algún crimen terrible. Más bien, es un párrafo en el cual la primera línea se adhiere al margen izquierdo y el resto aparece con sangría. Como en este caso:

Inodoro electrificado. Desarrollado en Suecia, donde originalmente era un mueble para calentar. Los visitantes del Reino Unido descubrieron un efecto secundario muy cómico cuando el voltaje del inodoro se aumentaba 120 veces. Representa un perfecto chascarrillo para toda ocasión. Límite: dos inodoros por comprador. No se puede enviar a Mississippi. Ítem #100.

Para crear una bestia así de fabulosa, para cualquier fin, siga estos pasos:

1. Mueva el cursor del palillo de dientes hasta el párrafo donde quiera establecer la sangría francesa.

O puede colocar el cursor donde desee digitar un párrafo nuevo con la sangría especial. También puede seleccionar un bloque tomando el mouse y... bla, bla, bla... ya saben el resto.

2. Pulse Ctrl+T, las teclas de acceso directo de la sangría francesa.

Las teclas Ctrl+T en Word mueven el párrafo sobre el primer alto de tabulación, pero mantienen la primer línea en su lugar.

También puede llevar a cabo esta tarea en el cuadro de diálogo Paragraph. Seleccione Hanging de la lista descendente Special e introduzca la sangría (generalmente de una pulgada) en el cuadro By. ¡Haga clic en OK!

✔ La sangría francesa realmente es el tipo de sangría que quiere decir: "Póngale sangría a todo en el párrafo menos a la primera línea".

✔ Si desea ponerle una sangría mayor al párrafo, pulse las teclas Ctrl+T más de una vez.

✔ Es estúpido que la gente de Microsoft le haya puesto unas teclas de acceso directo a la sangría francesa, pero no a la sangría de la primera línea, que yo siento que es más utilizada que esa cosa francesa

> ✔Para deshacer una sangría francesa, pulse Ctrl+Shift+T. Este es el comando de teclas para deshacer este tipo de sangría. Su párrafo estará de vuelta en su lugar, libre de líos con países europeos.

Colocar sangría a un párrafo entero

Ponerle sangría a un párrafo significa que debe alinear a la izquierda su párrafo, contra un alto de tabulación. Este es el procedimiento:

1. **Mueva el cursor del palillo de dientes a cualquier lugar del párrafo.**

   El párrafo también puede estar en la pantalla o puede verse en la tentación de digitar un nuevo párrafo. También puede intentar este comando en un bloque de texto seleccionado.

2. **Pulse Ctrl+M, el atajo de teclado para sangrías.**

   Ummm -¡sangría! Ummm -¡sangría! Dígalo varias veces. Parece que funciona (aunque a veces es mejor hacer clic en el botón Increase Indent (Aumentar sangría) en la barra de herramientas Formatting.

3. **Digite su párrafo si aún no lo hecho.**

   Si seleccionó su párrafo como un bloque, este es llevado al siguiente alto de tabulación.

✔ Para ponerle sangría al párrafo en el siguiente alto de tabulación, pulse Ctrl+M de nuevo.

✔ Para regresar al margen original, pulse Ctrl+Shift+M. También puede hacer clic en la herramienta Decrease Indent.

✔ También puede colocar o eliminar sangría en un párrafo usando el cuadro de diálogo Paragraph (refiérase a la Figura 12-2). En la sección Indentation, el ítem Left se usa para mover el lado izquierdo de un párrafo hasta una cantidad dada.

✔ Refiérase al Capítulo 29 para información sobre ajustar las barras de herramientas hasta que se puedan ver los botones Indent y Unindent.

✔ Aunque las teclas de acceso directo Ctrl+M y Ctrl+Shift+M no son mnemotécnicas, su única diferencia es la tecla Shift. Así que una vez que se acostumbre a ellas (quizás en esta misma vida) será fácil recordarlas.

Sangría doble en un párrafo

A veces, una sangría a la izquierda no es necesaria. Existen días en que necesita succionar doblemente a un párrafo: a la izquierda y a la derecha (por ejemplo, cuando usted reproduce una cita de otro autor y no quiere ser acusado de plagio). Una vez, alguien citó un libro entero que yo escribí (en realidad, dos libros) y simplemente puso todos los párrafos del libro entre sangrías dobles. ¡Ninguno de los dos fue a la cárcel!

1. **Escoja su párrafo.**

   Si no tiene nada que plagiar, mueva el cursor al sitio donde desea escribir un texto nuevo. O ponga el cursor del palillo de dientes en el párrafo o simplemente seleccione varios párrafos como un bloque.

2. **Seleccione el comando Format⇨Paragraph.**

   El cuadro de diálogo Paragraph aparece (refiérase a la Figura 12-2). Localice el área de Indentation.

3. **Introduzca la cantidad de sangría Left (izquierda).**

   Por ejemplo, digite **.5** para poner sangría de media pulgada o también puede usar las flechas de arriba y abajo para aumentar o disminuir la sangría.

Guía práctica para formatear párrafos

Esta tabla contiene todos los comandos de formato de párrafo que se pueden llamar pulsando la tecla Ctrl y pulsando luego una letra o un número. No es necesario que se aprenda esta lista, ni mucho menos.

Combinación	Hace esto	Combinación	Hace esto
Ctrl+E	Centra párrafos	Ctrl+Shift+M	Elimina la sangría del texto
Ctrl+J	Justifica los párrafos completamente	Ctrl+T	Crea una sangría francesa
Ctrl+L	Alinea a la izquierda	Ctrl+Shift+T	Elimina la sangría francesa
Ctrl+R	Alinea a la derecha	Ctrl+1	Líneas de espacio sencillo
Ctrl+M	Pone sangría al texto	Ctrl+2	Líneas de doble espacio
		Ctrl+5	Crea líneas de espacio y medio

4. **Introduzca la cantidad de sangría <u>R</u>ight (Derecha).**

   Digite el mismo valor que puso en el cuadro <u>L</u>eft.

Revise la parte de la vista preliminar del cuadro de diálogo Paragraph para asegurarse de que su párrafo tiene la sangría deseada.

5. **Haga clic en OK.**

Para eliminar la sangría de un párrago, necesita repetir estos pasos e introducir **0** tanto en el cuadro <u>L</u>eft (Izquierdo) como <u>R</u>ight (Derecho).

Tenga cuidado cuando intente mezclar la sangría izquierda y derecha con la sangría de la primera línea o la sangría francesa. Podría volverlo loco y los abogados de Microsoft han probado que ellos no son responsables de su salud mental en tales casos.

¿Quién Creó esta Cosa de la Regla?

La principal estocada de Word a la era de las máquinas de escribir fue la regla, que es la principal fuente de información en la pantalla de Word (refiérase a la Figura 1-3). La regla se puede usar para hacer cambios en las sangrías sobre la marcha, además de ser útil para fijar tabulaciones (las tabulaciones se explican en el Capítulo 13).

Si no logra ver la regla en la pantalla, seleccione el comando <u>V</u>iew⇨Ruler. Quizás tenga que hacer clic en las flechas de "mostrar más", en la parte inferior del menú de View (Ver) para poder ver este comando.

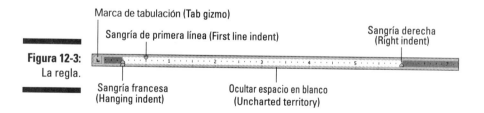

Figura 12-3:
La regla.

La Figura 12-3 le muestra la típica regla de Word. Note las tres partes de la regla que tienen que ver con poner los márgenes y la sangría de un párrafo (o de un grupo de párrafos seleccionados).

Las siguientes acciones afectan al párrafo donde está el cursor del palillo de dientes o a un grupo de párrafos seleccionados como un bloque:

Para ajustar la sangría del lado derecho de un párrafo, sostenga el cuadrito de Sangría derecha en la regla, y luego, arrástrelo a la derecha o a la izquierda.

Para ajustar la sangría del lado izquierdo de un párrafo, sostenga y hale el cuadrito de Sangría izquierda. Note que mover ese cuadrito mueve tanto al triángulo de Sangría de primera línea como de Sangría francesa.

Para ajustar la sangría izquierda sin mover la Sangría de la primera línea, sujete la cosa de la Sangría francesa y arrástrela a la derecha o a la izquierda.

Para ajustar la sangría de la primera línea, sujete la cosita de la Sangría de la primera línea con el mouse y arrástrela para arriba o para abajo, es decir, para la izquierda o la derecha.

✔ La regla es un juguete diseñado para el mouse; debe usar el mouse para hacer cambios en ella. En todo caso, prácticamente todo lo que se puede hacer con la regla, también se puede hacer en el cuadro de diálogo Format Paragraph.

✔ Puede seleccionar varios tipos de tabulaciones con el aparato Tab. Refiérase al Capítulo 13.

✔ La regla es buena para ajustar las sangrías visualmente, pero si necesita ser muy preciso, es necesario usar el cuadro de diálogo Paragraph. Solo allí se puede introducir una cantidad exacta de sangrías. Refiérase a las secciones previas de este capítulo para información detallada sobre ajustar varias sangrías en párrafos.

✔ Configurar las sangrías de un párrafo no es lo mismo que establecer los márgenes. Los márgenes se establecen en el nivel del formato de la página. Refiérase al Capítulo 14 para más información sobre establecer los márgenes.

Capítulo 13

Tabulaciones

Las tabulaciones de Word son extrañas. No tan extrañas como las de *Dimensión desconocida:* los altos de tabulación no poseen un tercer ojo o una inteligencia siniestra, ni tampoco están alejados de la raza humana. No, es más como la extrañeza propia de un platillo de comida rara. Usted sabe, como el sushi, que se ve como un pescado muerto, hasta que uno lo prueba y descubre que es muy sabroso. Entonces, deja de ser extraño para *usted,* pero si se lo dice a otra persona, será extraño para *esa* persona.

Las tabulaciones de Word son confusas porque los altos de tabulación que usted establece no son más que simples altos de tabulaciones. Se pueden usar para alinear o acomodar el texto de maneras útiles. De hecho, saber la tabulación indicada que se debe usar puede ahorrarle tiempo. El problema es que las tabulaciones de Word no son solo lógicas. Eso es lo que describo en este capítulo.

La Historia de la Tabulación

Una tabulación es como un gran espacio. Cuando pulse la tecla Tab, Word acerca el cursor del palillo de dientes hacia el siguiente *alto de tabulación.* Puede usar las tabulaciones para alinear columnas o para poner sangrías en los párrafos o en las líneas de texto. Son útiles. Usted debería saberlo. Este capítulo intenta, honestamente, explicar el resto del misterio de las tabulaciones.

✔ Pulsar la tecla Tab inserta el "carácter" de tabulación en su documento. Ese carácter mueve el cursor del palillo de dientes y cualquier texto que digite, hacia el siguiente alto de tabulación.

✔ Pulsar la tecla Tab no inserta espacios. Cuando use la tecla espaciadora o Delete (Supr) para insertar espacios, borra un carácter: el de la tabulación.

 ✔ Word puede desplegar el carácter Tab por usted si lo desea. Este parece una pequeña flecha que apunta hacia la derecha. Para desplegar este carácter, seleccione Tools⇔Options. Haga clic en la pestaña View. Seleccione Tab characters (Caracteres de tabulación) del área Formatting marks. Haga clic en OK.

✔ Los altos de tabulación están configurados en intervalos de ½-pulgadas de cada línea de texto –a menos que especifique otra cosa.

 ✔ Ayuda si tiene la regla visible cuando trabaja con las tabulaciones. Seleccione View⇔Ruler en el menú, si la regla no está visible. Quizás tenga que hacer clic en las flechas que apuntan hacia abajo en el menú para ver el comando Ruler (refiérase a la Figura 1-3, para la localización de la regla en la pantalla de Word).

✔ "Tab", etimológicamente viene de la palabra latina '*tabla*', que es útil porque eso es lo que las tabulaciones (de la tecla Tab) le ayudan a hacer: alinear las cosas en tablas. Pero, a pesar de eso, Word tiene un comando de tablas. Refiérase al Capítulo 20.

La Tabulación Termina Aquí

Solo para confundirlo, existen dos lugares en Word donde puede configurar altos de tabulación. El primero es la regla, como se muestra en la Figura 13-1; el segundo es en el cuadro de diálogo Tabs. La mayoría de personas usan la regla, pero por algunas opciones de las tabulaciones, es necesario que vaya al cuadro de diálogo Tabs.

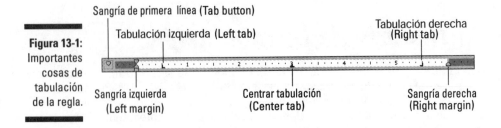

Figura 13-1: Importantes cosas de tabulación de la regla.

Sangría de primera línea (Tab button)

Tabulación izquierda (Left tab)

Tabulación derecha (Right tab)

Sangría izquierda (Left margin)

Centrar tabulación (Center tab)

Sangría derecha (Right margin)

La regla es la primer elección para establecer las tabulaciones por el botón Tab ubicado al lado derecho (refiérase a la Figura 13-1). El botón Tab posee uno de los diversos tipos de altos de tabulación de Word. Esta es una breve descripción (que no es necesario que memorice):

La tabulación más común es la izquierda, simbolizada por una L. Esta tabulación funciona como una típica tabulación de máquina de escribir: pulse la tecla Tab y el texto nuevo aparecerá en la nueva ubicación. No es nada complicado.

El alto de tabulación central ubica el texto centrado en ese punto. Esto es extraño, por ello se comenta en este capítulo, con glorioso detalle. Refiérase a la sección "El centrado de la tabulación".

La tabulación derecha hace que el texto se alinee justificado en el alto de tabulación. Esta tabulación le da libertad de realizar algunas justificaciones interesantes con los párrafos, algunas de las cuales se muestran en la sección "Los derechos de tabular", más adelante en este capítulo.

La tabulación decimal alinea los números con base en sus decimales. Esto prueba ser una gran ayuda para cualquier persona que desee imprimir una lista de precios. Refiérase a la sección "La sorprendente tabulación decimal", más adelante en este capítulo.

La hermanastra fea de la familia Tab es la tabulación Bar (de barra). Estoy seguro de que hubo algunos gritos desarticulados en el laboratorio de programación de Word el día que la crearon. Refiérase a la sección "Pagarle a la tabulación de barra", en algún sitio, unas cuantas páginas a la derecha de aquí.

Hacer clic en el botón Tab despliega uno de los altos de tabulación que he mencionado. Haga clic en el botón varias veces para cambiar de un tipo de tabulación a otro.

También incluidos en el botón Tab, aunque en realidad no son altos de tabulación, están los ítemes de sangría izquierda y de sangría francesa. Por qué los ponen allí, nunca lo sabré. El Capítulo 12 le muestra las mejores maneras de poner sangría, en todo caso.

Las secciones siguientes describen los diversos altos de tabulación y cómo se pueden usar en sus documentos.

Establecer un Alto de Tabulación

Para establecer un alto de tabulación, generalmente, debe seguir estos pasos:

1.Haga clic en el botón Tab hasta que encuentre el tipo de tabulación que desea.

Por ejemplo, haga clic en el botón Tab hasta que la tabulación izquierda estándar –una L grande– aparezca (vea el margen).

2.Haga clic en la regla, en el sitio donde desee que aparezca la tabulación.

Esta es la parte complicada. Debe hacer clic justo en el medio de la regla. Por ejemplo, para poner un alto de tabulación a 1⅛ pulgadas, se coloca el cursor del mouse, como se muestra en la Figura 13-2.

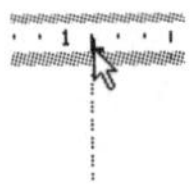

Figura 13-2:
Establecer
una tabula-
ción iz-
quierda.

Puede arrastrar el alto de tabulación a la derecha o la izquierda. A medida que arrastre, note una línea que se extiende por el texto de su documento (refiérase a la Figura 13-2). Esa línea le dice *exactamente* dónde se alinea el texto según ese alto de tabulación.

Suelte el botón del mouse para establecer la tabulación.

3.Para establecer otro alto de tabulación, repita el paso 2.

Usted establece un nuevo alto de tabulación cada vez que hace clic en la regla. El tipo de tabulación desplegado por el botón Tab determina qué tipo de tabulación configura.

4. Cuando termine, solo haga clic en su documento para colocar el cursor del palillo de dientes y empezar a digitar.

Pulsar la tecla Tab lleva el cursor del palillo de dientes a través de la tabulación – a 1.125 pulgadas, como se muestra en la Figura 13-2 (eso es 1⅛ pulgadas, para los que no siguen el mercado bursátil).

✔ Lo mejor de configurar y usar la tecla Tab es que alinea el texto *exactamente* con el alto de tabulación. Pulsar la barra espaciadora un millón de veces no lo hace.

✔ Configurar la tabulación solo afecta al párrafo donde está el cursor del palillo de dientes. Si desea configurar las tabulaciones para muchos párrafos o para un documento completo, debe seleccionar un bloque y luego configurar las tabulaciones.

✔ Eliminar un alto de tabulación es tan fácil como arrastrar una tabulación (la L gorda u otro carácter de tabulación) de la regla. Es correcto, usted puede arrastrar un alto de tabulación desde la regla hasta su texto para eliminarla.

✔ El fantasma del alto de tabulación que puede ver cuando selecciona un bloque aparece cuando se establece uno de los párrafos pero no todos ellos. Puede eliminar el fantasma del alto de tabulación arrastrándolo fuera de la regla, o haciendo clic en el alto de tabulación con el mouse para configurarlo para todos los párrafos seleccionados.

Establecer sus tabulaciones izquierdas estándar

Las tabulaciones izquierdas son las del tipo estándar, típico y aburrido que la mayoría de personas utiliza. Pero, ¿por qué se les llama izquierdas?

Se les llama izquierda porque el texto digitado después de que se pulsa el botón Tab se alinea al lado izquierdo del alto de tabulación. La Figura 13-3 ilustra este concepto. ¿Observa cómo el pedacito de texto se alinea con el borde izquierdo del alto de tabulación en la figura? Pulsar la tecla espaciadora no consigue esto. ¡Debe usar un alto de tabulación!

Figura 13-3:
Alinear
texto según
el alto de
tabulación.

Name:	Olopee	Dandruh	Dirk Bunster
Position:	King of Mars	Asteroid Princess	Teenage Geek
Favorite food:	Naugahyde	Ice mints	Pizza
Favorite weapon:	Tweezers	Her bod	Leatherman

Para crear un nuevo alto de tabulación izquierda en su párrafo actual, siga estos pasos:

1. **Digite el párrafo en el que desea colocar las tabulaciones.**

Yo soy aficionado de digitar el texto *primero*. Eso es porque un alto de tabulación hace el truco. Solo digite su texto, pulse la tecla Tab una vez –sin importar cuán lejos desee que el texto vaya. Demasiadas personas pulsan la tecla Tab tres o cuatro veces. Eso está bien, pero no es lo más conveniente. Word es más inteligente que eso. Use la tecla Tab solo una vez y, luego, use la regla para establecer el alto de tabulación. Créame esta es la mejor manera de hacer las cosas.

2. **Asegúrese de que el cursor del palillo de dientes esté en el párrafo que desea cambiar.**

3. **Seleccione el alto de tabulación izquierda del botón Tab.**

Siga haciendo clic en el botón Tab hasta que la tabulación izquierda aparezca, como se muestra en el margen.

4. **Haga clic con el mouse en la regla, en el sitio donde desea ubicar el nuevo alto de tabulación.**

Por ejemplo, en la Figura 13-3, el primer alto de tabulación está configurado en 1.25 pulgadas, el segundo en 2.5 y el tercero en 4.

La tabulación central

La pestaña central es un carácter único. Normalmente, se usa con una sola palabra o con algunas cuantas. Lo que hace es permitirle centrar esa palabra (o palabras) en una línea de texto sin centrar el párrafo entero. Aquí está una demostración:

1. **Empiece un párrafo nuevo, uno que contenga el texto que desea centrar.**

Probablemente, no digite un párrafo completo para una tabulación central. De hecho, eso sería muy inusual. En su lugar, el mejor ejemplo de esta situación es digitar un encabezado o un pie de página –una sencilla línea de texto (refiérase al Capítulo 15 para más información sobre encabezados y pies de página).

2. **Pulse la tecla Tab.**

Créalo o no, solo necesita de una tabulación.

3. **Digite el texto que se debe centrar.**

Un título, su nombre o el texto que de digite, queda centrado en la línea cuando usted establece un alto de tabulación centrada.

4. **Pulse Enter.**

Este paso termina la línea. Ahora está listo para configurar la tabulación centrada.

5. **Haga clic con el mouse para colocar el cursor del palillo de dientes en la línea recién digitada.**

6. **Haga clic en el botón Tab hasta que aparezca la tabulación centrada.**

 También la tabulación centrada aparece en el margen. Se ve como una T invertida.

7. **Haga clic con el mouse en la mitad de la regla para establecer la tabulación centrada.**

Su texto debería alinearse, como se muestra en la Figura 13-4. ¿Ve cómo el texto "Plans for Invading Earth" aparece centrado en la tabulación central? El párrafo todavía está alineado a la izquierda, pero ese pedacito de texto está centrado.

Figura 13-4:
Un trocito
de texto
aparece
centrado
con la
tabulación
central.

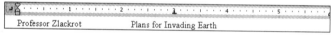

Professor Zlackrot   Plans for Invading Earth

↙ Las tabulaciones centradas son mejor utilizadas en una sola línea de texto, usualmente por si solas. No hay restricción sobre esto, usted puede usar tantas tabulaciones centradas como lo desee. Lo que pasa es que nunca he visto que se use de ese modo.

↙ Más a menudo, puede utilizar sus tabulaciones centradas en encabezados y pies de página. Refiérase al Capítulo 15.

↙ Obviamente, centrar un párrafo es mucho más sencillo que utilizar un alto de tabulación centrado, en la mayoría de los casos. De hecho, el único momento en que uso los altos de tabulación centrados es cuando creo encabezados o pies de página.

El derecho a tabular

La tabulación derecha es una criatura que alinea el texto a la derecha del alto de tabulación, no a la izquierda. La Figura 13-5 le muestra cómo un alto de tabulación derecha alinea el texto a través de un ejemplo de la sección precedente.

Figura 13-5:
Un alto de tabulación derecha.

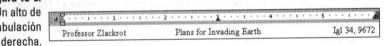

Professor Zlackrot   Plans for Invading Earth   Igl 34, 9672

✔Para establecer un alto de tabulación derecha, seleccione la tabulación derecha del botón Tab, en la regla. Luego, haga clic en la parte de la regla donde desea establecer la tabulación derecha.

✔ La Figura 13-5 muestra la tabulación derecha en el lado derecho del encabezado. Después de configurar la tabulación derecha, pulsé la tecla Tab y, luego, digité la fecha.

✔ Digitar texto en el alto de tabulación derecha empuja el texto a la izquierda (opuesto a lo normal) lo cual mantiene el texto alineado con un alto derecho.

✔ Al igual que con un alto de tabulación centrada, el alto de tabulación derecha se usa mejor en una línea sola; generalmente, un encabezado, pie de página o algún tipo de título de documentos, como se muestra en la Figura 13-5.

La sorprendente tabulación decimal

Me encantan las tabulaciones decimales. Sin ellas, las columnas de número nunca calzarían. Esta función es una ayuda enorme para cualquiera que esté escribiendo un reporte financiero o algo de ese tipo, como se muestra en la Figura 13-6.

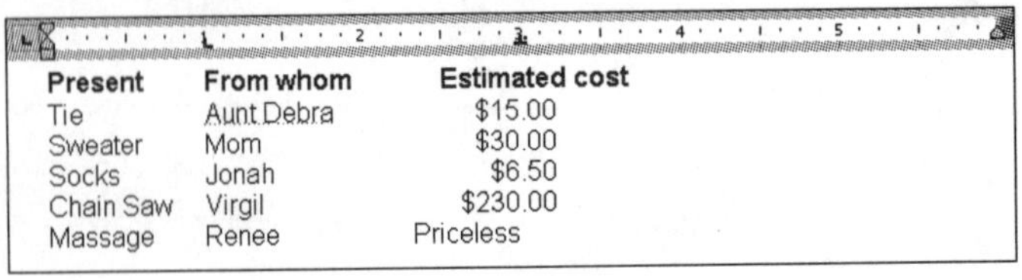

Figura 13-6:
Alinear números con la tabulación decimal.

Present	From whom	Estimated cost
Tie	Aunt Debra	$15.00
Sweater	Mom	$30.00
Socks	Jonah	$6.50
Chain Saw	Virgil	$230.00
Massage	Renee	Priceless

Su trabajo con la tabulación decimal es igual que con cualquier otra tabulación. La diferencia es que el texto ubicado a la izquierda del punto decimal aparece antes del alto de tabulación y el texto que va después del decimal aparece a la derecha (como se muestra en la Figura 13-6).

Por ejemplo, en la Figura 13-6 en la tercera línea, digité *Sweater,* pulsé Tab, *Mom,* y, luego, *$30.00.* Pulsar la primera tabulación, alinea *Mom* en la izquierda con el otro texto de la columna. Pulsar Tab de nuevo ha movido el texto a través del alto de tabulación, en 3" (vea la regla). Yo digité *$30* y se movió a la izquierda. Pero cuando digité el decimal, eso determinó que el "alto" y el resto de los números se movieran a la derecha (en realidad, debe intentar esto por su propia cuenta para ver cómo funciona).

Si necesita reacomodar las cosas (talvez las columnas estén muy cerca entre sí), seleccione todas las líneas con números como un bloque. Use su mouse para deslizar la tabulación decimal a la izquierda o la derecha en la regla. Puede realinear al mismo tiempo todos los números del bloque seleccionado.

Por cierto, el ítem "Sin precio" de la figura no se alinea porque no tiene decimal. Una buena manera sería reemplazar la tabulación decimal con una tabulación derecha corriente para esa línea –¡más trabajo para después!

Pagarle a la tabulación de barra

¡Suficiente con las bromas! Establecer una tabulación de barra coloca una línea vertical en su documento, sin importar dónde esté ubicada la tabulación de barra, como se muestra en la Figura 13-7.

Figura 13-7:
El misterio
de la
tabulación
de barra.

La tabulación de barra no establece un alto de tabulación. Esto es importante de recordar. Una tabulación de la barra es, básicamente, una decoración de texto, como una línea vertical, pero uno puede colocar algo semejante a un alto de tabulación. Y, como puede ver en la Figura 13-7, puede digitar el texto a través de las tabulaciones de barra, lo cual me hace preguntarme cuál es su verdadero propósito en la vida.

Usar el Cuadro de Diálogo Tabs

Establecer las tabulaciones de la regla está bien para la mayoría de las personas. A mí me gusta porque usted puede realmente ver el efecto que la tabulación ejecuta sobre su texto y, además, porque puede arrastrar el alto de tabulación para hacer cualquier ajuste. Para los puristas, sin embargo, está el cuadro de diálogo Tabs.

Llame al cuadro de diálogo Tabs seleccionando Format➪Tabs, desde el menú. El cuadro de diálogo Tabs aparece en toda su gloria, como se muestra en la Figura 13-8.

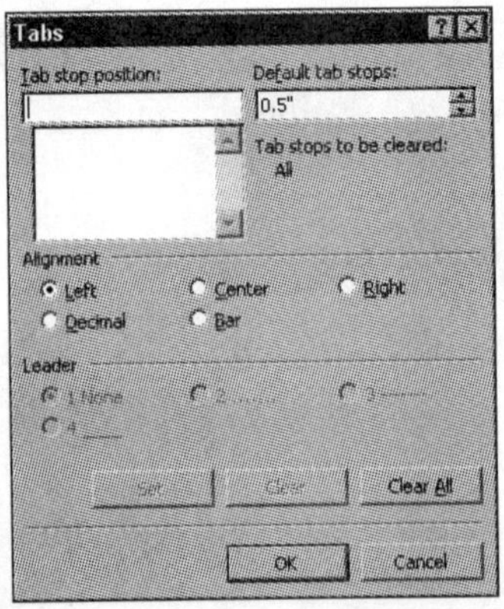

Figura 13-8:
El cuadro de
diálogo
Tabs.

Trabajar con este cuadro de diálogo es algo raro, muy posiblemente porque la regla tiene mucho sentido, en relación con la configuración de las tabulaciones. Pero suponga que tiene a algún editor verdaderamente tenso que desea que configure saltos de tabulación en 1.1875 y 3.49 pulgadas. De ser así, el cuadro de diálogo Tabs es el único lugar donde lo puede hacer.

Establecer una tabulación en el cuadro de diálogo Tabs

Para establecer una tabulación en el cuadro de diálogo Tabs, siga estos pasos:

1. **Llame el cuadro de diálogo Tabs.**

   Seleccione Format➪Tabs, desde el menú.

2. **Introduzca la posición exacta del alto de tabulación en el cuadro Tab stop position.**

   Por ejemplo, digite **1.1875** para establecer una tabulación exactamente en ese punto.

3. **Seleccione el tipo de alto de tabulación en el área Alignment.**

   El alto de tabulación estándar es Left. Otros altos de tabulación son comentados en algún otro lugar de este capítulo.

4. **Haga clic en el botón Set.**

   El botón Set –no el botón OK– es el que crea el alto de tabulación. Después de hacer clic en Set, su alto de tabulación se coloca en la lista ubicada debajo del cuadro de diálogo Tab stop position (quizás note que los número son redondeados; es decir, Word interpreta 1.1875 como 1.9).

5. **Continúe configurando las tabulaciones.**

   Repita los pasos 1–4 para las tabulaciones que necesite configurar.

6. **Haga clic en OK.**

   Ha vuelto a su documento con los nuevos altos de tabulación visibles en la regla.

✔ Si necesita configurar una fila de tabulaciones, y que cada una esté a tres cuartos de pulgada de la otra, por ejemplo, digite **0.75"** en el cuadro Default tab stops y, luego, haga clic en el botón OK. Word, automáticamente detecta los altos de tabulación y los configura para usted. Puede ver estos altos de tabulación predefinidos, los cuales aparecen como unos puntos color café oscuro sobre la línea gris junto a la regla (son muy difíciles de ver).

✔ Para configurar altos de tabulación precisos, digite en el cuadro de diálogo Tab stop algunas medidas para cada alto de tabulación. Por ejemplo, digite **1** y haga clic en el botón Set; digite **1.67** y haga clic en Set; digite **2.25** y haga clic en Set, y así sucesivamente. Cada alto de tabulación se agrega a la lista de altos de tabulación del cuadro de diálogo Tabs. Haga clic en OK para establecer los altos de tabulación de su párrafo.

✔Debe hacer clic en el botón para configurar una tabulación. No sé cuántas veces hago clic en OK, pensando en si el alto de tabulación está configurado o no.

Asesinar un alto de tabulación del cuadro de diálogo Tabs

Para eliminar un alto de tabulación usando el cuadro de diálogo Tabs, haga clic en la tabulación de la lista, bajo el cuadro Tab stop position. Esta acción selecciona esa tabulación. Haga clic en el botón Clear. ¡Se fue!

Hacer clic en el botón Clear All, en el cuadro de diálogo Tabs, elimina todas las tabulaciones de la regla.

Establecer Tabulaciones Líderes sin Miedo a Nada

Una cosa que puede hacer en el cuadro de diálogo Tabs, que no puede hacer con la regla, es establecer una tabulación líder.

Una *tabulación líder* produce una fila de puntos cuando pulsa la tecla Tab. Verá estas tabulaciones algunas veces como partes de un índice y, en las tablas de contenido. Word le permite escoger entre tres líderes diferentes.

Tabulaciones líderes de puntos sin miedo 147

Tabulaciones líderes de línea cremallera 147

Tabulaciones líderes de subrayado 147

Para establecer una tabulación líder sin miedo, siga estos pasos:

1. **Coloque el cursor del palillo de dientes en la línea donde desea que estén sus tabulaciones líderes.**

   Suponga que la gobernación de su ciudad le pide escribir el índice del directorio telefónico. Empieza el índice en un nuevo documento de Word.

2. **Establezca un alto de tabulación izquierda en la regla.**

L Seleccione el alto de tabulación izquierda del botón Tab y, luego, haga clic en el mouse, en el número 3, en la regla. Esta técnica establece un alto de tabulación de 3 pulgadas, desde el margen izquierdo de la página. En la regla aparece una L.

3. **Seleccione el comando F_ormat⇨_Tabs.**

El cuadro de diálogo Tabs aparece, como se muestra en la Figura 13-8.

4. **Seleccione de la lista de los altos de tabulación el que desea convertir en líder.**

En este caso, el alto de tabulación está configurado en tres pulgadas.

5. **Seleccione el estilo de la tabulación líder que usted desee.**

Haga clic en el estilo apropiado –de puntos, de guiones bajos o subrayado, como se presenta en el principio de esta sección. Mi favorito es el de los puntos, el cual se puede escoger pulsando la combinación de teclas Alt+2.

6. **Haga clic en Set.**

Olvidará este paso la primera vez que lo intente por su propia cuenta. Y se preguntará por qué no funciona. Entonces volverá aquí para releer esta oración.

7. **Haga clic en OK.**

8. **Digite el texto que debe aparecer antes del alto de tabulación:**

```
Apellidos que empiezan con la letra A
```

9. **Pulse la tecla Tab.**

¡Suuuup! El cursor del palillo de dientes salta hacia el alto de tabulación y deja un camino de, bueno, "cosas" a su paso. Ese es su punto líder (o los guiones o el subrayado líderes).

10. **Digite la referencia, el número de página o lo que sea:**

```
Letra A
```

11. **Pulse Enter para acabar la línea.**

Puede ajustar los altos de tabulación después de configurarlos si alguna parte del texto no se alinea. *Recuerde:* para ajustar los altos de tabulación para más de un párrafo a la vez, necesita seleccionarlo como un bloque. Refiérase al Capítulo 6.

- ✔ En los programas de teatro, la información sobre el elenco y los actores, generalmente, es formateada con tabulaciones líderes. Pero en ese caso, generalmente el texto se alinea con una tabulación derecha:

  Aníbal . . . . .José Salas

  Asdrúbal . . . . .Roberto Buendía

  Amílcar . . . . .Guillermo Ocampo

- ✔ La palabra *tab* aparece de alguna u otra forma 148 veces en este capítulo.

Capítulo 14

Formatear Páginas

* *

En este capítulo

▶ Configurar la página y el tamaño del papel

▶ Seleccionar el diseño horizontal y vertical

▶ Configurar márgenes para su documento

▶ Números automáticos en sus páginas

▶ Cambiar números de página

▶ Crear una página nueva

* *

*¡M*ás grande que una palabra! ¡Más difícil que un párrafo! ¡Mire, arriba en la pantalla! ¿Es una hoja de papel? ¡No! ¿Es una ventana? ¡No! Es una *página*.

Si se conserva la tendencia de ir de pequeño a grande, el siguiente paso en el circo de formato es formatear una página de información. Las páginas tienen un cierto tamaño y una cierta orientación, además de números de márgenes y de páginas. Todo ello está cubierto aquí de una manera amena y ordenada que entretiene mientras informa.

"*¿Qué Tan Grande Es mi Página?*"

¿Cuántos ángeles pueden bailar en una hoja de papel? Pues bien, depende del tamaño del papel, por supuesto – sin mencionar el tipo de baile.

La mayoría de impreones se hace en una hoja de papel estándar, de 8½-x-11-pulgadas. Eso es lo que Word define como una *página*, en la cual puede formatear márgenes y otras opciones para embellecer páginas. Pero Word no está pensando usar solo ese tamaño de papel. No, Word le permite cambiar el tamaño del papel a cualquier cosa que desee – desde un sobre pequeñito hasta una hoja de papel lo suficiente grande como para usarla de cobija.

Las cosas de configuración del tamaño de la página se hacen en el cuadro de diálogo Page Setup. Las siguientes instrucciones le dicen cómo cambiar el tamaño del papel en el que imprime.

1. **Ubique el cursor del palillo de dientes en la parte superior de su documento.**

   No necesariamente tiene que ser la parte superior de su documento. Usted puede cambiar el tamaño de la página a la mitad de su documento si lo desea. La mayoría de las veces, sin embargo, deseará que el nuevo tamaño de la página sea para su documento entero.

2. **Seleccione el comando File⇨Page Setup.**

   El cuadro de diálogo Page Setup aparece.

3. **Asegúrese de que la pestaña Paper está en el frente.**

   Refiérase a la Figura 14-1 para asegurarse de que lo que ve en la pantalla es lo correcto. De no ser así, haga clic en la pestaña Paper.

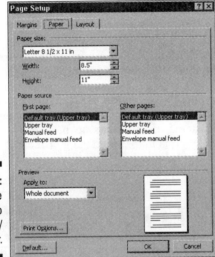

Figura 14-1:
El cuadro de diálogo Page Setup/Paper.

4. **Haga clic en la lista descendente Paper Size.**

   La lista desciende para revelar un conjunto de tamaños de papel comunes.

5. **Seleccione de la lista un nuevo tamaño de hoja.**

   Por ejemplo, `Legal 8 1/2 x 14 pulgadas` es para papeles de tamaño legal. También aparecen enumerados otros tamaños estándar.

La mayoría de las impresoras de PC son capaces de imprimir en varios tamaños de hojas. Los tamaños locos, aunque aparezcan en la lista, pueden no ser compatibles con su impresora –para no mencionar que necesitaría un papel especial para poder imprimirlos; Word no puede hacer que una página de 8½-x-11-pulgadas tenga 3 pulgadas más.

Seleccione este nuevo tamaño de papel haciendo clic en él con el mouse.

6. **Despliegue la lista descendente Apply To.**

Seleccione `Whole document` para que el nuevo tamaño de papel se aplique a todo su documento. Seleccionar `This point forward` aplica el nuevo tamaño de papel de su página actual (donde se encuentra el cursor de palillo de dientes) en adelante.

Si utiliza otras secciones del documento, seleccione la opción This Section para hacer que el nuevo tamaño de papel se aplique en la sección actual. Las secciones se comentan en el Capítulo 15.

7. **Haga clic en OK.**

OK. Digite en el nuevo tamaño de papel.

✔ Si imprime en una hoja de papel de tamaño extraño, acuérdese de cargar ese papel especial en su impresora antes de iniciar la impresión. Algunas impresoras más agudas hasta le dicen en qué tamaño de papel desean imprimir. La mía se queja siempre conmigo pidiéndome el papel del tamaño correcto. Es como una segunda esposa.

✔ Si el papel en el que imprime no aparece en la lista descendente, puede introducir las medidas usted mismo. Primero seleccione Custom Size de la lista descendente Paper Size. Luego digite el ancho del papel en el cuadro Width y la altura en el cuadro Height.

✔ Vigile la ventana Preview del cuadro de diálogo Page Setup. Esta cambia para reflejar el nuevo tamaño del papel.

✔ Refiérase al Capítulo 30 para información relacionada con imprimir sobres (hay un comando especial para hacer eso; no tiene ningún sentido cambiar el tamaño del papel nuevo aquí).

La Elección Ancha y Estrecha

Word usualmente imprime a lo largo y a lo ancho de un pedazo de papel –que es como todo el mundo es capaz de leer una página. Sin embargo, Word también puede imprimir lateralmente (o a lo largo) en una página. En este caso, la orientación de la página cambia; en vez de hacerlo para abajo, el papel se imprime hacia un lado.

El término técnico de soy-un-experto-en-procesadores-de-palabras para las dos orientaciones del papel son el modo Portrait (en posición vertical) y la posición Landscape (de modo lateral). Los retratos usualmente son más altos que largos para acomodar nuestras caras –a menos que alguien tenga las orejas muy grandes en una cabeza parecida a una jarra. El paisaje es para esas preciosas pinturas al óleo con escenas marítimas o lagos y árboles, y son más anchas que altas.

Para hacer que Word imprima de la forma horizontal una hoja de papel —en el modo Landscape— haga lo siguiente:

1. **Seleccione File⇨Page Setup.**

   El cuadro de diálogo Page Setup aparece. Asegúrese de que el panel Margins esté adelante. Como se muestra en la Figura 14-2.

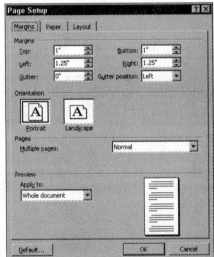

Figura 14-2:
El cuadro de diálogo Page Setup/ Margins.

2. **Seleccione Portrait o Landscape, en el área de orientación.**

   El documento de muestra y el pequeño icono cambian para reflejar la perspectiva de la página.

3. **Haga clic en OK.**

   ✔ Imprimir en el modo de Landscape puede requerir que ajuste los márgenes del documento; refiérase a la siguiente sección.

✔Evite imprimir documentos normales en el modo Horizontal. Los científicos y otras personas que usan gavachas blancas y que estudian ese tipo de cosas, han determinado que la lectura humana se vuelve drásticamente más lenta cuando se debe recorrer con la vista una línea de texto muy larga. Reserve el modo Horizontal para imprimir listas e ítemes para los cuales el modo normal es muy delgado.

✔ Al cambiar el tamaño del papel, puede hacer que el modo Horizontal o Vertical se apliquen a un documento completo, desde un cierto punto en adelante o a una sección de su documento. Refiérase a la sección anterior para más información.

✔ Es posible cambiar la orientación del centro de un documento; por ejemplo, hacer que un documento grande se imprima en el modo Horizontal. Para hacer esto, debe sacarle ventaja a los comandos de formato de sección. Usted inicia una nueva sección, cambia la orientación de la página para esa sección solamente y, luego, inicia otra sección, cuando la orientación de la página necesita cambiar a su aspecto anterior. Refiérase al Capítulo 15 para más información sobre crear secciones en su documento.

Información Marginal

Cada página tiene márgenes. Ellos proporcionan algo de aire alrededor de su documento –esa pulgada de respiro que separa el texto del resto de la página. Word automáticamente configura sus márgenes a una pulgada desde la parte superior e inferior de la página y a 1¼ de pulgada desde los lados izquierdo y derecho de la página. La mayoría de profesores de español y editores de libros desean que los márgenes tengan ese tamaño porque a ellos les encanta escribir en los márgenes (hasta escriben así en las hojas en blanco). En Word, puede ajustar los márgenes para quedar bien con cualquier requerimiento.

Para cambiar los márgenes, siga estos pasos:

1. **Ubique el cursor donde desee que empiecen los nuevos márgenes.**

    Si cambia los márgenes de una parte de su documento, es mejor fijar los nuevos márgenes en la parte superior del documento, en la parte de arriba de la página, o al principio de un párrafo (o al principio de una nueva sección de formato). Si, por otro lado, desea cambiar el documento completo, no importa dónde ubique el cursor.

2. **Seleccione el comando File⇨Page Setup.**

    El cuadro de diálogo Page Setup aparece. Haga clic en la pestaña Margins si no está en el frente (como se muestra en la Figura 14-2).

3. **Introduzca las nuevas medidas de los márgenes Top (Superior), Bottom (Inferior), Left (Izquierdo) y Right (Derecho).**

   Digite los nuevos valores en los cuadros apropiados. Por ejemplo, digitar un valor de **1"** en todos los cuadros configura todos los márgenes a una pulgada. Introducir el valor de **2.5"** ajusta el margen a 2½. No necesita digitar el símbolo de pulgadas (").

   La ventana Preview le muestra cómo afectarán los márgenes al texto de la página.

4. **Seleccione Whole Document (Todo el documento), This Point Forward (De este punto en adelante) o This Section (Esta sección), en la lista descendente Apply To (Aplicar a).**

   - **Whole Document (Todo el documento)** cambia el margen de todo su documento, completament.

   - **This Point Forward (De este punto en adelante)** significa que los nuevos márgenes toman lugar desde la posición del cursor de palillo de dientes en adelante.

   - **This Section (Esta sección)** significa que los márgenes se aplican solamente a la sección actual (refiérase al Capítulo 15 para más información sobre secciones).

5. **Haga clic en OK.**

   Sus nuevos márgenes son introducidos.

✔ Los márgenes son un comando para formatear el ancho de la páginas (por ello son comentados en este capítulo). Para configurar las sangrías de un solo párrafo, necesita usar un comando para formato de párrafos. Refiérase al Capítulo 12.

✔Si desea imprimir en hojas de 3 agujeros, configure el margen izquierdo a 2 ó a 2.5 pulgadas. Esta configuración deja espacio suficiente para los pequeños agujeros y presenta el texto bastante bien cuando se coloca en un portafolio de tres anillos o en una carpeta.

✔ Recuerde que la mayoría de impresoras láser no puede imprimir a más allá de media pulgada del borde de una hoja de papel –en la parte superior, inferior, izquierda y derecha. Este espacio es un margen absoluto: aunque puede decirle a Word que determine un margen de 0 pulgadas a la derecha y 0 pulgadas a la izquierda, el texto no se imprimirá allí. En su lugar, seleccione un mínimo de 0.5 pulgadas para los márgenes izquierdo y derecho.

✔ Asimismo, muchas impresoras de tinta tienen un requerimiento más alto para el margen de la parte inferior. Si intenta imprimir fuera de esa área, aparece un cuadro de diálogo que le informa de su ofensa.

✔ El margen Gutter se usa para documentos impresos en dos páginas y que se planea encuadernar en un formato semejante al de un libro. El ítem Gutter position le permite seleccionar si la división aparece al lado izquierdo o en la parte superior de la página. No hay necesidad de poner su mente en la división.

✔ El área Pages, del cuadro de diálogo, le permite configurar la forma en que Word imprime su documento. El ítem Normal (como se muestra en la Figura 14-2) significa que se imprimirá más o menos con el mismo formato de la página en el documento entero. Otros ítemes de la lista le permiten seleccionar formas diferentes para diseñar la página: el ítem Mirror Margins sirve para imprimir páginas que serán unidas.

El ítem 2 Pages Per Sheet es ingenioso: seleccione Landscape en el panel Paper Size y, luego, haga clic en 2 Pages Per Sheet (Dos páginas por hoja). Note en la ventana de Vista preliminar cómo Word divide la hoja de papel en el centro con las páginas de cada "lado". Esta opción es divertida para crear un panfleto o una tarjeta de felicitación.

✔ Si su tarea le sale de tres páginas y el profesor le pidió cuatro, use los márgenes. Configure los márgenes derecho e izquierdo a 1.5 pulgadas cada una. Luego cambie el interlineado a 1.5. Refiérase a la sección del Capítulo 12 que habla acerca de cambiar el interlineado (también puede elegir una fuente más grande, revise la sección del Capítulo 11 que habla sobre cambiar el tamaño del texto).

Numeración de Páginas

Antes, por favor, cante este refrán tomado del himno de los procesadores de palabras:

> *Su procesador de palabras numerará las páginas por usted.*
>
> *Su procesador de palabras numerará las páginas por usted.*
>
> *Su procesador de palabras numerará las páginas por usted.*

Memorícelo. Vívalo.

Word puede numerar las páginas. No hay necesidad de que lo haga usted. Sin importar cuántas páginas tenga o cuánto haya agregado o eliminado de su texto, Word lo mantiene todo ordenado. Usted no tiene que hacer nada, solo decirle a Word en qué parte de la página colocar el número. Se lo pido encarecidamente: ¡Nunca le ponga números a las páginas manualmente en un procesador de palabras!

¿Dónde poner el número de las páginas?

La pregunta no es ¿Puede *Word* poner números en su página?, sino *¿Dónde* debe ir el número?" Si sigue estos pasos, puede indicarle a Word que ponga el número de la página en prácticamente cualquier lugar (bueno, cualquier lugar *lógico*):

1. **Seleccione el comando Insert⇨Page Numbers.**

    El cuadro de diálogo Page Numbers, como se muestra en la Figura 14-3, aparece.

Figura 14-3:
El cuadro de diálogo Page Numbers.

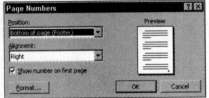

2. **Escoja una posición para el número de la página.**

    Word puede pegar el número de la página en la parte de arriba o de debajo de la página. Seleccione esa posición de la lista descendente llamada Position.

    El número de la página aparece a la derecha, a la izquierda o en el centro, adentro o afuera de su texto. Seleccione la posición en la lista descendente Alignment.

Evalúe esta situación y observe con cuidado el cuadro de la vista preliminar Preview.

3. **Seleccione OK.**

    Los números de páginas se insertan.

También puede crear numeración de páginas pegando el comando de números de páginas en el encabezado o en el pie de la página. Refiérase al Capítulo 15 para más información (si pone el número de la página en el encabezado o en el pie de la página, no tiene que usar el comando Page Numbers).

✔Si quiere usar números de páginas más elegantes, haga clic en el botón Format, en el cuadro de diálogo Page Numbers. Hacer esto abre el cuadro de diálogo Page Number. Desde allí, puede seleccionar varias maneras de desplegar los números de página, exactamente en la lista descendente llamada Number format –incluso esos lindos números romanos, como *ii* y *xx*.

✔ Si no quiere que aparezca un número en su primera página (que puede ser la página del título) cancele la selección de la casilla de verificación <u>S</u>how number on first page (Mostrar número en la primera página) al hacer clic en ella (refiérase al cuadro de diálogo Page Numbers, como se muestra en la Figura 14-3). Esa acción le dice a Word que no ponga un horrible 1 en la parte inferior de su prístina página de título.

Comenzar con un número de página diferente

Para empezar a numerar sus páginas con un número nuevo, revise las instrucciones de la sección precedente para invocar el cuadro de diálogo Page Numbers. Eso se debe hacer de primero porque, obviamente, no hay necesidad de cambiar números de página cuando su documento no los tiene en primer lugar.

Siga estos pasos:

1. **Haga clic en el botón Format del cuadro de diálogo Page Numbers.**

   Hacer clic en este botón abre el cuadro de diálogo Page Number Format.

2. **Seleccione el botón de opción Start <u>a</u>t.**

   Digite en el cuadro el número de la página con la que desea comenzar. También puede pulsar las flechas para desplazarse hacia arriba o hacia abajo.

3. **Haga clic en OK para cerrar el cuadro de diálogo Page Number Format.**

4. **Haga clic en OK para cerrar el cuadro de diálogo Page Numbers.**

Verá los nuevos números de página reflejados en la diminuta línea de la barra de estado. Es la hora de engañar a todos, ¡haciéndoles creer que la página 1 es en realidad la 20!

✔Este procedimiento es algo que quizás sienta ganas de hacer con el segundo, el tercero o los posteriores capítulos de un libro. Cuando se coloca un número nuevo de página, los números siguientes aparecen continuos.

✔ Usted cambia solo el número de las páginas que se *imprimen*, no el número real de las impresiones. El primer ítem de la barra de estado, Page 20, refleja el número de la página tal como usted lo ha cambiado. Sin embargo, el tercer ítem de la barra de estado (1/5, por ejemplo) muestra el número real de la página y el número toal de páginas que hay en su documento.

Empezar una Página Nueva

Puede seleccionar dos maneras de iniciar una página nueva en Word: la increíblemente obvia pero equivocada, y la impresionantemente bella:

- **Horriblemente equivocada:** Pulse la tecla Enter hasta que vea la fila de puntos que indican el inicio de una nueva página. Sí, esta técnica funciona, pero es la horriblemente equivocada

- **Impresionantemente bella:** Pulse Ctrl+Enter. ¡Voilà! Página nueva.

Pulsar Ctrl+Enter inserta un *salto de página duro* en su documento, el cual le exige a Word que empiece una página nueva En Ese Mismo Punto. Esa es la forma preferida de iniciar una página.

En la vista Normal (refiérase al Capítulo 2) el salto de página duro se ve como un salto de página regular pero con la adición de las palabras Page Break:

-- Page Break --

En la vista de diseño de impresión, el salto de página se ve como cualquier otro salto de página (refiérase a la Figura 2-2).

Tenga estas cosas en mente cuando esté lidiando con los saltos de página duros:

- También puede insertar saltos de página duros seleccionando Insert➪Break desde el menú. Seleccione Page break en la lista y haga clic en OK. Esos son muchos pasos, en todo caso, y Ctrl+Enter es lo que usa la mayoría de la gente todo el tiempo.

- El salto de página duro opera tal como lo hace el salto de página regular, con la salvedad de que usted puede controlar en qué sitio de su documento vive: mueva el cursor del palillo de dientes a donde desee que el salto esté y pulse Ctrl+Enter.

- Pulsar Ctrl+Enter inserta un *carácter* de salto de página duro en su documento. El carácter permanece allí, sin importar cuánto edite el texto en las páginas previas.

✔ Puede eliminar un salto de página duro pulsando las teclas Backspace o Delete. Si lo hace accidentalmente, solo pulse de nuevo Ctrl+Enter o Ctrl+Z para recuperarlo.

✔ Si configura saltos de página duros, recuerde usar la vista preliminar para ver su documento antes de imprimirlo. Algunas veces, el proceso de edición mueve el texto por doquier, haciendo saltos de página duros innecesarios y molestos. Refiérase al Capítulo 9 para más información sobre el comando de la vista preliminar.

 ✔No caiga en la trampa de usar saltos de página duros para ajustar la numeración de sus páginas. Puede usar el poder de la computadora para alterar sus números de página sin tener que meterse con el formato de las páginas. Refiérase a "¿Dónde poner el número de las páginas?", anteriormente en este capítulo.

Capítulo 15

Formatear Documentos

. . . .

En este capítulo

▶ Seccionar su documento en fragmentos

▶ Obtener el máximo de las secciones

▶ Agregar un encabezado o una nota al pie

▶ Crear dos conjuntos de encabezados y notas al pie

▶ Crear una página inicial libre de encabezados y notas al pie

▶ Usar la barra de herramientas Header and Footer

. . . .

L a palabra *documento* es una palabra importante: tiene peso. Gracioso, no pensaría en una tonta carta para su sobrina como en algo pesado, importante o de sonido legal. Pero en Word, la imagen grande es el documento. Mi esposa conserva la lista de cosas por hacer en un documento de su computadora. Yo supongo que significa que eso en cierta forma debe ser importante.

En lo que tiene que ver con el formato, un documento no es lo mismo que una página. No, formatear un documento es una cosa de la *imagen grande*. De hecho, mucha de la información de este capítulo no es necesaria para la mayoría de los documentos que cree (del tipo de las cartas de su sobrina). Pero cuando se vuelva loco algún día, o digamos que la necesidad urgente lo golpea para mostrar su conocimiento de Word, este capítulo será su compañero del alma.

Todo sobre las Secciones

Muchos de los comandos de formato de Word afectan al documento entero. Por ejemplo, la mayor parte de los comandos de formato de páginas que se comentan en el Capítulo 14 son comandos típicos que cubren documentos enteros: los márgenes, el tamaño del papel, la orientación y otros detalles. El encabezado y los pies de página que puede agregar a un documento (cubiertos en este capítulo) también se aplican a un documento entero.

Si en algún momento de su vida necesita cambiar un formato de un documento a una solo en una página o grupo de páginas, entonces necesita romper su documento en secciones. Cada capítulo contiene su propio formato de página. De modo tal que si necesita imprimir una página en el modo Horizontal, simplemente, cree una sección nueva para esa página. O bien, si su página de título necesita márgenes únicos, cree un capítulo solo para ella.

Las secciones son fáciles de crear. Pueden simplificar la mayoría de las molestias del formato aplicado a documentos enteros. Los siguientes capítulos le dicen, básicamente, todo lo que necesita saber.

✔ Una *sección*, es un área de su documento cuyo formato de página es independiente del resto del documento.

✔ El texto y el formato de párrafo, así como cualquiera de los estilos que pueda crear, no tienen que ver con las secciones.

✔ Las secciones se usan para crear muchos de los tipos de documentos divertidos que se comentan en la Parte IV de este libro.

✔El tema de las secciones generalmente es considerado un tema avanzado de Word. La mayoría de las personas no las usan jamás. Solamente en raras ocasiones he tenido la necesidad de partir un documento en secciones. Si desea, puede saltarse esta información libremente.

Crear una sección

Dividir un documento no es difícil. Word, cuidadosamente, ha ubicado todos sus comandos de división en un cuadro de diálogo muy útil que se llama Break. Para llamar al cuadro de diálogo, seleccione Insert⇨Break, desde el menú.

La Figura 15-1 muestra el cuadro de diálogo Break. Los ítemes del grupo de arriba son saltos de texto; los del grupo inferior contienen saltos de sección.

Figura 15-1:
El cuadro de diálogo Break.

Suponga que está creando una página de título para un documento nuevo. Antes de escribir nada, cree la página de título de esta manera:

1.1. Seleccione el comando Insert⇨Break.

El cuadro de diálogo se abre, como se muestra en la Figura 15-1.

2.Seleccione Next Page (Página siguiente).

La opción Next Page funciona como un salto duro de página, ya que inserta un salto *y* un salto de sección en su documento. Esta es la forma más común de salto de sección porque la mayoría de los ítemes de formato en los que está trabajando están en el nivel de la página.

3.Haga clic en OK.

En la vista de diseño de impresión, la nueva sección luce como un salto de página duro. En la vista Normal, el salto de sección se ve así:

```
=====================================Section Break (Next Page)=====================================
```

El siguiente paso del proceso es mover el cursor del palillo de dientes hasta la primera página (la página de título del capítulo precedente) y formatear esa página según sus necesidades.

✔ Puede usar el salto Continuous Section (Sección continua) para mezclar estilos de formato dentro de una página. Por ejemplo, si tiene columnas de texto que comparten una página con texto regular, el salto de Sección Continua es la forma ideal de distanciar los formatos individuales. Refiérase al Capítulo 21 para más información.

✔ Puede usar las opciones Even Page (Página par) y Odd Page (Página impar) para iniciar el siguiente capítulo en la próxima página par o impar. Por ejemplo, si el documento que escribe será encuadernado, quizás desee que ciertos capítulos comiencen a la derecha o a la izquierda de la copia en papel encuadernada (no conozco a nadie que use estas opciones).

✔ Los saltos de sección también brindan una gran forma de dividir un documento de multiparte. Por ejemplo, la página de título puede ser una sección; la introducción, el Capítulo 1 y el Apéndice A, pueden convertirse en secciones separadas. Entonces, puede usar el comando Go To, de Word, para acercarse a cada sección. Refiérase al Capítulo 3, para obtener más información sobre el comando Go To.

✔ Refiérase al Capítulo 14 para obtener más información sobre iniciar una página nueva con un salto de página.

✔ También puede crear un salto de página pulsando la combinación de teclas Ctrl+Enter.

- ✔ Refiérase al Capítulo 21 para obtener más información sobre un salto de columna.

- ✔ No tengo idea de qué cosa pueda ser un salto de ajuste de texto.

Eliminar un salto de sección

Puede eliminar un salto de capítulo con las teclas Backspace o Delete. Si hace esto accidentalmente, pierde cualquier formato especial que haya aplicado al capítulo. En este caso, pulse el acceso directo para deshacer, o sea Ctrl+Z, antes de que haga cualquier otra cosa.

¡Tenga cuidado con el formato rastrero! Si formatea una página especial y luego elimina el salto de capítulo, ese formateo especial de la página puede venirse abajo hacia el resto de su documento. Siempre use Print Preview antes de imprimir para asegurarse de que todo se vea bien. Refiérase al Capítulo 9.

Las Alegrías de los Encabezados y los Pies de Página

En la construcción, un encabezado es una gran pieza de madera ubicada sobre una puerta o una ventana. Pero en Word, un *encabezado* es el texto que se ve en la parte superior de cada página. El hermanito del encabezado es el *pie de página,* que es el texto que aparece en la parte inferior de las páginas de un documento. Word puede hacer ambos.

- ✔ Los encabezados usualmente contienen cosas como su nombre, el nombre del documento, la fecha, el número de la página, el título y números telefónicos ("¡Apresúrese! ¡Compre ahora! ¡Los operadores lo esperan!").

- ✔ Los encabezados también pueden llamarse "cejas". ¿Loco, verdad?

- ✔ Los pies de página pueden incluir números, el título de un capítulo o documento o cualquier bagatela.

- ✔ Los pies de página no son lo mismo que las notas al pie. Refiérase al Capítulo 22 para más información sobre las notas al pie.

Agregar un encabezado o un pie de página

Los encabezados y los pies de página pueden hacer brillar cualquier documento. Usted no necesita usar ambos; simplemente, puede usar uno u otro. De cualquier modo, el mismo comando se usa para jugar con uno de ellos o para agregarlos.

Para agregar un encabezado o un pie, siga estos pasos:

1. **Seleccione** <u>V</u>**iew⇨**<u>H</u>**eader and Footer.**

   Word coloca una versión especial de la vista Print Layout que muestra las áreas Header and Footer de su documento. También aparece visible la barra de herramientas flotante Header and Footer. Observe la Figura 15-2 para un ejemplo.

 2. **Haga clic en el icono Switch Between Header/Footer para seleccionar ya sea el encabezado o el pie de página para editarlo.**

   Hacer clic en el botón lo lleva de adelante a atrás entre el encabezado y el pie de página.

Figura 15-2:
Un encabezado junto con la cosa flotante de herramientas llamada Header and Footer.

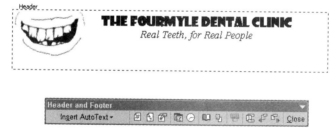

3. **Introduzca el texto de su encabezado o su pie de página.**

   Cualquier texto digitado se puede formatear usando cualquiera de los comandos de formato de párrafo de Word, incluyendo tabulaciones (refiérase a los Capítulos 11, 12 y 13).

 Word preformatea los encabezados y los pies de página de cualquier documento con tabulaciones al centro y a la derecha, ubicados en el centro y en la parte derecha de la regla. Esto le permite pulsar la tecla Tab, digitar algo de texto y hacer que el texto se centre automáticamente en la parte inferior (o superior) de cada página. Esta tabulación no es indispensable, pero es una buena idea de Microsoft haber pensado en ello.

4.Use los botones de la barra de herramientas Header and Footer para los ítemes especiales.

Coloque el cursor del mouse sobre cada botón para ver una breve explicación de su función (¡igual que en las barras de herramientas grandes!).

 Por ejemplo, puede pulsar la tecla Tab y, luego, hacer clic en el botón Insert Page Number para poner el número de la página en el centro de un pie de página.

Puede usar la lista descendente Insert AutoText para colocar ítemes de AutoText en el encabezado o en el pie de página. Los ítemes insertados actualizan "campos", lo cual refleja aspectos diversos de su documento, como se muestra en la Figura 15-3. Por ejemplo, Página X de Y despliega el número actual de la página, de las páginas totales del documento.

Figura 15-3: Ítemes de Autotexto que puede colocar en el encabezado.

 5. Haga clic en el botón Close después de que haya concluido.

Está de vuelta en su documento.

En la vista de Print Layout (Diseño de impresión), puede ver el encabezado o el pie de página impresos en un "gris fantasmal". En la vista Normal, no se pueden ver del todo el encabezado ni el pie de página, a pesar de que están allí (también puede usar el comando de Print Preview, Vista preliminar de impresión, como se comenta en el Capítulo 9, para ver el encabezado o el pie de página).

Puede poner en un encabezado o en un pie de página cualquier cosa que pueda pone incluir en un documento, incluyendo gráficos (refiérase a la Figura 15-2). Esta capacidad es especialmente útil si desea que un logotipo aparezca en cada página. Refiérase al Capítulo 23 para información sobre Word y los gráficos.

✔ No tiene que ir a la página 1 para insertar un número de página en el encabezado. Word es lo suficientemente inteligente como para poner el número de página apropiado en la página apropiada, sin importar dónde se edita el encabezado del documento.

✔ En la vista de Print Layout, puede editar rápidamente cualquier encabezado o pie de página haciendo doble clic sobre su imagen de gris fantasmal.

✔ Probablemente, desee poner algo de texto al inicio del número de la página porque un único número tiende a verse solitario. Puede volverse muy creativo y digitar la palabra **Página** y un espacio antes de que haga clic en el botón #, o puede escribir algún texto interesante de su propia cosecha.

✔ Los encabezados y los pies de página están contenidos en cualquier sección de documento que usted pueda tener. Si su documento tiene más de una sección, el nombre del encabezado y el pie aparecen con el número de sección, como en `Header-Section 2-`. Recuerde que cualquier adición o cambio al encabezado o al pie de página de una sección afectan solo a la sección.

✔ Para insertar la fecha o la hora actuales en el encabezado o el pie, haga clic en los botones de Date (Fecha) o Time (Hora), en la barra de herramientas Header and Footer.

✔ No olvide usar el botón Switch Between Header and Footer (Cambiar entre encabezado o pie) para editar de modo alternado entre encabezados o pies de página.

Encabezados impares para páginas impares, encabezados pares para páginas pares

Word le permite poner dos conjuntos de encabezados y pies de página en su documento, si usted lo desea: un conjunto de páginas impares y otro de páginas pares. Por ejemplo, este libro está formateado de ese modo. El encabezado de páginas pares contiene el número de la página y el título de la parte. El encabezado de las páginas impares contiene el número de capítulo y el título, además, el número de la página. ¡También puede hacer eso!

Para forzar a Word a aceptar dos conjuntos de encabezados y pies de página. Siga estos pasos:

1. **Seleccione View⇨Header and Footer.**

   Este paso despliega cualquier encabezado o pie de su documento y, además, la cosa flotante de herramientas Header and Footer (refiérase a la Figura 15-2).

2. **Haga clic en el botón Page Setup, en la barra de herramientas Header and Footer.**

   El cuadro de diálogo Page Setup/Layout se abre, como se muestra en la Figura 15-4.

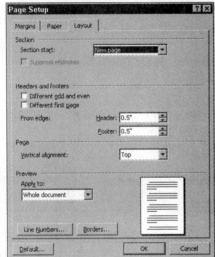

Figura 15-4: El cuadro de diálogo Page Setup/Layout.

3. **Seleccione la casilla de verificación Different Odd and Even.**

   Este paso le dice a Word que usted desea dos conjuntos de encabezados y de pies de página, uno para las páginas impares y otro para las pares. ¿Nota cómo la ventana de Preview (Vista preliminar) cambia para mostrar dos páginas en vez de una? Listo.

4. **Haga clic en OK.**

   Ha regresado al modo de edición header/footer, pero ¿nota cómo el encabezado y el pie de página ahora dicen `Odd Page` o `Even Page`?

5. **Cree el encabezado o el pie de página impar (o par).**

   Refiérase a la sección precedente para que vea una serie de notas sobre cómo hacer un encabezado o un pie de página.

6. **Cree el encabezado o el pie de página par (o impar).**

Haga clic en el botón Show Next para ver el siguiente pie de página del documento, o puede hacer clic en el botón Show Previous. Estos dos botones ciclan a través de los diversos encabezados o pies de página pares e impares de su documento.

7. **Haga clic en el botón Close cuando haya terminado de editar los encabezados y los pies de página.**

   La cuestión de par o impar no tiene nada que ver con el último número de su placa ni con el último número de su dirección.

¡Pero no quiero encabezados en mi primera página!

 Para evitar que el encabezado y el pie de página aparezcan en su primera página de texto, que, generalmente es la página de título, necesita usar el cuadro de diálogo Page Setup/Layout, tal como se describe en la sección precedente. En el cuadro de diálogo Page Setup/Layout, seleccione la casilla de verificación Different first page; luego, haga clic en OK.

Cuando vuelva a editar los encabezados y los pies de página de su documento, haga clic en el botón Show Previous hasta que encuentre el primer encabezado, titulado First Page Header. Deje ese encabezado (o pie de página) en blanco. Este procedimiento ubica un encabezado vacío en la primera página; el encabezado aparece en todas las otras páginas tal como se ordenó. También puede usar esta opción para ubicar un encabezado diferente en la primera página (por ejemplo, un gráfico).

La locura de los encabezados y los pies de página múltiples... ¡más allá de las páginas pares e impares!

Un encabezado es una cosa del tamaño de una sección. Para la mayoría de los documentos que están en una sección, está bien. Pero suponga alguna razón por la que necesitaría encabezados múltiples en su documento. O, talvez simplemente necesite cerrar los encabezados de un capítulo de texto – si algunas imágenes gráficas aparecen en la mitad de su documento y usted no desea que su encabezado interfiera, por ejemplo. Si es así, necesita encabezados múltiples (encabezados de inicio, sin encabezados y, luego, encabezados de inicio de nuevo). Para hacer eso, debe dividir su documento en capítulos.

Al usar capítulos, puede tener varios tipos diferentes de encabezados y pies de página flotando a lo largo de su documento, un grupo para cada sección. Los encabezados del capítulo nuevo y los pies de página son completamente diferentes del capítulo precedente (o siguiente). Y cambiar un encabezado en un capítulo no afecta a ningún otro capítulo del documento. Refiérase al capítulo "Crear una sección", anteriormente en este capítulo, para más información sobre secciones.

Capítulo 16

Trabajar con Estilos

● ●

En este capítulo

▶ Buscar estilos

▶ Crear un estilo

▶ Cambiar un estilo

▶ Asignarle a un estilo una tecla de acceso directo

▶ Usar un estilo

▶ Usar los estilos de encabezado

▶ Administrar estilos

● ●

*H*ay una triste historia sobre los peligros de Doris. Ella es un procesador de texto de baja ralea, quien trabaja para William Morris. Ella escribe y realiza formatos. Aunque no es muy excitante, principalmente porque pasa la mayor parte del tiempo realizando formatos y no escribiendo. Ella se atosiga en lo alto de cada página: centrado, con sangría, espacios de líneas, fuentes... Este no es el tipo de trabajo que la dulce Doris deseaba. Existen comandos de formato desde el barroco hasta el texto simple. Demasiados comandos están volviendo loca a Doris.

Con el tiempo, apareció Dennis, un divagante asistente de Word. Él digitó unos cuantos comandos, los dedos le volaban como en una tormenta de nieve. Creó un estilo que aplica de manera mágica. El formato está listo, justo en frente de los ojos de Doris. "Hiciste todo eso con un solo movimiento, un comando, un clic. Simplemente, no pudo creerlo, debe ser algún tipo de truco".

"Ningún truco", argumentó Dennis. "Es simple, hasta divertido. Simplemente, lee el Capítulo 16 y, cuando hayas terminado, regresa". Todos los comandos de formato de Word, sí, la cosa completa de la lista de garabatos, pueden ser rellenados en una sola cosa. Eso es lo que llamamos estilo.

¿Qué Es un Estilo?

Un *estilo* no es nada más que una colección de comandos de formato de Word, todos puestos en un solo cuadro. Así, cuando desee un párrafo que tenga sangría y que esté formateada con la fuente Courier de 10 puntos, simplemente *aplique* ese estilo al párrafo. Fácil.

✔ Históricamente, los estilos fueron creados para guardar trabajos de formato. A medida que los procesadores de texto se hicieron más sofisticados, las impresoras adquirieron más fuentes y Windows le permitió ver en la pantalla cómo se imprimiría, la necesidad de comandos avanzados de formato aumentó. Para ayudarle a negociar con todas las cosas relacionadas con el formato, se crearon los estilos.

✔ Todo el texto de Word tiene un estilo. A menos que lo especifique de otro modo, Word típicamente usa el estilo Normal, Times New Roman, 12 puntos y los párrafos alineados a la izquierda, sin sangría.

✔ Word no le exige que use estilos. Ellos, sin embargo, hacen que formatear sus documentos sea más fácil.

Donde Acechan sus Estilos

En Word, los estilos pueden hallarse en uno de dos lugares: en la barra de herramientas Formatting y en el cuadro de diálogo Style, la cual aparece seleccionando el comando Format➪Style.

Probablemente terminará escogiendo estilos de la barra de herramientas. El cuadro de diálogo Style es donde se crean y se revisan los estilos de sus documentos.

Los estilos de la barra de herramientas

La forma más fácil de ver y usar los estilos disponibles de un documento es usar la lista descendente de la barra de herramientas Formatting — la que dice Normal — como se muestra en la Figura 16-1.

Quizás deba arreglar sus barras de herramientas para ver la lista descendente Styles. Refiérase al Capítulo 29 para hallar ayuda.

Los estilos que ve en la lista son los que puede usar en su documento. En la Figura 16-1, puede ver los estilos estándar que Word aplica en cada documento nuevo. Existen cuatro: el estilo Normal, que se aplica en todo el texto y tres estilos de encabezado.

El ítem Clear Formatting simplemente es un comando que elimina todo el formato de cualquier texto seleccionado.

A medida que crea estilos nuevos, estos se agregan a la lista.

Si modifica un estilo existente, como cambiar una fuente, el estilo aparece en la lista con la modificación. Por ejemplo, si cambia la fuente a Arial, un ítem nuevo, `Normal+Arial`, aparece en la parte superior de la lista Style. El nombre de la fuente (Arial, en este caso) se agrega a la lista. Por supuesto, hay mejores formas de añadir ítemes a la lista, y este capítulo se empeña en explicarlas.

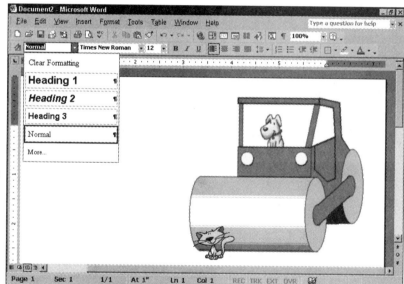

Figura 16-1:
La lista descendente Style, en la barra de herramientas.

La forma en la que los estilos aparecen en la lista le da un indicio de su formato. Por ejemplo, las fuentes del encabezado están en negrita y de un tamaño y peso específicos, pero la fuente Normal aparece en Times New Roman de 12 puntos.

Una pequeña marca de párrafo (¶) junto al nombre indica que es un estilo de párrafo. Los comandos de formato afectan a los párrafos y también al texto.

Una À subrayada (<u>a</u>) al lado de un nombre de estilo indica un estilo de carácter. Los comandos de formateo afectan solo a los caracteres. No hay comandos de formato de párrafos.

✔ Si hay más estilos disponibles de los que se muestran en la pantalla, aparece un ítem More en la parte inferior de lista descendente. Seleccionar ese ítem activa el panel de tareas, que es comentado en la siguiente sección.

✔ Los estilos estándar se guardan en una plantilla de documento que Word usa para todos los documentos nuevos. El nombre de la plantilla es NORMAL (o NORMAL.DOT) y se comenta en el siguiente capítulo.

✔ Los estilos de encabezamiento no son lo mismo que los encabezados y los pies de página, cubiertos en el Capítulo 15. Los encabezados aparecen en la parte superior de la página; y los estilos se usan para títulos de capítulos y de sección, así como para formatear páginas Web.

Estilos del panel de tareas

La mayor parte de lo que hace con los estilos ocurre en el panel de tareas. Así, si ha estado evitando el panel de tareas de Word, llegó el momento de rendirse y aceptar lo inevitable; a pesar de que el panel de tareas ocupa casi un cuarto de espacio de escritura de Word, no se va a ir. Buuuu.

Para desplegar el panel de tareas Styles and Formatting, haga clic en el botón AA, junto a la lista descendente Style. O, puede seleccionar Format➪ Styles and Formatting. Y bien, el panel de tareas Styles and Formatting aparece, con el aspecto semejante al de la Figura 16-2.

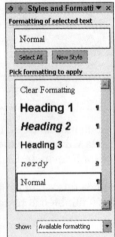

Figura 16-2: El panel de tareas Styles and Formatting.

El panel Styles and Formatting es *el* lugar para controlar, crear, eliminar y, de cualquier manera posible, meterse con los estilos de su documento. Todos los estilos de este aparecen allí. El estilo actual en uso (el de cualquier texto seleccionado o donde el cursor del palillo de dientes está emitiendo su intermitencia) aparece en el cuadro de la parte superior. En la Figura 16-2, aparece el estilo `Normal`.

Apunte con el mouse sobre un estilo para ver más información sobre él. Primero, note una flecha que apunta hacia abajo, la cual indica el menú adjunto a cada estilo (refiérase a la Figura 16-3). A continuación, si sostiene el mouse firmemente, aparece una ventana que describe la información de formato del estilo. En la Figura 16-3, el estilo Heading 1 (Encabezado 1) está basado en el estilo normal *además* de algunas otras opciones de formato.

✔ El panel de tareas Styles and Formatting es el lugar donde se crean y editan con los estilos.

✔ El botón Select All selecciona todo el texto de su documento, igual que los comandos E̲dit➪Select A̲ll o Ctrl+A. De esta manera, puede aplicar un estilo en todo su documento sin tener que cerrar el panel de tareas.

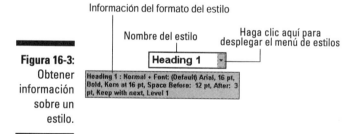

Figura 16-3:
Obtener
información
sobre un
estilo.

✔ Refiérase al Capítulo 6 para más información sobre seleccionar bloques de texto.

✔ El menú de estilo se usa para eliminar, modificar, seleccionar o actualizar un estilo dado. La Figura 16-3 le muestra dónde hacer clic. La información sobre usar el menú se incluye en este capítulo.

✔ Siéntase libre de cerrar el panel de tareas cuando haya terminado de estilizar.

Crear un Nuevo Estilo

Yo odio el estilo Normal. Supongo que le pudieron haber llamado el estilo de Vainilla, pero soy solo uno del 25 por ciento de la población que gusta del helado de vainilla. También llamarlo el estilo Aburrido demostraría demasiado humor para un producto Microsoft. No, es el Normal. Y Normal apesta.

Los siguientes capítulos le muestran cómo crear algunos estilos nuevos para su documento — algo mejor que Normal.

De acuerdo con los que se encargan de investigar cosas así, una de cada cuatro órdenes de helado es de vainilla, en comparación con una de cada nueve, para el chocolate.

Crear un estilo basado en un párrafo que ya ha formateado

La forma más fácil de inventar un estilo enteramente nuevo es usar todas sus habilidades y poderes para formatear un solo párrafo del modo que a usted le agrade. Luego cree el estilo basado en ese párrafo formateado. Aquí está cómo lograrlo:

1. **Digite un párrafo de texto.**

   O, simplemente, trabaje con cualquier párrafo de texto que ya tenga en su documento. Básicamente, solo necesita algo en la pantalla para ver cómo funciona su formato.

2. **Marque su párrafo como un bloque.**

   Refiérase al Capítulo 6 para descubrir cómo marcar textos como bloques.

3. **Formatee el bloque.**

   Seleccione el formato de su carácter. Seleccione una fuente y seleccione un tamaño de punto para hacer que el texto sea grande o pequeño. Refiérase al Capítulo 11 para más información sobre formato de carácter.

Use fuentes y tamaños para el formato de su carácter, evite el uso de de negrita, itálicas o subrayado, a menos que desee que estas opciones se apliquen a *todo* el texto del párrafo.

Seleccione el formato de su párrafo. Seleccione alineación a la izquierda, la derecha, centrada o justificada, seleccione sangrías, etc. Refiérase al Capítulo 12 para obtener la lista completa de lo que puede hacer.

4. **Pulse Ctrl+Shift+S.**

Esta combinación de teclas activa la lista de descendente Style, de la barra de herramientas de Formatting. La información del formato se destaca dentro del cuadro.

5. Digite un nuevo nombre para su estilo.

Un nombre breve, descriptivo y de una sola palabra estaría bastante bien.

Por ejemplo, si crea un párrafo con sangrías que desea usar para enumerar cosas, titule el estilo Lista. O, si crea un estilo musical especial, entonces póngale Liszt.

6. Pulse Enter.

El estilo se agrega al repertorio de estilos de Word para sus documentos.

El estilo que creó ahora se aplica al párrafo que digitó (en el cual se basa el estilo); cualesquiera párrafos adicionales que digite también asumen ese estilo. Y puede aplicar el estilo a otros párrafos.

✔ Dele a su estilo un nombre que describa la función del estilo. Los nombres como Lista con sangría o Texto del cuerpo de una tabla son geniales porque facilitan recordar su uso. Los nombres como Iraha o Guba-buba son de algún modo menos deseables.

✔ Los estilos creados solo están disponibles para el documento en que fueron creados.

✔ Si crea decenas de estilos y le gustaría poder usarlos en varios documentos, usted necesita crear lo que se llama una plantilla. El Capítulo 17 cubre este procedimiento en la sección sobre crear su propia plantilla.

✔ Quizás deba ajustar algunas cosas en su estilo. De ser así, necesita usar el panel de tareas Style and Formatting. Refiérase a la sección "Modificar un estilo", anteriormente en este capítulo.

Crear un estilo usando el panel de tareas

Usar el cuadro de diálogo Style para crear un estilo es útil — siempre y cuando conozca bien los comandos de estilo de Word, incluyendo algunos que introduzco en la siguiente parte de este libro. En cualquier evento, los siguientes pasos lo guían a través de los viajes y las trampas de usar el cuadro de diálogo Style para crear un estilo.

1. Seleccione Format⇨Styles and Formatting.

El panel de tareas Styles and Formatting aparece (refiérase a la Figura 16-2).

Note que no tiene que crear un párrafo nuevo, ni ninguna otra cosa para formatear este paso. Básicamente, solo marcha hacia la construcción de un estilo desde la nada.

2. Haga clic en el botón New Style.

El cuadro de diálogo New Style se abre, como se muestra en la Figura 16-4.

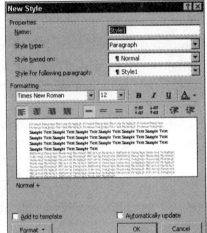

Figura 16-4:
El cuadro de
diálogo
New Style.

3. Introduzca un nombre para su estilo en el cuadro de diálogo Name.

Este es el nombre que aparece en la lista de Style, con esperanzas, algo memorable, que no sea `Style1`. Por ejemplo, digite **Title A** para un título de nivel A en su documento.

Word le indica si usa un nombre que ya está asignado. Use otro.

4. Seleccione el tipo de Style (estilo).

La mayoría de estilos son Paragraph (Párrafo), que quiere decir que el estilo cubre todas las opciones de formato de párrafo y de fuente con las que puede soñar, todo lo cual está concentrado en párrafos como un todo.

Los estilos de carácter son raros. Yo una vez escribí un libro en el que los comandos que debían ser digitados tenían que aparecer en la fuente Courier New, en negrita y de color azul. Así que creé una fuente de carácter con esos comandos de formato, llamada Blue Text. Luego, para formatear el texto especial, lo seleccioné y apliqué el formato de carácter Blue Text.

El estilo Table sirve para formatear tablas; refiérase al Capítulo 20. El estilo List

---

El estilo follow-me

Cuando escribo un nuevo capítulo en un libro, comienzo completamente con el estilo Chapter Title. El siguiente estilo que uso es Intro Paragraph. Intro Paragraph es seguido de Body, y así en adelante. No hay razón para cambiar todos esos estilos porque Word puede recibir instrucciones de cambiar estilos automáticamente.

En el cuadro de diálogo New Style (o en el cuadro Modify Style), localice la lista llamada Style for following paragraph (Estilo para el párrafo siguiente). El estilo mostrado en esa lista le dice a Word a cuál estilo cambiar cuando pulsa la tecla Enter para finalizar un párrafo. Normalmente, es el mismo estilo, que es coherente con la mayor parte de su trabajo. Pero en situaciones en los que usted *sabe* que el estilo cambiará, puede pedirle a Word que haga el cambio por usted. Puede revisar el estilo Chapter Title para que el estilo Intro Paragraph se seleccione en el Estilo ubicado después de la lista descendente. De ese modo, pulsar la tecla Enter después de digitar el título del capítulo cambia el estilo a Intro Paragraph. Muy agradable.

---

sirve para crear listas de ítemes, como los contornos de Word. Es mejor familiarizarse con las tablas y las listas antes de que cree esos formatos.

5. Configure el Style based en el ítem.

Para ahorrar tiempo, puede usar un estilo existente y basar su estilo nuevo en él. Por ejemplo, si su estilo nuevo equivale al estilo Body, pero con el texto más pequeño, puede basar su estilo en Body y, luego, hacer alguna pequeña modificación en el texto.

Todos los estilos se basan originalmente en el estilo Normal.

La lista descendente contiene una serie de estilos. Desplácese a través de la lista para encontrar uno específico o, simplemente, desista y use Normal.

6. Seleccione el Style (estilo) del siguiente párrafo.

Esta es una opción útil, normalmente configurada como igual al nombre del estilo que creó. De ese modo, todos los párrafos que digite tendrán el mismo estilo. Este ítem puede usarse para realizar algunos ingeniosos trucos de formato; refiérase a la barra lateral "Obedéceme, estilo", para más información.

7. Seleccione las opciones de formato para su estilo.

El cuadro de diálogo New Style contiene una gran cantidad de botones y de listas descendentes — ítemes comunes con los que podría estar familiarizado — que le pueden ayudar a seleccionar algunas opciones básicas de formato. Use la ventana de vista preliminar para ayudarle a hacer una selección.

Si necesita ponerse específico, por ejemplo, al escoger el subrayado doble o configurar tabulaciones, necesita usar botón Format. Hacer clic en ese botón despliega un menú de aparición automática de ciertos comandos comunes de formato de Word (parecidos a los comandos del menú Format). Escoger un comando despliega el cuadro de diálogo correspondiente en el que diversas opciones de formato son configuradas. Muchos de esos cuadros de diálogo son comentados en otro sitio de este libro, pero recuerde que sus configuraciones afectan el estilo que crea y no cualquier texto de su documento (todavía no, al menos).

El cuadro de diálogo New Style asume que usted *sabe* qué formato pone en un estilo. Si no sabe, es mucho mejor usar las técnicas descritas en la sección precedente: "Crear un estilo basado en un párrafo que ya tiene formateado".

8. **Haga clic en OK para crear el estilo.**

El estilo creado aparece en la lista de Styles.

Crear un estilo de solo caracteres

Para crear un estilo que contenga muchos caracteres complejos de formato, debe crear un estilo de carácter. Este tipo de estilo está etiquetado con una *A* (**a**) en la lista Style.

Suponga que todas las fórmulas matemáticas de su propuesta para una patente de un vehículo volador deben estar con texto rojo y en negrita. Simplemente podría seleccionar el texto y usar el comando Format⇨Font para arrojar un poco de negrita y de rojo al texto (o usar una barra de herramientas). Pero ese es demasiado trabajo en esta Edad de las Computadoras. En lugar de ello, puede crear una fuente de carácter que solamente aplique negrita y color rojo, pero a través de una acción sencilla.

Para crear un estilo solo de carácter, siga los pasos descritos en la sección precedente. Sin embargo, después del paso 4, en la ventana de diálogo New Style, seleccione Character en la lista descendente Style. Esta acción controla todo en el cuadro de diálogo New Style, para aceptar solo cosas de formato relacionadas con caracteres y fuentes; los elementos en el nivel del estilo ya no están disponibles.

Continúe trabajando en el cuadro de diálogo New Style, y seleccione varias opciones de carácter. Cuando haya terminado, haga clic en OK para crear el estilo.

✔ Los estilos de carácter especial no afectan ningún formato de párrafo. Seleccionar un estilo de carácter cambia la fuente, el estilo, el tamaño, el subrayado, la negrita, etc.

✔ ¡Oiga! Estamos en el siglo XXI y yo ya quiero tener un vehículo volador y lo quiero ya!

 ✔Una sección del Capítulo 19 habla sobre crear un impactante texto blanco sobre negro. Refiérase a esa sección para aprender a crear ese estilo de caracteres.

✔ Además, refiérase a la sección sobre robo de formato, en el Capítulo 18, para un rápido método de aplicar formatos de fuentes.

Modificar un estilo

Los estilos cambian. Los pantalones de campana pueden regresar. Otra vez. Y aunque mi esposa piensa que yo estoy chiflado, considero que mi Chuck Taylors muy pronto será un accesorio popular para el conocimiento ascendente. Oh, pero no deje que me desvíe.

Times New Roman — la maldición del estilo Normal — es una fuente maravillosa... Cálmese, Times New Roman es un caballo de tiro usado por todos para casi todo. Tal vez desea poner esa fuente a pastar y usar una diferente en su estilo Normal. Si es así, la puede cambiar.

Aquí están las instrucciones de cómo cambiar un estilo — cualquiera, no solamente el Normal.

1. **Llame al panel de tareas Styles and Formatting.**

    Haga clic en el botón AA o seleccione F̲ormat➪S̲tyles and Formatting desde el menú.

2. **Apunte con el mouse el estilo que desee cambiar.**

3. **Abra el menú de estilos.**

   Refiérase a la Figura 16-3 para saber dónde hacer clic.

4. **Seleccione M̲odify.**

   El cuadro de diálogo New Style es llamado Modify Style porque el de este estilo ya existe. Funciona igual que el cuadro de diálogo New Style (refiérase a la Figura 16-4), pero la configuración que hace ahora *cambia* el estilo en vez de crear uno nuevo.

5. **Cambie el formato de su estilo.**

   Usted es libre de usar cualquiera de las opciones de formato para cambiar su estilo. Incluso puede agregar opciones de formato o una tecla de acceso directo (que se cubre en la siguiente sección).

6. Haga clic en OK cuando haya terminado.

Cierre el panel de tareas si ya ha dejado de usarlo.

> ✔Cambiar un estilo afecta a todos los párrafos de su documento que usen ese estilo. El cambio es instantáneo, esa es una de las ventajas de usar un estilo en primer lugar.

✔ En cierto modo, cambiar un estilo es algo especial; si necesita colocar sangrías en la primera línea de cada párrafo, simplemente modifique el estilo. Cuando haga clic en OK, en el cuadro de diálogo Modify Style, todos los párrafos cambian mágicamente. Genial.

✔ Si cambia el estilo Normal definitivamente, necesita editar la plantilla NOR-MAL.DOT. Esto está cubierto en el Capítulo 17.

Darle a su estilo una tecla de acceso directo

Los estilos le dan la ventaja de formatear rápidamente un párrafo de texto. Las teclas de acceso directo de estilo hacen que el formato sea aún mejor y más ágil, porque pulsar las teclas para traer al estilo Body es a menudo más rápido que entrometerse con la lista descendente o el cuadro de diálogo — especialmente cuando se lidia con un montón de estilos.

Para darle a su estilo una tecla de acceso directo, siga estos pasos:

1. Conjure al panel de tareas Styles and Formatting.

2. Abra la cosa del menú de estilo (refiérase a la Figura 16-3).

3. Seleccione Modify.

Aparece el cuadro de diálogo Modify Style.

4. Haga clic en el botón Format.

5. Seleccione Shortcut key, desde el menú.

Un cuadro de diálogo críptico, llamado Customize Keyboard (Personalizar el teclado) aparece. No gaste su tiempo intentando explorar por aquí. Solo, salte al paso 6.

6. Pulse su combinación de teclas de acceso directo.

Usar las combinaciones de teclas Ctrl+Shift+ _letra_ o Alt+Shift+ _letra_ o Ctrl+Alt+ _letra_ es lo mejor; cabe aclarar que _letra_ es una tecla de letra del teclado. Por ejemplo, pulse Ctrl+Alt+B para la tecla de acceso directo de su estilo Body.

Note que la combinación de teclas que usted pulsa aparece en el cuadro Press New Shortcut Key (pulse una nueva tecla de acceso directo). Vea el lado izquierdo del cuadro. Si cometió un error, pulse la tecla Backspace para borrarlo.

7. **Revise para ver si la combinación aún no está en uso.**

Por ejemplo, Word usa Ctrl+B como las teclas de acceso directo de formateo de carácter en Negrita. Esta combinación de teclas aparece bajo el encabezado `Currently Assigned To`, que aparece bajo el cuadro Current. ¡Vigile ese cuadro! Si alguna otra cosa usa esa tecla de acceso directo, pulse la tecla Backspace y vuelva al paso 5.

Algo interesante es que la combinación de teclas Ctrl+Shift+B también se aplica al formato de texto en negrita. Mi opinión es que uno se debe sentir libre de usar la combinación para uno de los estilos porque Ctrl+B es más fácil de digitar que Negrita, de cualquier manera.

Si la combinación de teclas no se usa para nada, verá `[unassigned]` (sin asignar) bajo el encabezado `Currently assigned to` (Asignado a).

8. **Haga clic en el botón A̲ssign.**

9. **Haga clic en el botón Close.**

El cuadro de diálogo Customize Keyboard se marcha.

10. **Haga clic en el botón OK.**

El cuadro de diálogo Modify Style se larga.

También puede cerrar el panel de tareas si ya terminó de usarlo.

Felicidades; ahora tiene una útil tecla de acceso directo para su estilo.

Eliminar un estilo

Puede eliminar cualquier estilo que haya creado. Es fácil: abra el panel de tareas Styles and Formatting, seleccione el estilo y seleccione D̲elete desde su menú. Se le preguntará si está seguro de que desea eliminar el estilo. Seleccione Yes para borrarlo definitivamente.

No puede eliminar los estilos Normal, Heading ni los que tengan fuentes estándares de Word.

Aplicación del Estilo Apropiado

No se utiliza un estilo sino que se *aplica*. El formato de carácter y de párrafo es almacenado cuidadosamente dentro del estilo que se aplica en la pantalla, se inyecta en el texto o en el bloque como un buen chorro de encurtido (¿esto no le provoca deseos de retorcerse un poco?).

Paso por paso, aplicar un estilo es fácil:

1. **Decida a cuál texto le aplica el estilo.**

   Si ya hay un párrafo en la pantalla, solo inserte el cursor del palillo de dientes en alguna parte de ese párrafo. O, puede seleccionar un bloque. De otra manera, el estilo se aplica a cualquier texto nuevo que digita.

2. **Seleccione un estilo de la lista descendente.**

   También, si el panel de Styles and Formatting está visible, puede seleccionar el estilo de allí, aunque eso parezca una pérdida de espacio en la pantalla si solamente selecciona estilos y no los crea.

> ✔Recuerde las diferencias entre los estilos de párrafo y de carácter. No puede ejercer un estilo de párrafo para solo una palabra de un párrafo; el estilo asume el control del párrafo entero en su lugar.

✔ También puede aplicar un estilo usando una tecla de acceso directo. Refiérase a las instrucciones numeradas en la sección precedente para conocer los detalles.

✔ Para aplicar un estilo en su documento completo, seleccione Edit⇨Select All. Y, luego, seleccione el estilo que desea para todo.

Usar los Estilos de Encabezado Incorporados

Tres (o más) estilos de encabezado incorporados están disponibles en Word. Puede usar estos estilos si planea dividir su texto con diferentes titulares. No tiene que hacerlo, pero proceder de ese modo ofrece ciertas ventajas.

Por ejemplo, este capítulo tiene encabezados principales como "Aplicación del Estilo Apropiado" y, además, subtítulos tales como "Darle a su estilo una tecla de acceso directo". Los titulares principales se formatean con el estilo Heading 1 incorporado. Los subtítulos se formatean con el estilo Heading 2.

Concedido, los estilos de encabezado son aburridos tal y como se sacan de la caja. Pero usted los puede cambiar para satisfacer las necesidades de su documento. Refiérase a la sección "Modificar un estilo," antes en este capítulo, para obtener información sobre cambiar la apariencia y el olor de un estilo.

 ¿La ventaja de usar los estilos de encabezado? La primera es que usted ve los titulares cuando arrastra el botón del elevador de la barra de desplazamiento. También, puede usar los botones de exploración (debajo de la barra de desplazamiento vertical) para brincar a través de su documento, deteniéndose en diversos estilos de encabezado. Todo esto está cubierto en el Capítulo 3, si tiene interés.

✔ Los estilos de encabezado, como los estilos Normal y Default Paragraph Font, no se pueden eliminar de su documento.

✔ Existen, en realidad, muchos estilos de encabezado que Word puede usar, desde el Heading 1 hasta el Heading 9. Estos, especialmente vienen a cuento cuando usa la característica de diseño de Word. Refiérase al Capítulo 26.

Administrar Todos sus Estilos

Los estilos pueden ser como tarjetas intercambiables. ¡Y lo deberían ser! Si usted crea un estilo magnífico, es lindo usarlo en varios documentos. Esto se puede hacer sin crear de nuevo el estilo (e incluso sin usar una plantilla de documento, como se comenta en el Capítulo 17).

Para cambiar o administrar todos los estilos que tiene Word, necesita usar el Style Organizer (Organizador de estilos). No es la cosa más fácil de encontrar:

1. **Llame al panel de tareas Styles and Formatting.**

2. **Seleccione Custom de la lista Show.**

   (La lista Show está localizada en la parte inferior del panel de tareas).

   El cuadro de diálogo Format Settings aparece, el cual se puede ignorar completamente.

3. **Haga clic en el botón Styles.**

   Ya casi llegamos; el cuadro de diálogo Style aparece. Ignórelo y...

4. **Haga clic en el botón Organizer.**

   Finalmente, el cuadro de diálogo Organizer aparece, con la pestaña Styles adelante, como se muestra en la Figura 16-5.

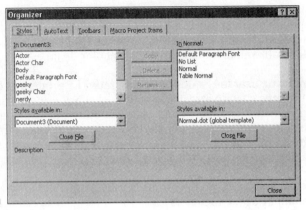

Figura 16-5:
El cuadro de diálogo Organizer está enterrado en las entrañas de Word.

El propósito del Organizer es administrar estilos (y otras cosas, pero este capítulo es sobre los estilos). Puede hacer eso moviendo los estilos entre los documentos y las plantillas de Word.

Por ejemplo, en la Figura 16-5 verá (al lado izquierdo) los estilos disponibles en su documento, que es Document3. En el derecho, están los estilos que aparecen en la plantilla de documento NORMAL.DOT. (NORMAL.DOT es un archivo que contiene todas las configuraciones estándar de Word).

Seleccione del cuadro de diálogo el estilo que desea copiar. Después de que el estilo se selecciona, haga clic en el botón Copy para copiarlo al otro lado. Esa es la forma en que los estilos son cambiados y compartidos entre documentos y plantillas.

Para seleccionar otro documento o plantilla, haga clic en el botón Close File. Ese botón cambia al botón Open File, que se puede usar para abrir cualquier documento del disco. Después de que esté abierto, una lista de estilos de documento aparece en la ventana.

Haga clic en el botón Close cuando haya terminado de administrar los estilos.

✔ Como puede ver, el cuadro de diálogo Organizer también se usa para organizar sus entradas de Autotexto, barras de herramientas y macros (que es un tema avanzado que no se cubre en este libro). Así como ocurre con los estilos, también puede copiar entradas de Autotexto o de barras de herramientas especiales de un documento a otro o entre plantillas de documento, en el cuadro de diálogo Organizer.

✔ También refiérase al Capítulo 17 para encontrar exactamente lo que es una plantilla de documentos.

Capítulo 17

Trabajar con Plantillas

*U*na *plantilla* es un modelo que se sigue para crear algo. Por ejemplo, el Departamento de Transporte usa las grandes plantillas de ALTO que colocan en las intersecciones. Los trabajadores solo arrojan pintura sobre la plantilla y aparece un gran letrero de ALTO en el camino, quizás, cerca de alguna señal de alto.

Una plantilla de Word funciona como una gran plantilla de ALTO. Básicamente, es un esqueleto de documento al cual le puede agregar texto (digitando, no arrojando pintura). La plantilla contiene sobre todo estilos, aunque también puede contener texto y gráficos y hasta su propia barra de herramientas. Este capítulo cubre todas esas cosas (excepto la parte de la barra de herramientas, que es cubierta en ' el Capítulo 29).

Oda a la Plantilla de Documentos

Las plantillas de documentos son convenientes. Yo uso una para enviar faxes, una para escribir cartas, una para escribir juegos, etcétera. Este libro tiene su propia plantilla de estilo Dummies que contiene todos los estilos de texto usados en este libro. Cuando necesito comenzar un capítulo nuevo, uso el estilo Dummies para que todo el párrafo, el encabezado, el título y otros estilos calcen con el que usa mi editora y la mantenga feliz. Espero.

Vale la pena el tiempo que ahorra al crear una plantilla para cada tipo de documento que use regularmente. Los siguientes capítulos le dicen cómo.

- A menos que escoja otra cosa, Word usa la plantilla del documento Normal, también conocida como NORMAL.DOT.

- Refiérase a la sección: "Entender NORMAL.DOT", más adelante en este capítulo, para más información sobre NORMAL.DOT.

- Mi consejo es crear su documento *primero* y luego construir la plantilla basada en el documento creado. Solamente si está bien versado en los comandos de formato y estilo de Word debería intentar crear una plantilla desde la nada. Incluso en ese caso, es probable que tenga que regresar a "arreglar" las cosas.

Usar Plantillas de Documentos

Word incluye una gran cantidad de sus propias plantillas, lo cual ayuda no solo a tener una idea de cómo se deben usar las plantillas, sino también le permite aprovechar a las mismas plantillas predefinidas para crear rápidamente documentos comunes. Para usar una plantilla de documento, siga estos pasos:

1. **Llame al panel de tareas New Document.**

   Las plantillas de Word se usan a través del panel de tareas. Puede llamar al panel de tareas seleccionando File⇨New desde el menú, y, luego, seleccionando el ítem New Document desde el menú del panel.

2. **Haga clic en el ítem General Templates.**

   El cuadro de diálogo Templates aparece, como se muestra en la Figura 17-1. Este cuadro de diálogo contiene muchos paneles llenos de plantillas, asistentes y demás. La pestaña General aparece y luce como la Figura 17-1 (que es donde todas plantillas que cree aparecen).

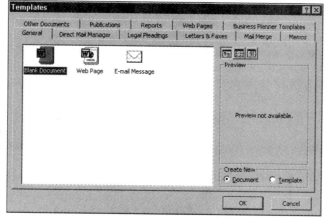

3. **Seleccione una plantilla.**

   Las plantillas se organizan en categorías, representadas por pestañas en un cuadro de diálogo. Por ejemplo, haga clic en la pestaña Letters & Faxes. Verá varias plantillas y asistentes desplegados.

   Los *asistentes* son programas que lo conducen a través del proceso de crear un nuevo documento.

   Las *plantillas* son documentos especiales de Word que contienen varios estilos y, quizás, algunos otros textos o gráficos, suficiente para empezar. Por ejemplo, la plantilla Professional Letter, de la pestaña Letters & Faxes tiene muchos ítemes en blanco, todos los cuales están en la posición propia para una típica carta de negocios.

   La plantilla Blank Document de la pestaña General es la NORMAL.DOT. Esa es la plantilla que Word usa cuando se inicia un documento nuevo. ¡Aburrido!

4. **Haga clic en OK.**

   Word inicia un documento nuevo, completo con la información de esa plantilla, fuentes, estilos y otras cosas, todo listo para ser usado. Puede aprovecharse de cualquier estilo colocado en la plantilla y puede ver, usar o editar cualquier texto guardado en la plantilla.

✔ Abrir un documento con una plantilla no cambia a esta; su documento nuevo simplemente usa los estilos de la plantilla y cualquier texto que ya tenga. Cambiar una plantilla existente es comentado más adelante en este capítulo.

✔ Refiérase al Capítulo 18 para más información sobre los asistentes.

 ✔ Sí, Word se puede usar como editor de correo electrónico, siempre y cuando utilice como programas de correo electrónico los producidos por Microsoft, es decir, Outlook o Outlook Express. Puede iniciar un nuevo mensaje de correo electrónico seleccionando la plantilla E-mail Message, del cuadro de diálogo Templates (refiérase a la Figura 17-1). También, usted puede hacer clic en el botón E-Mail en la barra de herramientas para iniciar un mensaje nuevo. En este caso, Word sencillamente está siendo usado como un *editor* de correo electrónico. Ya que este es un libro básico sobre procesamiento de palabras, debe buscar en otro sitio información sobre cómo trabaja Outlook o Outlook Express en combinación con Word.

✔ Algunas de las plantillas de Word también se pueden usar para crear una página Web. Honestamente, Word no es muy bueno para crear páginas Web. Después de todo, si Word fuera tan bueno para diseñar páginas, ¿para qué Microsoft necesitaría desarrollar y vender su programa FrontPage?

Crear su Propia Plantilla

Construir sus propias plantillas es fácil — y útil. Cuando trabaja con procesadores de palabras, probablemente, descubrirá que crea muchos documentos similares. En vez de iniciar cada uno desde la nada, usted puede crear una plantilla y basar su documento en ella. Todos sus estilos se guardan en la plantilla, de modo que no hay que recrearlos para el nuevo documento.

Para crear una plantilla, siga estos pasos:

Colocar la fecha actual en una plantilla

Cualquier texto que digita en una plantilla se convierte en parte permanente de esta. Esta situación no es una buena noticia cuando desea añadir la fecha a una plantilla, porque la fecha del hoy puede diferir de la fecha que usted realmente usa en la plantilla. Afortunadamente, hay una solución. Aunque el procedimiento es un poco difícil, los siguientes pasos le permitirán configurar un campo de fecha que se actualiza en una plantilla:

1. Ubique el cursor del palillo de dientes donde desea que aparezca la fecha.

2. Seleccione Insert⇨Date and Time. El cuadro de diálogo Date and Time aparece.

3. Seleccione de la lista de Available Formats (Formatos disponibles) la forma en la que desee que su fecha aparezca.

4. Haga clic para poner una verificación en la opción Update automatically (Actualizar automáticamente).

5. Haga clic en el botón OK.

Su plantilla ahora tiene un campo de fecha (por cierto, este truco funciona con cualquier documento, no solo con las plantillas).

---

1. Buscar un documento para basar la plantilla en él.

Aunque Word le permite crear una plantilla desde cero, ha sido mi experiencia que es mejor iniciar con algo. Puede empezar con un documento que ya haya creado o solo empezar creando un documento.

Si crea un documento nuevo, todo lo que necesita poner en él son los estilos que planea usar, además del texto común. Por ejemplo, mi plantilla Libro (para cuando deje de escribir libros de computadoras y empiece a escribir libros "de verdad") contiene todos los estilos que necesito para escribir libros y la palabra *Capítulo* al principio de cada página. Eso es porque cada documento es un capítulo y empezarlo con el texto *Capítulo* ya incluido en la plantilla me ahorra valiosas moléculas de energía de digitación.

Si usa un documento existente, guárdelo en el disco una última vez solo para estar seguro. Después, deshágase de todo el texto que no desea en la plantilla. Elimine todos los gráficos que no desea en la plantilla. Edite el encabezado y el pie de página de forma tal que contengan solo los ítemes que necesita en la plantilla.

La Figura 17-2 exhibe una plantilla de muestra que creé, completada con algo de texto y unos gráficos. Recuerde que la plantilla solo debe contener los estilos que necesita para ese documento y cualquier texto que sea común para todos los documentos. En la Figura 17-2, solo el texto que se queda igual se incluye; otro texto se agrega cuando el usuario abre la plantilla para ayudarle a crear un documento nuevo.

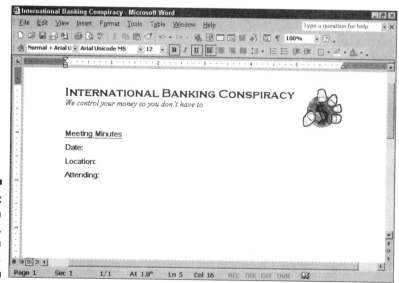

Figura 17-2: Una plantilla de muestra, creada con amor.

2. **Seleccione File⇨Save As.**

   El cuadro de diálogo Save As aparece. Es igual que el cuadro de diálogo Save As que Word utiliza para guardar cosas. Refiérase al Capítulo 8 si necesita refrescar sus conocimientos.

3. **Digite un nombre para el documento.**

   El nombre va en el cuadro File name. Sea descriptivo.

   No necesita ponerle nombre a la plantilla usando la palabra *plantilla*.

4. **Desde la lista descendente Save as type, seleccione Document Template.**

   ¡Ajá! Este es el secreto. El documento debe guardarse como Document Template (Plantilla de documento). Este es el secreto. Seleccionar ese ítem dirige a Word para que guarde el documento como una plantilla en la carpeta especial de las plantillas de Word. Word hace todo el trabajo por usted, pero debe seleccionar Document Template como el tipo del archivo.

5. **Haga clic en el botón Save.**

   Sus esfuerzos han quedado guardados en el disco como una plantilla de documento, anidada en el lugar apropiado; es decir, el sitio donde Word mantiene todas sus plantillas de documentos.

6. **Cierre la plantilla.**

   Seleccione File⇨Close o haga clic en el botón X para cerrar la ventana de la plantilla.

   La razón para cerrarla es que cualquier cambio que haga ahora se haría en la plantilla también. Si desea usar la plantilla para iniciar un documento nuevo, necesita seleccionar la plantilla del cuadro de diálogo Templates, como se explica anteriormente en este mismo capítulo.

   Si desea regresar a la plantilla para modificarla, refiérase a la siguiente sección.

   ✔Recuerde el propósito de una plantilla: almacenar estilos e información usada con frecuencia en un solo lugar.

✔ Puede darle cualquier nombre a una plantilla, aunque si le da a una plantilla un nombre que ya ha sido dado a otra plantilla, Word se lo dice. Esto es algo básico sobre guardar cosas, simplemente, seleccione otro nombre y estará bien encaminado.

Modificar una Plantilla de Documentos

Cambiar o editar la plantilla de un documento es idéntico a cambiar o editar cualquier otro documento. La diferencia es que usted debe abrir una plantilla en vez de un documento. Es una diferencia menos, pero un asunto importante, porque las plantillas, sea como sea, en realidad no son documentos:

1. **Abra la plantilla seleccionando File➪Open.**

   Sí, se trata del comando normal de Open, el cual despliega el famoso cuadro de diálogo Open (Abrir) de Word. Nada nuevo todavía.

2. **En el cuadro de diálogo Open, seleccione Document Templates, de la lista descendente Files of type (Tipos de archivo).**

   Usted daría por hecho que Word sería lo suficientemente listo como para, automáticamente, moverse a la carpeta Templates, tal como lo hizo cuando guardó la plantilla, pero no. Word es estúpido aquí. Manualmente debe aventurarse hasta la carpeta Templates — o cualquier carpeta donde usted haya guardado la plantilla.

3. **Encuentre la carpeta Templates (Plantillas).**

   A menos que haya puesto la plantilla en algún otro lugar, necesita ir a la carpeta Templates. Aquí digo cómo:

   a.Seleccione la unidad C, de la lista descendiente Look in.

   b.Abra la carpeta WINDOWS.

   c.Abra la carpeta Application Data.

   d.Abra la carpeta Microsoft.

   e.Abra la carpeta Templates.

   f.Abra una cerveza.

4. **Abra la plantilla que desea editar.**

   Haga doble clic en su nombre de archivo.

Cuando abra una plantilla, esta aparece en Word como si fuera cualquier otro documento, aunque en realidad es una plantilla (tramposa).

5. **Efectúe sus cambios.**

   Puede editar la plantilla tal como lo haría con cualquier otro documento. Tenga en mente que está editando una plantilla y no un verdadero documento. Cualquier cambio de estilos o de texto afectará a la plantilla y será guardado en el disco otra vez como una plantilla.

6. **Guarde la plantilla modificada seleccionando File⇨Save.**

   O, seleccione File⇨Save As para asignarle a la plantilla modificada un nombre nuevo y, así, mantener la plantilla original.

7. **Cierre la plantilla de documentos seleccionando File⇨Close.**

Ningún cambio realizado en la plantilla de un documento afectará los documentos que ya haya creado antes con ella. Los cambios afectarán, únicamente, a los documentos que cree en adelante.

Entender NORMAL.DOT

La plantilla Normal es una bestia especial. Se le hace referencia como NORMAL.DOT (su Viejo nombre de MS-DOS) la plantilla Normal es donde Word contiene todas las configuraciones hechas para los documentos nuevos que se crean con la combinación de teclas Ctrl+N o haciendo clic en el botón New, de la barra de herramientas.

NORMAL.DOT aparece en el cuadro de diálogo New (refiérase a la Figura 17-1) como la plantilla de documento en blanco.

Saber sobre NORMAL.DOT es importante porque usted puede cambiar la plantilla Normal si lo desea. Por ejemplo, si desea cambiar la fuente y el tamaño estándares (y cualquier otro formato) que Word usa cuando abre un documento nuevo, sencillamente haga esos cambios en NORMAL.DOT. Cambie la fuente y los márgenes al estilo Normal. Luego guarde de nuevo NORMAL.DOT en el disco. Así es.

✔ Refiérase a la sección "Modificar la Plantilla de un Documento", anteriormente en este capítulo, para más información sobre cómo encontrar y cambiar a NORMAL.DOT.

✔ Si solo desea cambiar la fuente predefinida, refiérase a la barra lateral del Capítulo 11 llamada "Cambiar la fuente predefinida".

Adjuntar una Plantilla a un Documento

Los documentos tienen plantillas del mismo modo que las personas tienen apellidos. Casi siempre, los documentos nacen con sus plantillas. Puede seleccionar la plantilla del cuadro de diálogo Templates (refiérase a la Figura 17-1) o sencillamente cree un documento nuevo, en cuyo caso la plantilla NORMAL.DOT es la utilizada. Pero ¿qué pasa si desea cambiar las plantillas?

Realmente no puede cambiar las plantillas, más bien lo que se hace es reasignar o *adjuntar* una plantilla nueva a su documento. Aquí se dice cómo:

1. **Seleccione Tools⇨Templates and Add-Ins (Plantillas y agregados).**

   El cuadro de diálogo Templates and Add-ins aparece, como se muestra en la Figura 17-3.

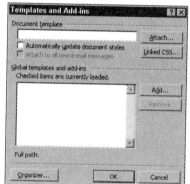

Figura 17-3: El cuadro de diálogo Templates and Add-ins.

2. **Haga clic en el botón Attach.**

   Word despliega el cuadro de diálogo Attach Template, que es muy parecido al cuadro de diálogo Open, así que no le mostraré ninguna ilustración aquí. Normalmente, ese cuadro de diálogo se abre en la carpeta Templates, donde probablemente ha almacenado un grupo de plantillas adecuadas para escribir sus documentos.

3. **Seleccione la plantilla que desea adjuntar.**

   Si la plantilla no se ve en el cuadro de diálogo Attach Template, use el cuadro de diálogo para navegar a través de la carpeta que contiene la plantilla.

4. **Haga clic en el botón <u>O</u>pen.**

5. **Haga clic en OK.**

    Los estilos (y las barras de herramientas y los macros) almacenados en la plantilla ahora estarán disponibles en su documento.

Note que adjuntar una plantilla no transporta ningún texto o gráfico almacenado en esa plantilla. Solo los estilos (y la barra de herramientas y los macros) viajan hasta su documento.

Capítulo 18

Trucos de Formato y de Levantado

En este capítulo
- ▶ Revisar los formatos de su documento
- ▶ Jugar con los campos
- ▶ Usar texto de color
- ▶ Centrar una página
- ▶ Divertirse con la opción de hacer clic y digitar
- ▶ Prestar una taza de formatos
- ▶ Usar los diversos comandos y trucos del Autoformato
- ▶ Usar los asistentes de Word

*N*ada aviva tanto la apariencia de un documento regular como un formato altamente cafeinado. Esta parte del libro está dedicada a la tarea del formato, incluyendo el beneficio de crear estilos y usar plantillas para hacer el trabajo más fácil. Llegó la hora de un poco de diversión.

Este capítulo contiene consejos y trucos diseñados para simplificar sus labores de formato. Las secciones de este capítulo son una bolsa de útiles delicadezas que he acumulado a lo largo de mis años como usuario de Word. Algunas de estas técnicas quizás no le parezcan útiles ahora mismo, así que señale este capítulo para consulta posterior, cuando esté listo para absorber las croquetas de conocimiento que siguen.

¿¡Qué le Pasa a este Formato!?

¡Ah, el misterio del formato! Usted escudriña a través de su última obra maestra cuando advierte — allí mismo, burlándose de usted — un párrafo que no parece calzar. ¿Algo está fuera de lugar con el formato, pero qué? Para ver qué ocurre con un trozo de texto, podría tratar de alojar el cursor del palillo de dientes en ese párrafo y luego seleccionar varios comandos de formato hasta que descubra qué ocurre. No hay ni que decirlo, ésta es una forma embarazosa de descubrir el formato de su documento.

Un truco ingenioso para hallar cualquier misterio en alguna parte de su documento es pulsar la combinación de teclas Shift+F1. El cursor del mouse cambia para verse como una marca de pregunta (refiérase al margen).

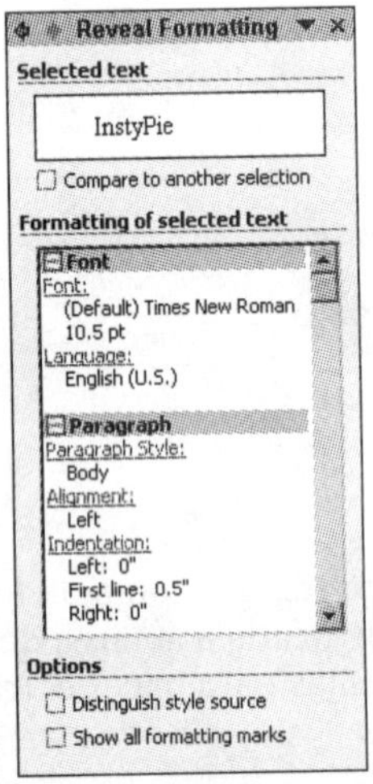

Figura 18-1:
Pulse Shift+F1 y haga clic en su texto para saber qué ocurre con el formato.

Ahora haga clic en algún carácter de alguna palabra de cualquier párrafo. Word describe exactamente el formato en el panel de tareas Reveal Formatting, como se muestra en la Figura 18-1.

Puede continuar haciendo clic para revisar su formato, cuanto guste. Cierre la ventana del panel de tareas cuando haya terminado.

- Puede usar el sumario de formato para ver qué necesita ser arreglado o ajustado o solo para ver cómo está configurado su formato.
- Las teclas Shift+F1 activan la ayuda de apuntar de Word. Haga clic en cualquier cosa que aparezca en la ventana de Word para ver la ayuda del ítem.

Deje que Word Haga el Trabajo por Usted

Word puede hacer muchas cosas por usted, cosas que algunos usuarios pueden hacer en otras formas, menos eficientes. Para ayudarle con las labores del formato, he acumulado consejos sobre cosas con las que Word podría tener problemas. Estas son algunas cosas con las que muchos usuarios de Word pueden afanarse de formas embarazosas. ¿Para qué molestarse? ¡Word puede hacerlo por usted!

Las delicias de actualizar campos

Un *campo* es un trozo especial de texto que inserta en su documento. Ese trozo se ve como texto real, pero lo que realmente hace es desplegar información especial: la página actual o la fecha, su nombre y otras cosas que puede cambiar. Por ejemplo, el Capítulo 17 le cuenta la historia de cómo pegar un campo de fecha actualizado a una plantilla. Puede llevar a cabo trucos parecidos con otros campos y no solo en plantillas, sino también en cualquier documento que cree.

El secreto es el comando Insert⇨Field. Este despliega el cuadro de diálogo Field, como se muestra en la Figura 18-2. El lado izquierdo del cuadro de diálogo contiene una lista de campos (y hay varios); el lado derecho del cuadro de diálogo cambia, dependiendo de cuál campo de la lista seleccione.

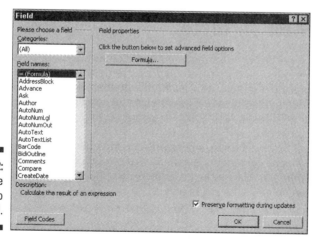

Figura 18-2:
El cuadro de diálogo Field.

Por ejemplo, seleccione el campo Author (Autor). Haga clic en OK. Esta técnica coloca su nombre, o el nombre de la persona o entidad que registró Word, en su documento. Verá el nombre del autor, pero con un fondo gris:

```
Dan Gookin
```

El fondo gris es su pista de que ha insertado un campo y no está lidiando exactamente con el texto.

✔ Para ver lo que ocurre con un campo dado, haga clic en ese nombre de campo, en el cuadro de diálogo Field y refiérase al área Description, que está debajo de la lista.

✔ Uno de los mejores campos que puede usar es el campo de números de página. A diferencia de usar el comando Insert⇨Page Numbers, este campo se puede ubicar en cualquier lugar de su documento. Seleccione `Page` de la lista de nombre de Field para pegar el número de la página actual en cualquier lugar de su documento.

✔ También use el campo `PrintDate` un poco. De ese modo, el documento se imprime con la fecha actual.

✔ Refiérase al Capítulo 14 para más información sobre pegar el número de la página en un lugar más tradicional de su documento.

✔ El Capítulo 15 cubre los encabezados y los pies de página.

✔ No puede editar el texto de un campo. Solo puede eliminarlo: hágalo seleccionando el campo entero como un bloque y, luego, pulsando la tecla Delete.

Poner color en su texto

La forma más fácil de escribir una prosa más colorida es ponerles color a sus letras. En Word, poner color es un atributo de formato de texto igual que la negrita, la cursiva o cualquier otro semejante. Las niñitas pueden escribir color rosado y los banqueros, verde, incluso puede digitar cartas furiosas para el editor con fuente color roja.

Para cambiar el color del texto, seleccione el texto como un bloque y, luego, haga clic en la flecha cerca de la herramienta Font Color en la barra de herramientas (vea el margen). Hacer clic en la flecha despliega un conjunto de colores. Seleccione un color y su texto lo usará.

✔ A menos que tenga una impresora a colores, no espere que su texto se imprima a colores.

✔ Para remover el color de un texto, selecciónelo como un bloque y escoja Automatic en la paleta de la herramienta Font Color.

✔ El color Automatic es cualquier color de texto que esté definido por el estilo actual. Para el estilo Normal, es negro. Pero si usa un estilo especial en el que el color del texto es amarillo marfil, por ejemplo, seleccionar Automatic para el color del texto lo cambia de nuevo a amarillo marfil.

✔ El texto de colores es mucho más fácil de encontrar en la pantalla. Por ejemplo, cuando yo escribo, pongo algo de color rojo si planeo volver más tarde para actualizar algo o si debo revisarlo de nuevo. Eso hace que el texto sea más fácil de encontrar cuando leo o reviso el documento.

✔ Si la herramienta Font Color ya muestra el color que desea para pintar su texto, simplemente haga clic en la herramienta para cambiar el color del texto.

¡No olvide estos trucos!

Estos son algunos de los trucos de formato que menciono en otras partes del libro — estas son las cosas que realmente debe llevarse para la casa:

✔ Siempre use Ctrl+Enter para empezar una página nueva.

✔ Use tabulaciones para alinear texto. Nunca use espacios. Una tabulación es todo lo que se necesita. Si pulsa más de una tabulación, debe reajustar todas las tabulaciones existentes. Refiérase al Capítulo 13.

✔ Siempre use una tabulación entre las columnas para alinearlas. Esto hace que la edición de la información sea más fácil de hacer, en caso de que se requiera.

✔ Si necesita cambiar algún formato de páginas en el medio de su documento, necesita iniciar una sección nueva. Refiérase al Capítulo 15.

✔ ¡Guarde sus estilos en una plantilla! De ese modo, puede usarlos para documentos nuevos que cree sin tener que reconstruir todos sus estilos una y otra vez. Refiérase al Capítulos 16 y 17.

✔ Puede deshacer rápidamente cualquier formato de caracteres con la combinación de teclas Ctrl+Barra espaciadora.

Centrar una Página

Nada hace que el título de un documento sea más bello y lucido que hacer que se encuadre en el centro de una página. El título está centrado de derecha a izquierda, lo cual se puede hacer seleccionando Center alignment para el párrafo del título. ¿Pero cómo centrar el título de arriba hacia abajo? Word puede hacer eso también:

1. **Mueva el cursor del palillo de dientes al inicio de su documento.**

   La combinación de teclas Ctrl+Home lo mueve hacia allí instantáneamente.

2. **Digite y formatee el título de su documento.**

   Puede estar en una sola línea o en varias líneas.

   Para centrar el título, selecciónelo y pulse Ctrl+E, el acceso directo de teclas para centrar. Aplique cualquier formato adicional de fuente o de párrafo según sea necesario.

Evite la tentación de usar la tecla Enter para agregar espacio arriba o debajo de su título. Ahora mismo, el título se coloca en la parte superior de la página. Eso se compondrá en un santiamén.

3. **Después de la última línea, seleccione Insert⇨Break.**

   El cuadro de diálogo Break aparece.

4. **Seleccione Next Page.**

   Este paso hace dos cosas. Primero, crea un salto de página; segundo, crea una sección nueva. De ese modo, el comando de centrar solo afecta la primera sección, que es la primera página del documento.

5. **Haga clic en OK.**

   La nueva sección aparece en la pantalla.

6. **Mueva el cursor del palillo de dientes de regreso a la página del título.**

   Necesita poner el cursor del palillo de dientes en la página que desea formatear.

7. **Seleccione el comando File⇨Page Setup.**

   El cuadro de diálogo Page Setup aparece.

8. **Haga clic en la pestaña Layout.**

9. **Seleccione Center de la lista descendente llamada Vertical Alignment.**

   Puede buscar este ítem en la parte de abajo del cuadro de diálogo.

10. **Haga clic en OK.**

 Si lo desea, puede ver en la pantalla que se ha centrado la página. Para asegurarse, haga clic en la herramienta Print Preview, de la barra de tareas y, sí, ahora será un centrador oficial de páginas.

Haga clic en el botón Close para volver a su documento desde la ventana Preview.

Chapotear con la Opción de Hacer Clic y Escribir

El estereotipo de los locos artistas modernos es el de una persona que lleva puesta una boina y está de pie ante un enorme cuadro azul, mientras carga un tarro de pintura. "Arrojo un poco por aquí", dice mientras arroja un poco de pintura en una esquina. Luego, traen otro tarro. "Pongo pintura por acá", dice mientras pone un poco de pintura en la mitad del cuadro. Y, así, sigue. Pronto empiezan a cobrar unos $500,000 por sus obras maestras y estas son compradas por ricos, pero cándidos pseudo izquierdistas orientales. Uy, me estoy desviando.

Tendrá la oportunidad de ser su propio artista loco con la característica entretenida y a veces útil de hacer clic y escribir de Word. Al igual que arrojar pintura sobre un cuadro, hacer clic y escribir le permite tirar texto por todos lados de necesitarlo — casi. ¡Malditas sean las reglas del formato!

Para usar hacer clic y escribir, su documento debe estar desplegado en la vista Print Layout (diseño de impresión). Seleccione View⇨Print Layout desde el menú si ninguna de estas técnicas parece funcionar. También ayuda empezar con una página en blanco.

Conforme mueva el cursor de su mouse en una página en blanco, el cursor cambia. El cursor diferente le dice cómo será arrojado el texto en determinada parte formateada de su página.

 Haga doble clic con este tipo de cursor y obtendrá un párrafo con sangría y alineado a la izquierda en la página.

Haga doble clic con este tipo de cursor para configurar un párrafo alineado a la izquierda. El párrafo queda establecido en cualquier lugar de la página donde haga doble clic.

Haga doble clic en su documento con este tipo de cursor para crear un párrafo alineado hacia el centro en cada punto.

Hacer doble clic con este tipo de cursor hace que Word cree (¡adivine!) un párrafo alineado a la derecha. ¡Vaya!

✔ Yo prefiero *no* usar hacer clic y escribir, especialmente, porque conozco todos los otros comandos. Si empieza a usar esta función de hacer clic y escribir, en buena hora. Pero para un verdadero control, los otros comandos mencionados en esta parte del libro vencen por mucho a hacer clic y escribir.

✔Si de verdad le interesa usar la opción de hacer clic y escribir, considere cambiar el nivel del zoom de su documento, aléjese lo suficiente para que todas las cosas se vuelvan más fáciles de ver. Refiérase al Capítulo 30.

Robo de Formato

Hablando de pintores locos, la herramienta de la brocha de la barra de herramientas Standard se puede usar para *pintar* estilos de caracteres, copiarlos desde un pedacito de texto a otro en su documento. Aquí se explica cómo:

1. **Ponga el cursor del palillo de dientes en el centro del texto que tiene el formato que desea copiar.**

   El cursor del palillo de dientes debe estar en el centro de la palabra, no a la derecha ni a la izquierda de ella (claro, no tiene que ser exactamente en el centro, solo dentro de ella). Si no lo está el truco no funcionará.

 2.**Haga clic en el botón Format Painter, en la barra de herramientas Standard.**

   Quizás necesite reacomodar las barras de herramientas para ver el Format Painter. Refiérase al Capítulo 29.

   El cursor se transforma en un puntero de brocha, como se ilustra en el margen. Este cursor especial se usa para destacar y, luego, reformatear el texto de su documento.

3. **Salga a cazar el texto que desea cambiar.**

4. **Destaque el texto.**

   Arrastre el mouse sobre el texto que desea cambiar — "píntelo" (debe usar el mouse aquí)

   ¡Voilà! El texto cambia.

Los locos artistas modernos también pueden hacer uso de los siguientes consejos:

✔ El Format Painter solo funciona con formatos de carácter y de párrafo, no con formatos de página.

✔ Para cambiar el formato de varios pedacitos de texto, haga doble clic en Format Painter. De ese modo, el cursor del pintor de formatos queda activo, listo para pintar muchísimo texto. Pulse la tecla Esc para cancelar su frenesí.

 ✔ Si está cansado del mouse, puede usar el comando de teclas Ctrl+Shift+C para copiar el formato de carácter de un bloque destacado a otro lugar de su documento. Use la combinación de teclas Ctrl+Shift+V para pegar el formato de carácter. Solamente destaque el texto de su documento y pulse Ctrl+Shift+V para pegar el formato de las fuentes.

✔ Puede de algún modo recordar Ctrl+Shift+C para copiar el formato de carácter y Ctrl+Shift+V para pegarlo porque los comandos de copiar y pegar de forma normal son Ctrl+C y Ctrl+V.

✔ No confunda al Format Painter (Pintor de formatos) con la herramienta de resaltar, que se describe en el Capítulo 27.

Usar Autoformato

El comando de Autoformato no tiene nada que ver con formatear, en el sentido en que se hace con los párrafos y las fuentes. NO. Lo que el Autoformato realmente hace es limpiar su documento, eliminar espacios excesivos, agregar espacios donde se necesita, aplicar formatos de encabezado a lo que piensa que son los encabezados de su documento y algunos otros detalles menores. Sí, elimina el agua sucia que la mayoría de nosotros añade a nuestros documentos sin percatarnos.

Antes de que el Autoformato pueda hacer su trabajo, necesita crear el texto de su documento ¡Escriba! ¡Escriba! ¡Escriba! Escriba su carta, su memorando, su capítulo, poema o lo que sea. Luego, siga estos pasos:

1. **Guarde su documento en el disco.**

   Este paso es el más importante y guardar su documento es algo que debería hacer todo el tiempo. Guarde su archivo una vez más antes de usar el Autoformato. Refiérase al Capítulo 8, para detalles sobre guardar documentos.

2. **Seleccione Format➪AutoFormat.**

   Quizás debe hacer clic en las flechas de "mostrar detalles" en la parte inferior del menú para buscar el comando de Autoformato. El cuadro de diálogo Auto-Format aparece, como se muestra en la Figura 18-3.

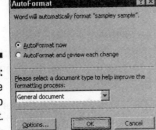

Figura 18-3:
El cuadro de
diálogo
AutoFormat.

3. **Haga clic en OK.**

   ¡Uy! ¡Epa! ¡Y!

4. **Formato completado.**

   Word ha masajeado y ajustado su documento cuidadosamente. Puede ser que encuentre nuevos encabezados, listas de viñetas y otras cosas maravillosas que han sido agregadas en su texto.

¡Oiga! Autoformato creó una lista de viñetas útiles justo en este texto:

✔ Si lo desea, puede seleccionar Autoformato y revisar cada opción de cambio en el cuadro de diálogo AutoFormat para ver exactamente qué se necesita hacer antes de que Autoformato haga su trabajo.

✔ Si su texto es aburrido y no parece que Autoformato haya hecho algo, no se desespere. Autoformato es bueno para crear encabezados y listas de viñetas, pero no puede leer su mente.

✔ Puede usar el comando de deshacer si detesta lo que el Autoformato ha hecho con su documento (por Dios, no hay ningún comando llamado Detestar).

✔ Si está interesado en formatear su documento automáticamente, refiérase a la sección sobre los asistentes, más adelante en este capítulo.

El Formato Automático Tal Como Sucede

Algunas veces, Word puede ser tan inteligente que cause dar miedo. Hace mucho tiempo, el solo hecho de hacer que un programa recordara guardar antes de abandonar una tarea era considerado algo milagroso. Pero ahora... que, el otro día

Word me recordó que había olvidado hacer ejercicios la noche anterior y, chispas, aunque ese pastel de zarzamora se veía tentador, estoy varias libras por encima de mi peso ideal. Espeluznante.

Hacer que el formato automático se efectúe mientras trabaja

Debe indicarle a Word que sea inteligente. El programa no lo puede hacer todo por su propia cuenta. Para aprovechar las diversas cosas automágicas que Word puede hacer, siga estos pasos:

1. **Seleccione Format⇨AutoFormat.**

   El cuadro de diálogo AutoFormat se expone en pantalla.

2. **Haga clic en el botón de Options.**

   El cuadro de diálogo AutoCorrect/AutoFormat aparece, como se muestra en la Figura 18-4.

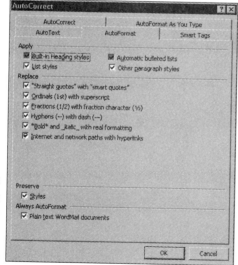

Figura 18-4:
El cuadro de
diálogo
AutoCorrect.

3. **Ya que no sabe lo que hacen las opciones, márquelas todas.**

   ¡Oiga, están listas y marcadas! Word sale de la caja con las opciones de Autoformato marcadas. Si no están marcadas, muy probablemente alguien ha configurado Word para que trabaje de manera diferente. Lo que sea. Asegúrese de que todas las opciones estén seleccionadas y haga clic en ellas para marcar las que necesite.

4. **Haga clic en OK y, luego, haga clic en OK de nuevo.**

    Cierre los cuadros de diálogo que haya dejado abiertos. Ahora está listo para empezar a jugar, empezando en la sección siguiente.

Listas numeradas automáticamente

La mejor manera de entender la aventura de Autoformato-mientras-digita es vivir-la. Realice los siguientes pasos:

1. **Empiece un documento nuevo de Word.**

    La manera más sencilla de hacerlo es pulsar la combinación de teclas Ctrl+N.

2. **Digite la línea siguiente:**

    Cosas por hacer hoy:

    Pulse la tecla Enter para empezar una línea nueva. Luego, digite

    1. Vender los riñones.

    Ahora — prepárese — pulse tecla Enter para terminar esa línea. Verá algo parecido a la Figura 18-5, en su pantalla.

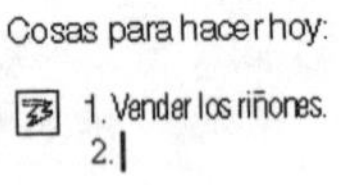

Figura 18-5:
Word, automática-mente, enumera una lista para usted.

Cosas para hacer hoy:

1. Vender los riñones.
2. |

Word no solo pone automáticamente un 2, sino que además reformatea la línea precedente como texto con sangría. Sorprendente. Estupendo.

3. **Siga digitando si lo desea.**

    Para evitar que una lista se autonumere en su documento pulse la tecla Enter dos veces.

Si está de acuerdo, puede continuar. De otro modo, si está profundamente insatisfecho, puede usar el icono de AutoCorrect Options (Opciones de autocorrección) que generalmente se halla flotando cerca del texto formateado. Si apunta con el mouse a ese icono, este se convierte en un botón en el que se puede hacer clic. Si hace clic en el botón, aparece un menú, como se muestra en la Figura 18-6.

Figura 18-6:
Controlar
las opciones
de Autofor-
mato con-
forme se
digita.

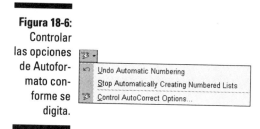

Seleccione Undo Automatic Numbering (Deshacer numeración automática) si prefiere no numerar la lista o si le gustaría hacerlo por su propia cuenta. Esto le dice a Word: "¡No importa!"

Seleccione Stop Automatically Creating Number Lists (Detener la creación automática de listas numeradas) para desactivar permanentemente esta opción (puede volver a activarla desde el cuadro de diálogo AutoCorrect/AutoFormat (Autocorrección/Autoformato) como se muestra, anteriormente en este capítulo, en la Figura 18-4).

El ítem Control AutoCorrect Options (Controlar opciones de autocorreción) despliega el cuadro de diálogo AutoCorrect/AutoFormat (Autocorrección/Autoformato).

También, puede pulsar la tecla Esc y seguir digitando su lista.

✔ Este truco también funciona para las letras (y los números romanos). Solo inicie algo con una letra y un punto para que Word le dé a la siguiente línea la siguiente letra en orden alfabético y otro punto.

✔ También puede deshacer una lista autoformateada usando el comando de deshacer.

✔ Sé que he dicho varias veces a lo largo de este libro que no pulse la tecla Enter dos veces para terminar un párrafo. Muy bien, mentí. En realidad, no tiene que pulsar la tecla Enter dos veces para detener el truco del autoformato. Puede pulsar Enter y, luego, la tecla espaciadora. Pero Enter y Enter funcionan igual de bien.

Bordes automáticos

En los viejos días de la Smith-Corona, embellecíamos nuestros documentos golpeando las páginas con líneas de guiones, subrayados o signos de igual. Todo eso parece traer una lagrimita nostálgica de recuerdos; especialmente para mí, porque yo pulsaba las teclas tan duro que al sacar el papel de la máquina de escribir, a menudo este se partía en dos. Nunca con un procesador de palabras.

Si desea un borde de una sola línea, desde el margen derecho hasta la izquierda, a lo largo de su página, digite tres guiones y pulse la tecla Enter:

- - -

Word instantáneamente transforma los tres guiones en una línea sólida.

¿Quiere una línea doble? Entonces use tres signos de igual:

===

Pulse la tecla Enter y Word dibuja una línea doble desde un extremo de la pantalla al siguiente.

¿Una línea más ancha? Use tres líneas de subrayado.

Como es usual, el icono AutoCorrect Options (Opciones de autocorrección) aparece y le permite cambiar de opinión o desactivar esta opción. Recuerde que puede pulsar Ctrl+Z para deshacer esto si, en realidad, todo lo que desea hacer son tres simples signos de igual en fila.

Intimidarse y Usar un Asistente

Va a ver al asistente, el maravilloso Asistente de Word...

Un *asistente* le permite crear un documento casi perfecto automáticamente. Todo lo que necesita hacer es seleccionar varias opciones y hacer ajustes desde un cuadro de diálogo útil e informativo. Word hace el resto del trabajo. Esto es tan fácil que debería ser un pecado.

Para usar un asistente de Word, siga estos pasos:

1. **Seleccione File⇨New.**

   Este comando abre el panel de tareas New Document.

2. **Haga clic en General Templates.**

   El cuadro de diálogo Templates aparece (refiérase a la Figura 17-1).

3. **Seleccione un asistente.**

   Un número de asistentes viene preinstalado con Word. De hecho, ninguno de ellos vive en el panel General. Para encontrar un asistente, haga clic en otra pestaña, como la pestaña Memo.

   Los asistentes viven junto a las plantillas, aunque estos tienen la palabra *wizard* en su nombre y utilizan un icono único (vea el margen). La pestaña de Memos solo posee al asistente para Memorandos (otras pestañas tienen otros asistentes, los cuales usted puede explorar por su propia cuenta).

   Seleccione el asistente haciendo clic con su mouse. Si tiene suerte, aparece una vista preliminar al lado derecho del cuadro de diálogo. ¡Qué lindo!

4. **Haga clic en OK.**

   Word zumba y se agita por algunos minutos. Está pensando, lo que sin duda debe ser un proceso doloroso. Dele tiempo.

5. **Opcionalmente, será iluminado por el cuadro de diálogo Wizard.**

   Los asistentes más avanzados lo interrogan por medio de un cuadro de diálogo con un montón de preguntas que debe contestar. El asistente usa sus respuestas para ayudarle a crear su documento.

   Algunos asistentes solamente crean un documento en blanco que usted debe completar. Simplemente, llene las secciones que dicen algo así como {digite el nombre del receptor aqui con la información correcta y estará en camino.

- ✔ Asistente. Asistente. Asistente. Es una de esas palabras que se hacen más extrañas y más extrañas cada vez que uno las dice.

- ✔ Si bien un asistente creó su documento, todavía lo debe guardar en el disco después de que lo haya elaborado. De hecho, la mayoría de los asistentes, sencillamente, pueden hacer que emprenda su camino. Después de ese punto, usted trabaja con su documento tal como lo haría con cualquier otro documento de Word . ¡No se olvide de guardar!

- ✔ Word tiene un asistente especial de ítem de menú: Tools⇨Letters and Mailings ⇨Letter Wizard. Si selecciona este comando, siga el consejo de su Asistente de Office y respóndale las preguntas del cuadro de diálogo.

- ✔ Algunos asistentes incluso llenan el texto por usted. Estos son los asistentes supertramposos. A manera de ejemplo, el asistente de Stephen King, escribe los libros de King en menos de un día.

Parte III
Acicalar su Documento

La 5a Ola   **Por Rich Tennant**

@RICHTENNANT

"¿QUIERES SABER POR QUÉ ESTOY FURIOSA?
TE SUGIERO QUE BAJES MI ÚLTIMA NOVELA, QUE SE LLAMA
'POR QUÉ UN ESPOSO OBSESIVO Y SOBREPROTECTOR
NUNCA DEBERÍA ESCOGER EL AZULEJO DEL BAÑO SIN
CONSULTARLO ANTES CON SU ESPOSA'".

En esta parte . . .

Conforme los números de los capítulos de este libro se vuelven más elevados, más alejados están de los temas básicos del procesamiento de texto. Honestamente, la Parte I es sobre elementos básicos o, para ser específico, sobre edición de texto. La Parte II es sobre el formato, que se considera un aspecto indispensable del procesamiento. ¿Y esta parte? ¿La Parte III? Ahora el asunto de atención se mueve a un área que, tradicionalmente, ha sido dominada por los programas de edición gráfica. Tiene gráficos, tablas, líneas, artes, columnas, listas, objetos y una auténtica ensalada de extrañezas que pueden ser manejadas por Word, pero que son consideradas como parte del dominio de los programas de edición de gráficos o de publicación.

De algún modo, si yo fuera la persona encargada de la mercadotecnia de Microsoft, consideraría cambiar el nombre de producto de Word a Microsoft Idea y ya no más Microsoft Word. Este programa hace un montón de cosas –y algunas realmente escandalosas–, la mayoría de las cuales está mucho más allá del papel tradicional de los procesadores de palabras. Definitivamente, con todo el montón de cosas que ponen en él, Word trata más bien de crear y expresar ideas, en vez de solo tirar palabras por ahí. Los capítulos de esta parte le dicen más.

Capítulo 19

Bordes, Cuadros y Sombreado

Hay una línea caliente y velluda entre el procesamiento de texto y las artes gráficas. Tradicionalmente, los procesadores de texto se ocupaban de las palabras y añadían un poco de formato para hacer las cosas menos feas. La edición gráfica llevó elementos de gráficos y de diseño más allá del poder de la mayoría de los procesadores de texto. Hoy, la distinción entre ambas cosas no es clara.

Por poner un ejemplo, hace diez años ser capaz de dibujar un cuadro alrededor de su texto era considerado demasiado avanzado para un mero procesador de texto. Ah, pero Word no es un mero procesador de texto. Este capítulo toca el tema, junto con poner sombreado en su texto y agregar bordes bonitos a todo.

Poner Cuadros en su Texto

Maravillé a mi esposa cuando le dije que, había tomado lecciones de baile una vez. No quedó tan maravillada cuando averiguó que tomé una sola lección de baile y que, luego, lo abandone. Pero recuerdo algunas cosas.

Yo recuerdo que la maestra dijo que cualquiera que puede caminar es capaz también de bailar. Ella también nos enseñó el paso del cuadro:

Paso

Listo. Nada difícil. Talón y punta de pie, no hay problema.

Las siguientes secciones le dicen cómo poner entre cuadros cualquier cosa que haya en su documento, desde simples palabras y párrafos hasta páginas enteras de texto.

Poner en cuadros pedazos pequeños de textos o párrafos

Word le permite insertar un cuadro alrededor de cualquier pedacito de texto o párrafo de su documento. Por ejemplo, puede poner entre cuadros un título, dibujar un cuadro alrededor de un párrafo complementario, una barra lateral o poner un cuadro alrededor de una sola palabra. No importa lo que sea que encierre, siga estos pasos:

1. **Seleccione el texto que desea enmarcar.**

   Es mejor seleccionar el texto que desea poner dentro del cuadro: una palabra, unas cuantas palabras, varios párrafos o una página entera.

   Si nada está seleccionado como un bloque, Word pone entre el cuadro el párrafo en el que se halla el cursor del palillo de dientes.

2. **Seleccione el comando Format⇨Borders and Shading.**

   El cuadro de diálogo Borders and Shading se abre. Asegúrese de que la pestaña Borders esté seleccionada, como se muestra en la Figura 19-1 (en caso que no, haga clic con el mouse en la pestaña).

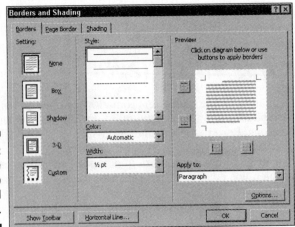

Figura 19-1:
El cuadro de diálogo Borders and Shading.

3. **Seleccione el tipo de borde que desea de la columna Setting.**

Cuatro estilos de borde listos para usar y preinstalados están disponibles; no se moleste con el estilo personalizable Custom hasta que sepa cómo usar esto por completo. Simplemente, haga clic en el estilo de borde de párrafo que desee. Mi favorito es Shadow (Sombra).

De modo opcional, puede seleccionar un estilo de línea de la lista Style.

La lista descendente Color configura el color del borde (el color automático es negro o cualquier color de texto se define por el estilo).

La lista descendente Width configura el ancho de la línea.

Observe la ventana de vista preliminar Preview para ver cómo el borde afecta su texto.

4. **Seleccione Text or Paragraph de la lista Apply To.**

Word es extraordinariamente inteligente en este paso. Si selecciona solo una palabra o cualquier pedacito de texto menor que un párrafo, Word asume que usted desea poner entre cuadro solo ese texto. Con todo y eso, usted puede seleccione Paragraph (Párrafo) o Text (Texto) en la lista.

5. **Haga clic en OK.**

Un cuadro ha sido puesto alrededor de su texto.

Arreglar un borde de página que no alcanza a la página entera

Algunas veces, por alguna razón desconocida (quizás porque Word lo odia a uno) el borde de la página no alcanza a toda la página. Realmente, el problema tiene que ver con su impresora. Yo creo. Bueno, lo que sea. Hay una forma de hacer que un borde alcance a encerrar todo el texto de la página, sin importar lo que Word piense de usted.

La solución yace en el botón Options, del cuadro de diálogo Border and Shading . Haga clic en ese botón para desplegar otro cuadro de diálogo. Localice Measure desde la lista descendente y seleccione Text en esa lista. Haga clic en OK para cerrar el cuadro de diálogo Options. Haga clic en OK para cerrar el cuadro de diálogo Border and Shading. ¡Su borde ahora aparecerá!

Poner un borde en torno a las páginas de texto

Si lo desea puede colocar separados los títulos y los párrafos, pero también puede poner un borde alrededor de cada página de su documento. Eso puede sonar a hokey, pero si hace un boletín de prensa, un certificado o algo parecido, el borde puede venir bien.

Para pegar un borde alrededor de su documento, seleccione Format➪Borders and Shading y, luego, haga clic en la pestaña Page Border. No incluyo una figura aquí porque este panel se ve y funciona parecido al panel Borders; refiérase al capítulo precedente para más información.

La única diferencia que encontrará en el panel Page Border es la lista descendente Apply To, en la esquina inferior derecha. Antes de hacer clic en OK, necesita decirle a Word cuáles partes de su documento necesitan un borde de página. Luego, haga clic en OK.

✔ Seleccione Whole Document en la lista Apply To para que tenga un borde en cada página.

✔ Otras opciones de la lista Apply To se ocupan de los capítulos de su documento. Por ejemplo, si desea ponerle borde a solo una página de muchas, necesita hacer que esa página sea una sección aparte. Refiérase al Capítulo 15 para más información sobre crear un salto de capítulo en su documento.

Hacer cuadros parciales

Los bordes no tienen que ser cuadros. En la Figura 19-2, el título del boletín es creado solo con bordes superiores e inferiores. Esto también puede hacerse en el cuadro de diálogo Borders and Shading:

Figura 19-2: Bordes arriba y abajo, en el encabezado de un boletín.

ALIEN WATCH

They've landed!　　　No one is safe!　　　We're doomed!

They're breeding us for food!
3 out of 10 elementary school teachers are aliens!
Could the next knock on your door be an alien—with a pod???

Beware of lentils!
They run the government!
We survived Y2K, now this?

Vol. 4, Area 51　　　December 1, 2001

1. **Observe la ventana Preview.**

   Esta ventana es donde puede observar cómo han progresado sus habilidades con los bordes.

2. **Seleccione None, de la lista Setting.**

   Es mejor empezar sin ninguna línea.

3. **Seleccione un estilo de línea de la lista Style.**

   Puede seleccionar diversos estilos y patrones de línea doble o sencilla, algunos de los cuales se muestran en la Figura 19-2.

   También puede entrometerse con las opciones de Color y Width (Ancho) si quiere. Oh, jugar, jugar, jugar. ¿Con qué fin se hace un trabajo?

4. **Haga clic en el botón superior de la parte Preview, en el cuadro de diálogo.**

   Este paso le dice a Word que ponga la línea encima de su texto. También puede hacer clic encima del "texto", en la ventana de Preview para ubicar una línea allí.

   Los botones Bottom, Left y Right, alrededor de la ventana Preview, también se pueden usar para ubicar líneas en lados específicos del texto.

5. **Coloque otra línea en la parte inferior de su texto.**

   Seleccione un estilo de línea y, luego, haga clic en el botón de la parte de abajo.

6. **Haga clic en OK después de que termine de alinear su texto.**

   El cuadro ahora ha perdido dos lados, así que no es tanto un cuadro del todo y, probablemente, liberará todo su contenido por los lados y todo quedará manchado, así que sea cuidadoso.

Usar el Botón de Bordes de la Barra de Herramientas

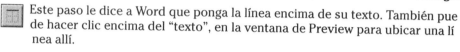

Si alguna vez necesita poner un borde rápido en un párrafo (o en una tabla) puede aprovechar el botón de Borde de la barra de herramientas y su útil paleta de opciones.

Solo haga clic en la flecha que apunta hacia abajo y verá una selección de posiciones de líneas (superior, inferior, externa, etc.). Refiérase a la Figura 19-3. Seleccione una de las opciones de la lista y el párrafo en donde se encuentra el cursor del palillo de dientes o el texto que esté seleccionado tendrán esa línea.

Figura 19-3:
Una paleta
de bordes,
cortesía del
botón
Border.

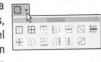

- ✔ La paleta solo configura la posición del borde. El estilo de la línea del borde es el que previamente había elegido en el cuadro de diálogo Borders and Shading.

- ✔ Así, si no le gusta el estilo de la línea, seleccione Format⇨Borders and Shading en el menú, para cambiarlo.

- ✔ Para eliminar todos los bordes de un párrafo, haga clic en el botón Border, en la barra de herramientas y haga clic en el botón No Border.

- ✔ El botón Border de la barra de herramientas solo afecta al texto, no a la página entera. Para eso, refiérase a "Poner un borde en torno a las páginas de texto", anteriormente en este capítulo.

Darle una Buena Sombra a su Texto

El mejor efecto del cuadro de diálogo Border es el del sombreado. Puede ponerle sombra a palabras, oraciones y párrafos —cualquier bloque de texto— y partes alocadas de sus documentos, como lo muestra la Figura 19-4. Puede poner sombra gris, de color y patrones con borde (o sin él) alrededor. Es una colección variada de cosas con las cuales adornar el texto. Siga estos pasos:

Figura 19-4:
Un pequeño
ejemplo de
texto con
bordes y
sombreado.

1. **Marque su título o su texto como un bloque.**

   Refiérase al Capítulo 6 para instrucciones referentes a marcar bloques.

   Si desea que el área sombreada cubra más que la línea de título, desta-que las líneas antes y después del título. Eso crea un "búfer" de som-breado alrededor del texto.

2. **Seleccione Format⇨Borders and Shading.**

   El cuadro de diálogo Paragraph Borders and Shading aparece, pero...

3. **Asegúrese de que el panel Shading está al frente.**

   Si no lo está, haga clic con su mouse en la pestaña Shading. El panel salta al frente, como se muestra en la Figura 19-5.

4. **Seleccione una sombra de la paleta Fill.**

   Las primeras tres filas de la paleta (debajo de la selección No Fill) le dan opcio-nes de sombreado para su texto en porcentajes de negro, desde blanco a ne-gro, en varios incrementos. Luego viene el arco iris de colores y, naturalmente, el botón More Colors que abre una paleta entera con millones de colores entre los cuales usted puede seleccionar.

   La mejor opción cuando se trata de sombrear el texto es gris. Me cae bien el valor de 20 por ciento de gris porque imprime muy bien y no elimina el texto.

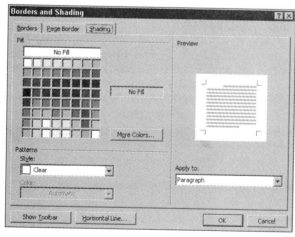

Figura 19-5: El segmento Shading del cuadro de diálogo Borders and Shading.

Evite el uso de los patrones. Algunos de ellos pueden verse muy mal. Supongo que alguien en algún lugar del mundo los puede encontrar útiles, pero para sombrear texto, probablemente no son lo que usted necesita.

5. Haga clic en OK.

Su texto aparece sombreado en la pantalla. Todos se maravillarán de cómo lo hizo.

✔ Nop, solo porque visitó el cuadro de diálogo Border no significa que tiene que poner un borde alrededor de su texto.

✔ No puede imprimir las sombras de color a menos que su impresora pueda imprimir en color. Uh.

✔ Si el sombreado apesta (y aquí todos tenemos permiso de opinar), puede eliminarlo. Solo siga los pasos que acabo de describir, pero seleccione None en el panel Shading, en el paso 4. Ah, y usted siempre puede usar el comando Ctrl+Z, el comando de deshacer, para remediar cualquier cosa.

✔Los títulos con sombras se ven mejor en la parte superior de su primer página, no en una página aparte y solo para ellos.

Crear ese Impresionante Texto Blanco sobre Fondo Negro

Después del sombreado, la siguiente cosa divertida que puede hacer es imprimir texto blanco sobre un fondo negro. Este procedimiento es un movimiento muy agresivo y sobresale de manera muy prominente en su texto — como si le golpearan a uno la cara con un bloque de ceniza. Así que no use esta técnica de modo casual.

Esta línea es solo para pacientes en espera de un transplante de cabeza.

Para producir texto blanco sobre negro, debe hacer dos cosas. Primero, debe crear un fondo negro; segundo, debe crear un texto color blanco. Así es cómo se crea el fondo negro.

1. Marque su texto como un bloque.

Es mejor comenzar con un texto que ya haya escrito. En algún punto desde aquí, tendrá texto negro sobre un fondo negro, el cual no se podrá ver. Si ya tiene el texto escrito, es más fácil ver después de que haya terminado (refiérase al Capítulo 6 para instrucciones sobre marcar bloques).

2. **Seleccione Format⇨Borders and Shading.**

Asegúrese de que la pestaña Shading está seleccionada, como se muestra en la Figura 19-5.

3. **Haga clic en el cuadro negro, en el área Fill.**

Ese es el primer cuadro de la cuarta columna; usted puede ver la palabra Black en el cuadro ubicado a la derecha de la cuadrícula de colores.

4. **Haga clic en OK para salir del cuadro de diálogo Borders and Shading.**

Ahora no verá nada en la pantalla porque ha creado texto negro sobre un fondo negro (en realidad, con el bloque destacado, puede ver cómo se veía una larga fila de bloques flotando sobre un bloque negro. ¡No se alarme!).

Con el bloque de texto destacado, necesita cambiar el color del texto a blanco. Este paso se hace usando la herramienta de color de texto, de la barra de herramientas Formatting.

 1. **Haga clic en la herramienta Font Color, en la barra de herramientas.**

Aparece una paleta descendente.

2. **Seleccione White.**

Este es el último cuadro de la paleta. En la parte inferior derecha (si apunta con el mouse en el cuadro durante el tiempo suficiente, aparece una burbuja con la palabra *White* (Blanco). Haga clic en ese cuadro para ponerle color a su viejo texto blanco.

Ahora puede quitar el destacado de su bloque. El texto aparece desplegado en la pantalla e impreso en letras blancas sobre un fondo negro.

✔ Word es (realmente) inteligente sobre desplegar texto blanco sobre negro, especialmente, cuando ese texto es seleccionado. Usted nunca "perderá" el texto de la pantalla.

✔ No recomiendo revertir cantidades grandes de texto. El texto blanco sobre un fondo negro se imprime pobremente en la mayoría de las impresoras de las computadoras. Estas cosas son más convenientes si son usadas para títulos o para destacar bloques más pequeños de texto.

✔Si tiene problemas imprimiendo el texto blanco sobre negro, quizás necesite modificar la configuración de su impresora. En el cuadro de diálogo Print, haga clic en el botón Properties. Si su cuadro de diálogo Printer Properties (Propiedades de impresión) posee una pestaña de Graphics (Graficos), haga clic en ella. Seleccione la opción indicada para asegurarse de que su impresora imprime en el modo de gráficos. Luego, haga clic en OK para cerrar el cuadro de diálogo Printer Properties.

Capítulo 20

Crear Tablas

¿Cómo haría una mesa? Armado con las herramientas mecánicas correctas, equipo de seguridad, instrucciones y suficiente madera, claro, lo podría hacer. Tal vez podría esculpir una mesa a partir de un tronco sólido de cedro. O tal vez usted no es Martha Stewart y opta por comprar una mesa sin ensamblar o sin pintar en una ferretería, o se rinde y decide comprarla en una mueblería. Las sillas, también. Pero allí está Word, en él hacer una mesa es tan fácil como arrastrar su mouse. ¡No deje que eso ponga celosa a Martha!

Word simplemente no tiene un comando Table. No, tiene un *menú* entero llamado Table, lleno de comandos, configuraciones y controles para crear tablas muy ingeniosas, útiles y limpias en su documento. Ninguna de las habilidades son necesarias, ninguna de las instrucciones son confusas ni escritas en chino, ni tampoco hay necesidad de restregar el matorral para buscar trozos de madera sueltos. ¡Mire! ¡Arriba en el menú! ¡Es Tablamán, y está aquí para rescatarnos!

¿Para Qué se Usan las Tablas?

Y aquí empieza el debate: ¿debe colocar su información en una tabla o solo usar un montón de tabulaciones para que esta aparezca alineada?

Ok, no es un debate. Probablemente, no es nada en lo que haya pensado antes, pero es importante.

Si tiene pedacitos de texto y los necesita alinear en columnas, use tabulaciones:

Esposo	*Motivo de Divorcio*
Franco	Alcohol
Enrique	Rodrigo
Rodrigo	Todavía está casado

Este tipo de tabla es genial para las listas breves. Pero cuando se tienen trozos de texto más grandes, necesita crear una tabla oficial de Word. Este capítulo le dice cómo lidiar con eso.

✔ Use una tabla cuando tenga información que se puede organizar en filas y columnas.

✔ Cada cubículo de la tabla se llama *celda*. Dentro de la celda, Word le permite incluir texto (cualquier cantidad) y gráficos.

✔ Las celdas pueden tener sus propios formatos de margen, de texto y de párrafo. Hasta puede pegar gráficos en las celdas.

✔ A las tablas de Word se les puede cambiar el tamaño y reacomodar sus datos para que quepan bien. En otras palabras, si planea modificar la información más adelante, es mejor usar las tablas en oposición a las listas breves formateadas con tabulaciones.

✔ Oh Dios, Word no tiene un comando llamado Silla (aunque los rumores dicen que Microsoft está trabajando en sillones de bar).

Arrojar una Tabla a un Documento

Las tablas se trazan en los documentos usando el útil botón Table and Borders (Tablas y bordes). Básicamente, dibuja primero la tabla y, luego, llena las filas y las columnas. Y no tiene importancia si el texto está ya en su documento; al dibujar la tabla esta saca del camino a cualquier texto para hacerle campo a la tabla.

Para arrojar una tabla en el centro de su documento, siga estos pasos:

1. **Haga clic en el botón Tables and Borders.**

Después de que haga clic en el botón (mostrado en el margen), la paleta de herramientas Tables and Borders aparece flotando sobre su texto. Refiérase a la Figura 20-1. Esta paleta contiene botones para construir tablas, además de las opciones del cuadro de diálogo Borders and Shading (refiérase al Capítulo 19).

Figura 20-1:
La paleta
Tables and
Borders.

Si no estuviera en el modo de vista de impresión, Word lo cambia automáticamente (no puede poner tablas en el modo Normal).

2. **Asegúrese de que el botón Draw Table está "activado" en la paleta Tables and Borders.**

El botón Draw Table debe estar activado (debe verse como si estuviera seleccionado, a menos que haya hecho alguna otra cosa entre este paso y el precedente, lo cual habría sido un error de su parte). Si el botón Draw Table no está activado, haga clic en él.

El cursor del mouse cambia a un lápiz, al cual llamo el *cursor de lápiz*.

3. **Arrastre el mouse para "dibujar" el contorno de la tabla en su documento.**

Empiece en la esquina superior izquierda de donde desee observar la tabla y arrastre el mouse hasta la esquina inferior derecha, esto le dice a Word dónde poner la tabla. Verá el diseño de su tabla conforme arrastre el mouse hacia abajo y la izquierda (refiérase a la Figura 20-2).

Figura 20-2:
Dibujar una
tabla en un
documento.

No se preocupe de hacer que su tabla tenga el tamaño adecuado; puede cambialor más tarde.

Note que cualquier texto que ya tenga en su documento se mueve hacia un lado para hacerle campo a la nueva tabla.

4. **Use el cursor del lápiz para dibujar filas y columnas.**

   Mientras el cursor del mouse se vea como un lápiz, puede usarlo para dibujar filas y columnas en la tabla.

   Para dibujar una fila, arrastre el cursor del mouse del lado izquierdo al lado derecho de la tabla.

   Para dibujar una columna, arrastre el cursor del lápiz desde la parte superior a la parte inferior de la tabla, como se muestra en la Figura 20-3.

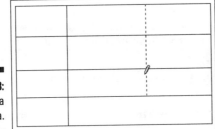

Figura 20-3:
Dibujar una
columna.

Conforme arrastre el cursor del lápiz, aparece una línea punteada, la cual muestra dónde será enviada la nueva línea o columna. La Figura 20-3 muestra una tabla conforme se va formando. También, note que puede dividir columnas o filas en más celdas simplemente arrastrando el cursor del lápiz dentro de una celda y no solo a través de la tabla completa.

De nuevo, no se preocupe si tiene muchas filas o columnas. Puede agregarlas o eliminarlas después, de modo que calce todo bien con su texto. Y tampoco se preocupe si las cosas no parecen ser uniformes, puede reacomodar sus filas y columnas después.

5. **Haga clic en el botón Draw Table cuando haya terminado de crear las filas y las columnas de la tabla.**

   Este paso desactiva el modo de creación de tabla y lo hace volver al modo normal de edición. Ahora puede llenar el texto de su tabla o modificar esta o lo que usted quiera hacer.

Es conveniente tener a mano el cuadro de diálogo Tables and Borders mientras está trabajando en una tabla. Para librarse de él cuando haya terminado, haga clic en su botón X (en la parte superior derecha de la ventana) para que se marche de allí.

Agregar cosas a la tabla

Introduzca texto en la tabla normalmente tal y como lo haría con el texto de cualquier otro lugar de Word. Estas son algunas guías:

- La celdas se hacen más largas (o altas) para acomodar el texto extra que se digite en ellas.

- Puede pulsar la tecla Enter para iniciar un nuevo párrafo en una celda, o usar Shift+Enter para iniciar una nueva línea de texto.

Use la tecla Tab para moverse de celda en celda, a lo lago de su documento.

- Si pulsa la tecla Tab en la última celda de una tabla, se crea una nueva fila de celdas.

- La combinación Shift+Tab lo mueve hacia atrás entre las celdas (esta técnica es más fácil que usar las teclas de flechas, que se mueven de carácter en carácter a través del texto de una celda).

- El texto de una celda se formatea usando el cuadro de diálogo Font, del mismo modo que se formatea el texto de cualquier parte de su documento.

- Cada celda es su propia unidad en lo que se refiere a formato de párrafos. Para alinear o usar sangría en una fila o columna de celdas completa, seleccione Table➪Select y, luego, escoja Column (Columna) o Row (Fila), desde el menú, para seleccionar una columna o una fila, respectivamente.

- También puede seleccionar las columnas manteniendo el cursor del mouse sobre la columna, hasta que el cursor cambie la forma a una flecha que apunta hacia abajo. Apunte la flecha a la fila y haga clic en el botón izquierdo del mouse. Puede seleccionar varias columnas arrastrando el mouse a través de ellas.

- Hacer clic tres veces en una celda selecciona todo lo que hay en ella.

- Las imágenes gráficas se pueden pegar en celdas.

Entrometerse con la tabla

Después de que la tabla se coloca en el documento, puede entrometerse con él de maneras incontables. Los siguientes cursores sugieren apenas unos de ellos:

- En la esquina superior izquierda de la tabla, está la cosa de mover. Esta le permite mover la tabla a algún otro lugar de su documento. Solamente arrastre la cosa de mover con el mouse. Sin embargo:

- No siempre es viable arrastrar todas las cosas con el mouse, quizás sea mejor si corta y pega la tabla, especialmente si planea moverla más de unas cuantas líneas hacia arriba o hacia abajo (o la derecha o la izquierda). Coloque el cursor del palillo de dientes en la tabla y seleccione Table⇨Select⇨Table, desde el menú, para seleccionar la tabla y poder cortarla y pegarla.

- Apunte el mouse entre la fila o la columna para cambiarla de tamaño. Cuando encuentre el "punto dulce", el cursor del mouse se convierte en un dispositivo redimensionador, como se muestra en el margen. Luego, solo arrastre el mouse hacia alguna dirección para cambiar la tabla.

Los consejos siguientes asumen que tiene la paleta Tables and Borders flotando sobre la ventana de Word. De no ser así, seleccione View⇨Toolbars⇨Tables and Borders, desde el menú.

- Para eliminar una línea entre dos celdas de una tabla, seleccione la herramienta Erase y haga clic en la línea que desea eliminar. Si las dos celdas contienen texto, Word, sencillamente, une el contenido de una celda en otra.

- Use las listas descendentes Line Style (Estilo de línea) y Line Weight (Peso de línea) para establecer el estilo y el grueso de las líneas de la tabla. Después de seleccionar un estilo y un grosor, ese la herramienta de dibujar tablas (el lápiz) para hacer clic una línea sobre la tabla, lo cual la cambiará al nuevo estilo.

- Puede modificar su tabla con el botón Insert Table. Hacer clic en la flecha que apunta hacia abajo despliega un menú con varios comandos relacionados con tablas para insertar columnas o filas o para ajustar automáticamente las dimensiones de la tabla. ¡Qué útil!

- Para eliminar definitivamente la tabla de su documento, haga clic dentro de la tabla y seleccione Table⇨Delete⇨Table. La tabla es exterminada para siempre.

Crear una tabla con un texto que ya existía en su documento

Después de que se haya dado cuenta de la gloria de las tablas, quizás quiera convertir algún texto formateado con tabulaciones en una tabla. O, simplemente puede querer colocar cualquier texto en una tabla porque está obsesionado con las tablas y no ver algún texto en una tabla lo convertiría en una persona frustrada y enojadiza y las personas pequeñas no pararían de gritar y. . .

¡Respire profundamente!

Para convertir el texto de su documento en una tabla, primero seleccione el texto. Tome en cuenta que es mejor si el texto está organizado en columnas, cada columna separada por un carácter de tabulación. En caso de que no, las cosas se ponen chifladas, pero todavía se pueden salvar.

A continuación, seleccione Table⇨Convert⇨Text (el ítem Convert (Convertir) es uno de los que puede ver si hace clic en las flechas "mostrar más"). El cuadro de diálogo Convert Text to Table (Convertir texto a tabla) aparece, como se muestra en la Figura 20-4.

Si su texto ya está en un formato semejante al de las tablas gracias al uso de tabulaciones, seleccione el ítem Tabs, en la parte inferior del cuadro de diálogo. Haga clic en OK para crear de modo perfecto la tabla nueva.

Si su texto no está formateado con tabulaciones, seleccione el número de filas que desea que haya. Haga clic en OK y Word crea la tabla con el número de columnas deseadas. Su texto aparecerá en la primera columna de cada fila.

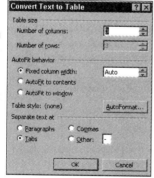

Figura 20-4:
El cuadro de
diálogo
Convert Text
to Table
(Convertir
texto en
tabla).

Oiga, en realidad funciona. Pero probablemente necesitará hacer algunos ajustes, reconfigurar los anchos de las columnas y más cosas por el estilo. Puede ser un dolor, pero mucho mejor que digitarlo todo de nuevo.

Convertir una tabla de nuevo en texto simple

Así como las brujas pueden convertir a un sapo en un bello príncipe, este puede volver a ser transformado en sapo. Para convertir una tabla de nuevo en texto simple, tal vez con las mismas tabulaciones del principio que ayudaban a crear las columnas, seleccione la tabla escogiendo Table⇨Select⇨Table. Luego, seleccione Table⇨Convert⇨Table to Text. Este comando es, básicamente el opuesto del comando usado en la sección precedente.

Use el cuadro de diálogo Convert Table to Text (refiérase a la Figura 20-5) para seleccionar algún carácter, símbolo o chuchería para separar las celdas de su tabla (yo recomiendo usar Tabs [Tabulaciones] como se muestra en la figura). Luego, haga clic en OK.

Figura 20-5:
El cuadro de diálogo Convert Table to Text.

Al igual que el proceso anterior de convertir texto en tabla, alguna limpieza extra se hace necesaria. Básicamente, se trata de volver a fijar las tabulaciones (o eliminarlas). Nada muy grande.

Una Forma Rápida de Crear una Tabla

Para crear rápidamente una tabla vacía en su documento, puede usar el botón Insert Table, en la barra de herramientas (vea el margen).

Hacer clic en el botón Insert Table despliega una cosa descendente. Arrastre el mouse a través de la cosa para decirle a Word qué tan grande desea su tabla, como de dos filas por tres columnas, como la tabla de la Figura 20-6.

Figura 20-6:
La cosa descendente Insert Table.

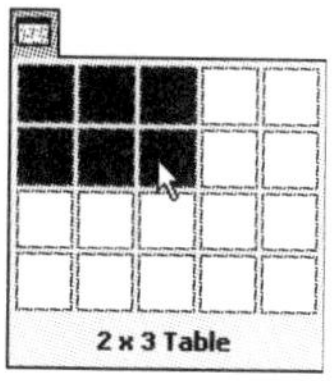

El botón Insert Table también se usa para añadir rápidamente celdas, columnas o filas a una tabla y, luego, haga clic en el botón Insert Table que, convenientemente cambia su imagen para insertar celdas, filas y columnas.

Formatear Automáticamente su Tabla

Word tiene un profundo foso de trucos de formato, algunos de los cuales puede usar en cualquier tabla vieja que usted cree para hacer que se vea realmente particular. Este truco de Autoformato le permite crear una tabla y, luego, usar un comando especial de Word para personalizarla. De esta manera:

Coloque el cursor del palillo de dientes en cualquier tabla, preferiblemente una que ya esté llena de datos. Luego, seleccione Table⇨Table AutoFormat, del menú. El cuadro de diálogo Table AutoFormat aparece, como se muestra en la Figura 20-7.

Solo mantenga sus ojos bien enfocados en la tabla de ejemplo de la ventana de vista preliminar. Luego, haga clic con su mouse en cada ítem consecutivo de la lista descendente Formats. Cada uno de esos ítemes automáticamente se actualizan para hacer que su tabla se vea como la de la muestra de la ventana de vista preliminar.

Después de que encuentre el formato de tabla que desea, haga clic en el botón OK.

Puede jugar con las otras opciones de este cuadro de diálogo en su tiempo libre.

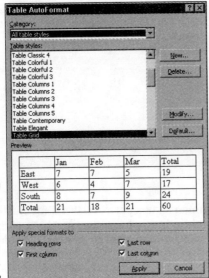

Figura 20-7:
El cuadro de
diálogo
Table
AutoFormat.

Capítulo 21

Buscar su Texto en Columnas

Columnas, listas... ¡Marchen adelante! ¡Dórica, Jónica, Corintia!

C uando pienso en columnas, pienso en esos largos pilares que se alinean enfrente de edificios famosos, museos e instituciones de gobierno. Hace mucho tiempo, probablemente durante el Imperio Romano, algunos decidieron escribir graffiti en las columnas: "Me gusta lo que has escrito, Randomus Scriblius, pero quítalo de mi casa y ponlo en papel, y quizás hasta te pague por ello". Y así nació la primera columna de opinión.

Así como los bribones del graffiti del antiguo Imperio Romano, usted también puede escribir texto en columnas largas. No necesita una columna de mármol para practicar, ni siquiera pintura. Eso es porque Word tiene la habilidad de dividir una página de texto en varias columnas, algo así como las columnas de texto que se ven en periódicos y revistas. ¿Después de todo, si las columnas le han podido dar fama a los griegos y los romanos, por qué no a usted? Prepárese para reunir su texto en columnas.

¿Por Qué Hacer Columnas?

Word puede hacer columnas, lo cual es asombroso cuando se piensa en eso. Normalmente, colocar texto en columnas es del dominio de la edición gráfica. Pero

Word lo puede hacer. Así, puede crear sus boletines de prensa, sus hojas sueltas, sus tratados, y manifiestos sin tener que invertir muchos dólares en un programa de edición gráfica. Es demasiado fácil, mientras siga mis sugerencias en este capítulo.

Por otra parte, antes de divulgar mis secretos de las columnas de Word, aquí hay un poquito de consejos saludables: la mejor forma a hacer columnas es usando software de edición gráfica. Esas aplicaciones son diseñadas para jugar con el texto, y ellas hacen columnas mucho más fácilmente que Word. De hecho, colocar demasiado texto en columnas recarga a Word, eventualmente, y retardan a su computadora. Para cosas pequeñas, sin embargo, parece funcionar bien.

✔ Usar columnas para un documento breve parece funcionar adecuadamente en Word. Colocar texto en columnas en un documento de diez páginas o más se podría hacer mejor en un programa de edición gráfica.

Los programas de edición gráfica son muy caros. En el extremo superior está QuarkXpress, que es una aplicación de nivel profesional. En el medio, encuentra a Adobe InDesign. Más común y fácil de operar es Microsoft Publisher, el cual yo recomiendo.

Dividir el Texto en Columnas

Para incorporar columnas en su documento, siga estos pasos:

1. **Mueva el cursor del palillo de dientes a donde desee que empiecen las columnas.**

   Si su documento ya tiene texto en él, coloque el cursor del palillo de dientes al final del primer párrafo que desee que aparezca en columnas.

   Si todavía no ha digitado el texto que pondrá en las columnas, está bien. Solo siga al paso 2.

2. **Seleccione el comando Format⇨Columns.**

   Si el comando Columns (Columnas) no se ve, haga clic en las flechas de "mostrar más", en la parte inferior del menú, para poder ver este comando.

   Se abre el cuadro de diálogo Columns, como se muestra en la Figura 21-1.

3. **Seleccione un estilo de columnas del área Presets.**

   Dos columnas son suficientes para impresionar a cualquiera. Más columnas hacen que su texto sea muy delgado y difícil de leer.

Vea el área Preview, el cual muestra cómo su documento es (o será) afectado por sus selecciones de la columna.

Si desea más de tres columnas, necesita especificarlas en la lista Number of Columns.

Los ajustes específicos de la columna se pueden hacer en el área Width and spacing, del cuadro de diálogo.

Si desea una bonita línea entre las columnas de texto, marque la casilla Line between (Línea en medio). El cuadro de diálogo dice Línea en medio, no Bonita línea en medio.

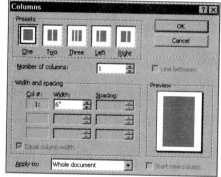

Figura 21-1:
El cuadro de diálogo Columns.

4. **Seleccione el sitio donde desea aplicar las columnas de la lista descendente Apply To.**

   Puede seleccionar aplicar las columnas en el documento completo (Whole document), desde el cursor del palillo de dientes en adelante (This point forward), o en la sección actual (This section).

5. **Haga clic en el botón OK.**

   ¡Ok!

Lo que ve en la pantalla depende de lo que Word despliega en su documento. Si cambia de la vista Normal a Print Layout, verá las columnas justo en la pantalla.

Si utiliza la vista Normal, verá las palabras Section Break (Continuous) en su página y, luego, una columna delgada. Esa es la forma en que Word despliega las columnas en el modo de vista Normal. Seleccione View↔Print Layout para ver las columnas de la vida real.

↙ En vez de usar las teclas de movimiento del cursor para mover a la columna, use el mouse. Es mucho más fácil apuntar y hacer clic en una columna que ver el cursor del palillo de dientes volando por la página.

- El espacio entre las columnas se llama *gutter (canal)*. Word configura el ancho del canal en 5" – media pulgada. Esta cantidad de espacio blanco es atractiva para los ojos sin ser demasiado grande.

- Usted puede ajustar el ancho de las columnas individuales usando el cuadro de diálogo Columns. O, si deja esa área sola, Word le da columnas lindas y parejas.

- ¿Máximas columnas por página? Eso depende del tamaño de la página. El mínimo del ancho de la columna es la mitad de una pulgada, así que una hoja de papel típica puede tener hasta 12 columnas en ella.

- El formato del texto de tres columnas se ve muy bien en el papel en posición horizontal. Este método es el usado en la mayoría de panfletos. Refiérase al Capítulo 31 para más información.

- El formato del texto y los párrafos de Word se aplica también a las columnas. La diferencia es que los márgenes de sus columnas –no los márgenes de la página– ahora marcan los lados derecho e izquierdo de su texto para formato.

- Refiérase al Capítulo 15 para más información sobre seccionar su documento.

- Aunque puede aplicar las columnas a secciones específicas de un documento, Word le permite activar el modo de columnas y desactivarlo a lo largo de su documento sin tener que usar secciones. Refiérase a "Deshacer columnas", que está... ¡a continuación!

Deshacer Columnas

De acuerdo con Word, no hay algo que sea equivalente a no tener columnas en su documento. No, cuando tenga "texto normal" Word solo piensa que tiene una columna en una página. ¿Divertido, verdad?

Para eliminar las columnas de su documento, mueva el cursor del palillo de dientes a donde empieza la columna (seleccione View➪Print Layout desde el menú para ayudarle a alcanzar el punto exacto). Luego, siga los pasos de la sección anterior, pero seleccione una (1) columna para la página en el paso 3. Luego, seleccione Whole Document (Documento completo) en el paso 4. Haga clic en OK.

Si tiene un documento con columnas, pero desea volver a usar el texto normal, mueva el cursor del palillo de dientes hasta el sitio donde desee que terminen las columnas. Luego, repita los pasos en la sección precedente: seleccione una columna en el paso 3 y elija la opción de menú This Point Forward, en el paso 4. Haga clic en OK.

Usar el Botón de Columnas en la Barra de Herramientas

¿Apresurado? Puede usar la herramienta Columns. Haga clic en la herramienta, y aparece un cuadrito (refiérase a la Figura 21-2). Haga clic y arrastre el mouse para indicar cuántas columnas de texto desea. Cuando suelte el botón del mouse, las columnas aparecen.

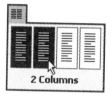

Figura 21-2:
El botón
Columns y
su menú.

Capítulo 22

Montones de Listas

* *

* *

L os escritores académicos, ciertamente, se ven inteligentes. Los documentos tienen una tabla de contenidos y talvez un índice. Si los escritores son claros al usar Word, pueden tener una lista de figuras y de títulos. Además, cada documento académico tiene toneladas de notas al pie y notas finales. Impresionante. Usted también puede ser inteligente, o al menos puede parecer que lo es, si aprende de los trucos de construir listas. Eso incluye las tablas de contenidos, los índices y las notas al pie. Algunos podrían decir que estos trucos son muy avanzados. ¡Noooooo! Continúe leyendo para que se entere por qué no lo son.

Una nota al pie no es lo mismo que un pie de página. Refiérase al Capítulo 15 para más información sobre pies de página (y encabezados).

Curso Básico sobre Listas

La forma más simple de una lista es la que usted crea por su propia cuenta; por ejemplo, una lista de cosas por hacer o una lista de los pasos requeridos para ensamblar un desacelerador molecular. Otro tipo de lista, a menudo usado para conducir varios puntos a un mismo lugar de origen, es la lista de viñetas. Las viñetas en este caso son símbolos tipográficos, como estos:

✔ ¡Bang!

✔ ¡Bang!

✔ ¡Bang!

Para aplicar viñetas a su texto, destaque los párrafos que desea poner en lista y seleccione Format⇨Bullets and Numbering. Este comando despliega el cuadro de diálogo Bullets and Numbering, como se muestra en la Figura 22-1.

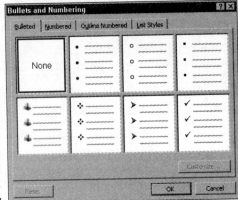

Figura 22-1:
El cuadro de diálogo Bullets and Numbering.

No necesita tardarse mucho con el cuadro de diálogo; solo haga doble clic en el tipo de viñeta que desea y su texto destacado aparecerá introducido por viñetas; lindo y ordenado.

✔ También puede aplicar números a sus párrafos con listas numeradas. Esto también puede hacerse en el cuadro de diálogo Bullets and Numbering (refiérase a la Figura 22-1): haga clic en la pestaña Numbered para abrir el panel y, luego, haga clic en OK.

✔ El botón Customize del cuadro de diálogo Bullets and Numbering (Viñetas y numeración) se puede usar para seleccionar tipos de viñetas y otras opciones.

✔Puede formatear rápidamente una lista de viñetas haciendo clic en el botón Bullets (Viñetas) de la barra de herramientas Formatting.

✔También puede formatear rápidamente una lista numerada haciendo clic en el botón Numbering (Numeración) en la barra de herramientas Formatting, justo al lado del botón Bullets (Viñetas).

Entender las Listas

Existen dos listas principales que este mismo libro contiene (aunque Word es capaz de más cosas, simplemente no tengo suficiente espacio para todas). Ambas listas fueron creadas con Word. Tomando información de su documento, las listas se ensamblan y son colocadas en él, con números de páginas, formato y todo lo demás.

Crear una tabla de contenido

Considerando la afinidad estadounidense por los términos especializados, es normal que haya surgido un vocablo como el siguiente, utilizado en la industria de los libros: las tablas de contenidos son conocidas como *TOC,* ellos lo pronuncian "toc" o "te-o-ce". Después de aprender esa palabra a la perfección, junto con *firma, fecha de caída* y otras, estará listo para cualquier casa editorial de los Estados Unidos.

Más que hablar sobre el TOC, Word le permite construir una tabla de contenido para cualquier documento creado –claro, si formatea sus encabezados con el estilo apropiado (refiérase al Capítulo 16 para información sobre usar los diversos estilos de encabezado incorporados a Word.

Siga estos pasos para agregar un TOC a su documento:

1. **Mueva el cursor del palillo de dientes al sitio donde desea colocar el TOC.**

   ¿Yo? Yo lo pongo al principio de una página (talvez, al principio de cada sección). Refiérase al Capítulo 15 para información sobre separar un documento en secciones.

2. **Seleccione Insert⇨Reference⇨Index and Tables.**

   El cuadro de diálogo Index and Tables aparece.

3. **Haga clic en la pestaña Table of Contents.**

   La parte de la tabla de contenido del cuadro de diálogo aparece, como se muestra en la Figura 22-2.

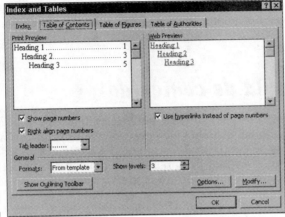

Figura 22-2:
El cuadro de
diálogo In-
dex and Ta-
bles/Table
of Contents
(Índice de
tablas/Tabla
de con-
tenido)

4. **Juegue con las opciones (si lo desea).**

   Juegue con las opciones de la lista descendente Formats y revise los diversos efectos de la ventana Print Preview (Vista preliminar de impresión).

   ¡En serio! Seleccione unas cuantas opciones y considere cuánto afectarán la tabla de contenido. Es un cuadro de diálogo divertido con el que uno se puede entretener un rato.

5. **Haga clic en OK para crear el TOC.**

   Word busca en todo su documento y toma todo lo que está etiquetado con un estilo de encabezado (sin importar si se trata de los encabezados 1, 2 ó 3), luego determina en cuál página está y, finalmente, construye la tabla de contenido en vez de que lo tenga que hacer usted.

Construir un índice

Al otro extremo del documento, opuesto al TOC, generalmente, uno encuentra un índice. La industria editorial tiene otra palabra para llamar a los índices, se trata de *índice*.

Ya en serio, un índice es más preciso que un TOC. Un índice hace referencia a términos específicos, tareas o ítemes que son mencionados a lo largo de todo un documento. Obviamente, esta es la parte técnica; no creo que alguna vez le mande una carta a su madre con un índice –y espero que no tenga jamás razones para hacerlo.

Crear un índice es un proceso que consta de dos partes. La primera es identificar en un documento las palabras o las frases que desea ubicar en el índice (esto implica, obviamente, que su documento debería estar terminado para poder elaborar el índice). La segunda parte es construir el índice mismo.

Para marcar un texto de modo que sea ubicado en el índice, siga estos pasos:

1. **Seleccione el texto al que le desea hacer referencia en el índice.**

    Puede ser una palabra, una frase o cualquier pedacito de texto. Marque el texto como un bloque.

2. **Seleccione Insert➪Reference➪Index and Tables.**

    El cuadro de diálogo Index and Tables aparece.

3. **Haga clic en la pestaña Index.**

4. **Haga clic en el botón Mark Entry.**

    El cuadro de diálogo Mark Index Entry aparece, como se muestra en la Figura 22-3. Note que el texto seleccionado en su documento aparece en el cuadro principal (Main). Usted puede editar el texto si lo desea.

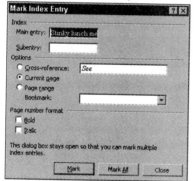

Figura 22-3:
EL cuadro
de diálogo
Mark Index
Entry

5. **Haga clic en el botón Mark o en el botón Mark All.**

    El botón Mark solo marca esta incidencia de la palabra en particular en el índice. Use este botón si desea marcar solo las incidencias que considere que beneficiarán más al lector. El botón Mark All hace que Word busque y etiquete todas las incidencias de la palabra o el texto en su documento, y crea una entrada de índice para todas ellas. Use esta opción si prefiere dejarle al lector la decisión de si es o no relevante.

    Puede meterse con las otras opciones del cuadro de diálogo Mark Index Entry, también. ¡A jugar!

Cuando marque la entrada de un índice, Word cambia al modo de Show Codes, en el que caracteres tales como espacios, marcas de párrafo y tabulaciones aparecen en su documento. No deje que esto lo perturbe. El paso 8 le dice cómo desactivar esta opción.

También puede ver que el código Index (Índice) aparece en el documento, rodeado de algunos paréntesis.

6. **Continúe desplazándose por su documento, busque cosas para acomodar en el índice.**

   El cuadro de diálogo Mark Index Entry (Marcar entrada de índice) queda abierto para continuar creando su índice. Solo seleccione el documento y haga clic en el cuadro de diálogo Mark Index Entry. El texto seleccionado aparece en el cuadro de la entrada principal. Haga clic en el botón Mark o Mark All para continuar construyendo el índice.

7. **Haga clic en el botón Close cuando haya terminado.**

   El cuadro de diálogo Mark Index Entry se marcha.

8. **Pulse Ctrl+Shift+8 para deshabilitar el modo Show Codes (Mostrar códigos).**

   Use la tecla 8 del teclado regular, no la del teclado numérico de la derecha.

Con todos los trozos y pedazos de texto etiquetados para el índice, el siguiente paso es crear este:

1. **Coloque el cursor del palillo de dientes donde desee que el índice aparezca.**

2. **Seleccione Insert➪Reference➪Index and Tables.**

3. **Haga clic en la pestaña Index.**

   La Figura 22-4 le muestra como se ve.

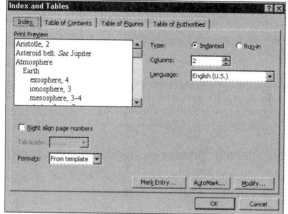

4. Opcionalmente, métase con ese cuadro de diálogo.

Puede seleccionar un estilo de índice de la lista descendente Formats. Use la ventana de la vista preliminar de impresión para ver cómo afecta su elección al producto final.

La lista Columns le dice a Word cuántas columnas deben componer el índice. Note que dos columnas son lo establecido, aunque no hay una razón específica para que sea así.

5. Haga clic en OK.

El índice se inserta en su documento, en su propia sección (refiérase al Capítulo 15 para más información sobre secciones).

✔ Ciertos estudios elaborados por personas que usan gabachas blancas, muestran que más lectores se refieren a los índices que a las tablas de contenidos. Por ello, asegúrese de que su índice sea bueno y minucioso.

✔Apuesto a que no sabía esto: es común que el autor de un libro pague por la elaboración del índice de sus libros. La razón es antigua: cuando el mundo era joven, los autores, generalmente, elaboraban el índice de sus textos. Eventualmente, los editores empezaron a ofrecer servicios de elaboración de índices, lo cual a menudo, probaba ser más exacto y tomaba menos tiempo, pero les cobraban a los autores por el servicio. Hoy es considerado algo común que los autores paguen por la elaboración del índice de sus propios libros; generalmente, la cuestión no es negociable (solo me gustaría recibir unos diez dólares por cada error que cometen).

Usar Notas al Pie o Notas Finales (o Ambas)

¿Acaso necesito explicarle qué es una nota al pie y qué es una nota final? Probablemente, no. La mayoría de personas cuyos documentos requieren de estas cosas saben qué es una nota al pie y qué es una nota final. Así que esta vez, no hace falta ninguna anécdota[1]. Este es el paso a paso:

1. **Ubique el cursor del palillo de dientes en el sitio de su documento al que le quiera hacer referencia con la nota al pie o la nota final.**

2. **Seleccione el comando Insert⇨Reference⇨Footnote.**

   Seleccionar el comando Footnote despliega el cuadro de diálogo Footnote and Endnote. Es un poco aburrido, así que no pondré su retrato en este libro.

3a.**Seleccione Footnote si está creando una nota al pie.**

3b.**Seleccione Endnote si está creando una nota final.**

4. **Haga clic en OK.**

   Si usa la vista Normal, una "ventana" nueva aparece mágicamente en la parte inferior de su página.

   Si usa la vista Print Layout, el cursor del palillo de dientes se mueve a la parte inferior de la página, bajo una línea gris, lista para que usted...

5. **Digite una nota al pie o una nota final.**

   Puede colocar dentro de una nota al pie todo lo que se pueda poner en un documento –gráficos, ilustraciones, fotos y hasta textos.

6. **Ha terminado de digitar su texto.**

   En la vista normal, haga clic en el botón Close.

   En la vista Print Layout, puede usar el comando Shift+F5 para volver a su texto, aunque eso no siempre funciona. En su lugar, solo haga clic en el mouse en el cuerpo principal de su texto.

Estas son algunas notas (que no son notas al pie) sobre las notas al pie:

✔ Para ver o editar notas al pie en la vista Normal, seleccione View⇨Footnotes (en la vista Print Layout, las notas al pie aparecen en la parte inferior de cada "página" en pantalla).

---

[1] Word no tiene comandos para anécdotas.

✔ Para editar rápidamente una nota al pie en la vista Normal, haga doble clic en el número de la nota al pie de la página. El área para editar el texto de la nota al pie aparece.

✔ Para eliminar una nota al pie, destaque el número de la nota al pie en su documento y pulse la tecla Delete. Word, mágicamente, le pone un número actualizado a las notas al pie restantes.

✔ Realmente, puede insertar gráficos en una nota al pie, tal como puede insertarlos en un encabezado o un pie de página. ¡Piense en lo avergonzados que se sentirán esos académicos, al observar con celos esas notas al pie gráficas y maravillosamente creativas! Los Capítulos 23 y 24 cubren gráficos y cosas en su texto.

Capítulo 23

Las Imágenes

*E*l Cocinero Loco de Word continúa (imagine esto con acento francés, que, sencillamente, yo no sé cómo lo podría expresar aquí, por escrito): "Luego, a las palabras les agregamos un poquito de formato (y algo de vino) y, luego, le ponemos unos cuantos bordes, un poco de sombreado (y más vino) y algunas tablas y algunas columnas por acá; y, finalmente, ¡las imágenes pièce de résistance! ¡Voilà!"

Es cierto, Word le permite pegar imágenes o figuras justo en su documento lleno de palabras. No puede editar las imágenes (es decir, Buscar y Reemplazar en una imagen es un poco tonto), pero puede moverlas un poco, permitiendo que su texto fluya alrededor de la imagen como un sirope de chocolate sobre un helado. Y nada levanta su documento del sirope de chocolate -quiero decir, las imágenes.

✔ Agregar fotos a un documento no es difícil, la clave es hacer que las imágenes ya estén presentes en el disco duro de su computadora. Luego, el truco es llevar las imágenes hasta Word.

✔ Word también le permite insertar otros objetos gráficos en su texto. Refiérase al Capítulo 24 para más información.

✔Cuantas más imágenes le agregue a Word, más complejo se vuelve manejar el documento. Mi consejo: agregue los gráficos al final.

✔ Agregue vino mientras está en eso.

✔Hice esta advertencia antes, pero en vista de que pocas personas leen estas cosas de cubierta a cubierta, la diré otra vez: Word es un procesador de texto. Seguramente, le deja introducir ilustraciones y todo tipo de trastos viejos en su documento. Pero si realmente quiere poder y control sobre las imágenes y el texto, necesita un programa verdadero de edición gráfica.

"¿Dónde Puedo Encontrar Imágenes?"

Puede añadir una imagen a un documento de Word de diferentes formas:

✔ Copie la imagen de un programa de gráficos (o de una página Web) y, luego, pegue la imagen en su documento, donde acierte a estar el cursor del palillo de dientes.

✔ Inserte una imagen prediseñada.

✔ Inserte cualquier archivo de imagen de su unidad de disco duro.

✔ Inserte la imagen de un escáner o una videocámara.

✔ Cree la imagen usando uno de los mini programas de Word.

✔ Pegue con cinta adhesiva una imagen en su monitor.

He usado básicamente todos estos métodos para poner imágenes en mis documentos. Aun así, no puedo recomendar el último método. Claro, funciona muy bien, siempre y cuando no desplace su pantalla y su impresora tenga ESP. Pero hay mejores formas.

✔ Para capturar una imagen de la Web, haga clic derecho en la imagen y seleccione Save Picture As (Guardar imagen como) del menú de aparición automática. Después de que guarde la imagen en su unidad de disco duro, la puede introducir en cualquier documento de Word.

✔ Windows viene con un programa simple de ilustraciones, que se llama MS Paint. Puede usar MS Paint para crear imágenes interesantes, aunque primitivas, para usarlas en Word.

✔ Word (o Microsoft Office) viene con una cantidad de imágenes prediseñadas que puede usar. Quizás debe instalar las imágenes prediseñadas en algún momento al trabajar en este capítulo; conserve el CD de Word (o de Office) al alcance, en caso que la computadora ruegue por él.

¡Y Aquí Está la Imagen!

Para colocar una imagen gráfica en su documento, siga estos pasos caprichosos:

1. **Cambie a la vista Print Layout.**

   Si no está en la vista Print Layout, cambie ahora: seleccione View⇨Print Layout, desde el menú (si no hace esto ahora, Word lo hará cuando inserte una imagen).

2. **Ubique el cursor del palillo de dientes en el punto donde desea que aparezca la imagen.**

   Si ya hay texto allí, entonces ignore la petición de dejar espacio.

   Colocar una imagen en un documento de Word es como pegar en una carta de texto, con la excepción de que la imagen actúa como una carta *muy grande*.

3. **Seleccione Insert⇨Picture.**

   Seleccionar el comando Picture despliega un submenú lleno de comandos usados para introducir imágenes en un documento, como se muestra en la Figura 23-1.

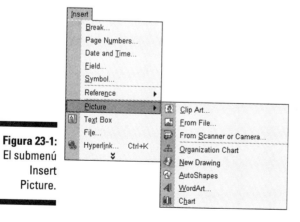

Figura 23-1:
El submenú
Insert
Picture.

Los pasos que siga a continuación dependen de cuál comando seleccione del submenú. Los siguientes capítulos detallan los dos comandos máximos, Clip Art y From File .

🖝 El ítem From Scanner or Camera le permite capturar una imagen de un escáner o una cámara digital, siempre y cuando uno de esos dispositivos o ambos ya hayan sido configurados para usar en su computadora. Yo no recomiendo esta opción, porque Word no es un buen editor de fotos. En cambio, use su software de edición de fotos para capturar la imagen, editarla y, luego, guardarla en el disco. Luego puede usar el comando de menú From File para insertar esa imagen.

🖝 No tiene que usar el menú Insert⇨Picture si copia y pega una imagen. Para hacer eso, cree la imagen en otra aplicación de Windows, selecciónela para copiarla y, luego, regrese a Word y la pega.

🖝 No puede utilizar la tecla backspace sobre una imagen. Para deshacerse de ella si lo desea, haga clic en la imagen una vez y pulse Delete.

Insertar una imagen prediseñada

Aquí está una de esas funciones que trabajaba bien en Word, pero con la venida de cada versión nueva ha ido empeorando más y más su desempeño. Había una vez que Word venía con una librería de arte completa, con imágenes que se podían usar prácticamente en cualquier documento. En su presente encarnación, la galería de arte que viene con Word es, de algún modo, pequeña. En su lugar, Microsoft desea que usted visite su sitio Web para conseguir imágenes prediseñadas. Eso solo complica las cosas.

Si llega a seleccionar el comando Insert⇨Picture⇨Clip Art, se encontrará conectado a la Internet, y eventualmente, terminará en la galería de multimedia de Microsoft, como se muestra en la Figura 23-2. ¡Yupi yuju! Pueden jurar que me divertí mucho allí.

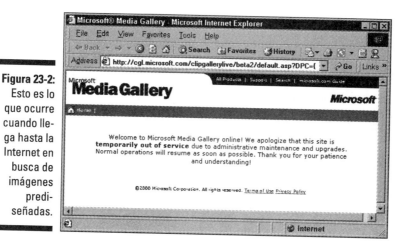

Figura 23-2:
Esto es lo que ocurre cuando llega hasta la Internet en busca de imágenes prediseñadas.

En vez de buscar en la Internet, yo recomiendo comprar un buen paquete de imágenes. El Corel Mega Gallery tiene un precio justo e incluye muchísimas, muchísimas imágenes (además de fuentes, videos y otras cosas). Ese paquete incluye un libro que enumera las imágenes, para no tener problemas nunca al buscar una. Entonces, podrá usar el comando Insert⇨Picture⇨From File y siempre estará en capacidad de encontrar imágenes prediseñadas en los discos de CD-ROM de Mega Gallery.

✔ Si decide trabajar con el comando Insert⇨Picture⇨Clip Art, aparece un panel de tareas especial para insertar las imágenes prediseñadas. El vínculo de la galería de multimedia se puede usar para examinar imágenes que se instalaron cuando usted instaló Word. No hay nada que merezca una celebración, en todo caso. Asegúrese de cerrar el panel de tareas cuando haya terminado.

✔ Desafortunadamente, nunca alcancé a conectarme a la Galería de multimedia de Microsoft, por ello estoy siendo comprensiblemente duro con ella. Todavía considero que nada compite con tener una buena colección de imágenes prediseñadas en CD-ROM.

✔ Además de usar azúcar moreno, considere usar una buena cantidad de ron en la receta.

Insertar una imagen desde un archivo almacenado en un disco

Continúe desde la sección "¡Y Aquí Está la Imagen!", anteriormente en este capítulo (donde encontrará los pasos del 1 al 3):

4. Seleccione From File (Desde el archivo) en el submenú.

El cuadro de diálogo Insert Picture aparece (refiérase a la Figura 23-3), el cual se ve como el cuadro de diálogo Open de Word, pero está configurado para cazar las imágenes que haya en su unidad de disco duro.

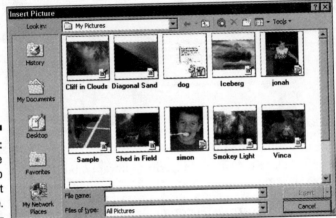

Figura 23-3:
El cuadro de
diálogo
Insert
Picture.

5. Use el cuadro de diálogo para buscar los archivos.

El cuadro de diálogo Insert Picture empieza buscando en la carpeta My Pictures, que puede contener imágenes, pero no necesariamente; talvez deba buscar en otros lugares.

6. Seleccione el archivo de gráficos que desee insertar.

Haga clic en el archivo una vez, para seleccionarlo.

7. Haga clic en Insert.

La imagen es insertada en su documento; justo en la posición del cursor del palillo de dientes.

La imagen, muy probablemente, necesitará algo de arreglos y retoques. Este tema se comenta en la siguiente sección.

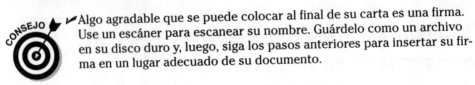

✔ Algo agradable que se puede colocar al final de su carta es una firma. Use un escáner para escanear su nombre. Guárdelo como un archivo en su disco duro y, luego, siga los pasos anteriores para insertar su firma en un lugar adecuado de su documento.

✔ Word puede tragarse prácticamente cualquier formato de archivo de gráficos conocido por el hombre (o por a mujer, según sea el caso). El formato TIFF es el que funciona mejor. Las imágenes en formato GIF y JPEG trabajan bien en la Internet, pero no se reproducen bien cuando se imprimen. Especialmente, si está trabajando en un documento de tipo profesional, considere la idea de insertar imágenes en el formato de archivo TIFF.

La Figura 23-3 muestra la vista de *miniatura* disponible en Windows Me y Windows 2000. Si tiene una versión más vieja de Windows, haga clic en el botón Preview para observar una vista preliminar de la imagen.

Si detesta la imagen, la puede eliminar. Haga clic en la imagen una vez para seleccionarla y luego pulse la tecla Delete.

Ajustar Imágenes

A menos que usted sea un profesional gráfico (en cuyo caso, probablemente, compró el libro equivocado), necesita ajustar prácticamente cada imagen que pegue en su documento. Y, oiga niño, Word hace varias cosas frustrantes con las imágenes. Afortunadamente, siempre hay alguna forma escondida de arreglar las cosas.

Siempre es más conveniente trabajar con imágenes en la vista de Print Layout. Seleccione View➪Print Layout, desde el menú.

También ayuda tener visible la barra de herramientas Picture cuando ajusta una imagen gráfica. Seleccione View➪Toolbars➪Picture, desde el menú (refiérase a la Figura 23-4) Las siguientes secciones asumen que esta barra de herramientas está visible.

Figura 23-4:
La barra de herramientas Picture.

Cuando hace clic en una imagen para seleccionarla, en esta aparecen ocho "controladores de tamaño", uno para cada lado y cada esquina.

Estos controladores de tamaño se usan para manipular imágenes, como se muestra en las siguientes secciones.

Después de que haya terminado de afinar su gráfico, simplemente haga clic con el mouse sobre algún texto. Este truco cancela la selección de la imagen y lo regresa al modo de edición de texto (además, puede cerrar la barra de herramientas Picture haciendo clic sobre su botón X).

Mover una imagen de aquí para allá

Para mover una imagen por la página, arrástrela usando su mouse. Arrastre el centro de la imagen.

✔Recuerde que Word trata a los gráficos como si fueran letras muy grandes. El gráfico seleccionado encaja en todos los sitios en que cualquier otro carácter de su documento lo haría.

✔ Si más bien desea que la imagen "flote" sobre su texto, refiérase a la sección "Hacer que las imágenes floten y que el texto se ajuste", más adelante en este capítulo.

Si necesita una imagen centrada, coloque la imagen en una línea independiente (un párrafo) y luego centre la línea.

Cambiar el tamaño de una imagen

Para ajustar el tamaño de una imagen, simplemente selecciónela y sujete uno de sus ocho "controladores de tamaño". Arrastre el controlador de tamaño para ajustar el tamaño de la imagen. La Figura 23-5 muestra una imagen mientras se agranda.

Figura 23-5:
Aumentar
una imagen.

✔ Desplace el controlador de tamaño de arriba para hacer que la imagen sea más alta o más chica.

✔ Sujete un controlador lateral para hacer que la imagen se haga más estrecha o más gruesa.

✔ Los controladores de tamaño de las esquinas se mueven en dos direcciones (diagonalmente) a la vez, que es la manera de cambiarle el tamaño a la imagen sin distorsionarla.

Recortar una imagen

En la jerga gráfica, se le llama *cropping* a la acción de cortar una imagen y cambiarle su tamaño sin hacer que esta se haga más grande o más pequeña. La abuela hace esto todo el tiempo cuando toma fotos familiares; ella le corta la cabeza a todos. Es como usar un par de tijeras para cortar el sobrante de una imagen. La Figura 23-6 le muestra un ejemplo.

Figura 23-6:
Cambiar el
tamaño de
una imagen.

 Para recortar, haga clic en la imagen una vez para seleccionarla y, luego, haga clic en la herramienta Crop, en la barra de herramientas Picture. Ahora está en el modo de recortar, que es muy parecido a ajustar tamaños. Arrastre uno de los controladores de tamaño de la imagen hacia el interior para recortarla.

CONSEJO

Generalmente, uso los controladores de tamaño exteriores (izquierdo, derecho, superior e inferior) para recortar. Los controladores de las esquinas nunca recortan de la forma en que realmente quiero.

Después de que haya terminado de recortar, haga clic en la herramienta Crop otra vez para desactivar ese modo.

Si no le gusta el recorte, haga clic en el botón Reset Picture para deshacerlo.

Hacer que las imágenes floten y que el texto se ajuste

El botón Text Wrapping, de la barra de herramientas Picture, controla cómo se acopla su imagen con el texto de su documento. En realidad, tiene varias opciones, desde seleccionar la inserción de la imagen en su texto como un carácter grande, hasta hacer que una imagen fantasmal flote detrás de su texto.

Para establecer las opciones de ajustar texto y de hacer flotar imágenes, haga clic en la imagen una vez para seleccionarla y, luego, haga clic en el botón Text Wrapping, de la barra de herramientas Picture. Aparece un menú desplegable con varias opciones para ajustar el texto, como se muestra en la Figura 23-7

Figura 23-7:
El menú del botón Text Wrapping.

In Line With Text
Square
Tight
Behind Text
In Front of Text
Top and Bottom
Through
Edit Wrap Points

¡Dios!, no tengo campo para escribir sobre todas esas opciones, aunque es interesante jugar con ellas para ver cómo funcionan. Aquí están mis recomendaciones generales sobre las opciones de ajuste:

✔ La opción In Line With Text (En línea con el texto) es la forma normal en que el texto "se ajusta" alrededor de una imagen, lo cual significa que no hay ajuste. La imagen es tratada como un carácter gigante en línea con el texto restante de su documento.

Los modos Behind Text (Detrás del texto) e In Front of Text (Delante del texto) hacen que la imagen flote, ya sea detrás o delante de su texto. Detrás del texto, la imagen aparece como parte del "papel", el texto aparece impreso sobre él. Delante del texto, la imagen flota encima del texto, como una foto que ha caído en el papel. De cualquier modo, la imagen puede ser movida libremente a cualquier parte de la página; solamente arrástrela con el mouse.

✔ El ítem Tight (Estrecho) ajusta el texto estrechamente alrededor de su imagen, lo cual es lo más cercano que esta opción llega a los programas verdaderos de publicación.

✔ El ítem Edit Wrap Points (Modificar puntos de ajuste) trabaja parecido al ítem Tight. Sin embargo, la imagen aparece en el documento con decenas de controladores de tamaños diminutos sobre ella. En un dramático esfuerzo por desaprovechar tiempo serio, usted puede arrastrar cada controlador de tamaño para determinar la forma en que el texto se ajusta alrededor de su imagen. ¿Yo? Yo, simplemente, selecciono la opción Tight y dejo que Word haga el trabajo.

✔ Las otras opciones ajustan el texto alrededor de la imagen de formas y métodos diversos, como se muestra en el menú. En estos modos, la imagen puede desplazarse libremente por el documento.

Mi consejo: *¡Intente todos los métodos!* En serio, recorra el menú y vea cómo cada opción afecta su imagen (quizás necesite mover la imagen alrededor de su texto un poco para ver cómo cambian las cosas). Una de las opciones, seguramente, conseguirá hacer que sus texto y su imagen aparezca de la manera que usted lo desea.

Cuando todo esté perfecto (o lo más cercano posible a eso) haga clic con el mouse sobre el texto que desea seguir editando (quizás necesite volver a la imagen después si edita su texto en demasía, pero, otra vez, recuerde que yo le recomendé al inicio de este capítulo que agregara sus imágenes hasta el final).

Colocar imágenes detrás o delante de otras

Las imágenes gráficas de su documento viven en diversas capas (o "layers"). No se tome la molestia de buscar las capas. No se tome la molestia de descascarar la

El estúpido comando de títulos

Hay una forma particular "de Word" para añadir un título a una figura, una forma que estoy renuente a mencionar aquí porque, vaya, es extraña y fea: Haga clic para seleccionar el gráfico y luego elija Insert⇨Reference⇨Caption. Este comando muestra el cuadro de diálogo Caption, donde uno pensaría que puede digitar el título, pero no es así. No, para digitarle el título, debe hacer clic en el botón New Label (Nuevo rótulo). Luego, digite el título y haga clic en OK.

pantalla. Las capas solo aparecen cuando pone más de una imagen en una sola página y cuando ha configurado las opciones de ajuste de cada imagen en una opción que no sea la de en línea con el texto (de modo que las imágenes se puedan mover libremente a lo largo de la página). Cuando eso ocurre, es posible que note que aparece una imagen por encima de la otra. Eso es porque cada imagen esta en su propia capa.

Para enviar una imagen adelante o atrás de otra, haga clic derecho en la imagen y seleccione el ítem Order, en el menú de acceso directo. El comando despliega un submenú que enumera varias opciones para cambiar la forma en que aparece la imagen, como se muestra en la Figura 23-8.

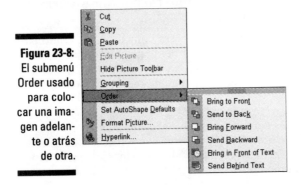

Figura 23-8:
El submenú Order usado para colocar una imagen adelante o atrás de otra.

Seleccione un ítem, desde el menú, para mover la imagen seleccionada adelante, atrás, hasta la parte anterior o posterior. Por supuesto, esto significa que tiene más de una imagen en la página, lo cual tiende más al procesamiento de imágenes que al de texto.

Un Título para su Imagen

Poner un título en una figura es fácil - siempre y cuando ignore el comando de títulos de Word e introduzca la imagen gráfica en una tabla.

Lo que hace Word después es colocar un *cuadro de texto flotante* debajo de la imagen. Dentro del cuadro de texto flotante se halla un código de campo especial que contiene la información del título. Feo. Feo. Feo (por esto, yo recomiendo otro método en la sección vecina "Un Título para Su Figura"). Refiérase al Capítulo 18 para más información sobre códigos de campo. Los cuadros de texto flotantes son explicados en el Capítulo 31. Empiece por crear una tabla. Dibuje la tabla en el lugar donde desee que se ubiquen la imagen y su título (refiérase al Capítulo 20 para información sobre dibujar tablas).

Haga que la tabla tenga solo dos filas, como se muestra en la Figura 23-9. También, puede seleccionar No Border (Sin borde) como el estilo de línea -a menos que desee un borde alrededor de la figura y el título.

Figura 23-9:
Una imagen pegada en una tabla, con el título en la segunda fila.

Get a real operating system.

Inserte (o pegue) la figura en la celda superior. Luego, digite el título en la celda de abajo. Cámbiele el tamaño a la tabla (o a la imagen) de modo que todo calce correctamente.

Seleccione la celda inferior y formatéela adecuadamente. Texto pequeño, en negrita, centrado (o justificado a la izquierda) y todo lo demás que usted considere que se vería bien en su título.

Capítulo 24

Insertar Objetos

. . . .

En este capítulo

▶ Insertar un documento

▶ Usar Autoformas

▶ Jugar con WordArt

▶ Dibujar imágenes en Word

▶ Insertar un pedacito de Excel en Word

. . . .

Las personas de Microsoft, realmente, se han acercado a los límites de lo que un procesador de texto se supone debe hacer. Ellos empujaron los límites de la edición gráfica y, ahora, se adentran en el reino de lo oscuro. ¿Quiero decir, un procesador de texto que tenga un modo de dibujo en él –mucho menos, un modo de dibujo que es mejor que un *programa* de dibujo que usé talvez hace unos ocho años? Imagínelo.

Sin importar lo que uno piense, Word puede hacer muchísimas cosas. Algunas caen dentro de la categoría de "insertar objetos", ya que la mayoría de las cosas que se pueden insertar en un documento (que no sean documentos mismos) son imágenes gráficas. Además, los comandos tienden a estar en el menú de Insert. Como sea. Todo queda cubierto aquí –o, al menos, las partes más interesantes.

Insertar un Documento Dentro de Otro

Acomodar un documento en el regazo de otro no es algo raro, obtuso ni innecesario. Tampoco involucra cirugía alguna. Por ejemplo, quizás desee tener su biografía o su currículum vitae en un archivo almacenado en su computadora y desea agregar esa información al final de una carta de solicitud de empleo. En ese caso, o en alguna otra circunstancia que yo en este momento no imagino, siga estos pasos:

1. **Coloque el cursor del palillo de dientes donde desee que aparezca el texto del otro documento.**

   El texto se insertará igual que si lo hubiera digitado usted mismo con sus pequeños e inquietos dedos.

2. **Seleccione Insert➪File.**

   Quizás necesite hacer clic en las flechas de "mostrar más", en la parte inferior del menú para ver el comando File.

   Aparece un cuadro de diálogo semejante a Open (refiérase al Capítulo 8).

3. **Seleccione el icono que representa el documento que desea pegar.**

   También puede usar los trucos y los atajos del cuadro de diálogo para localizar un archivo en otra carpeta o en otra unidad de disco, incluso, en la computadora de otra persona, a través de una red. ¡Qué poder!

4. **Haga clic en el botón Insert.**

   El documento se inserta justo donde está el cursor del palillo de dientes.

✔ El documento resultante todavía tiene el nombre del primer documento.

✔ Puede recuperar de este modo cualquier número de documentos del disco duro a su documento actual, de uno en uno. No existe límite.

✔ Estos pasos le permiten sujetar un bloque de texto guardado en un documento y pegarlo en otro. Este proceso a menudo es llamado *baño de caldera,* en el cual un fragmento de texto es lanzado sobre varios documentos. Este proceso también es el que se usa para escribir la mayoría de novelas rosas actuales.

✔ Biografía. Resumé. Currículum vitae. Cuanto más importante se considere, más extranjero debe ser el idioma en que cuente lo que sabe hacer.

Más Cosas Divertidas que se Pueden Insertar

Word viene con un elenco de programitas que le permiten insertar objetos raros y divertidos en sus documentos, condimentando lo que de otro modo sería un texto aburrido. Las secciones siguientes le proporcionan apenas una probadita de los programitas más populares. Lo animo para que juegue usted mismo con esos programitas y que viva la experiencia directa.

Arrojar cosas con Autoformas

Las Autoformas son imágenes sencillas que pueden ser muy útiles al trabajar en su documento. Se trata de estrellas, lunas, diamantes, tréboles y otras cosillas que cualquiera puede utilizar porque Word las "dibuja" automáticamente por uno. En la Figura 24-1, la imagen de la Autoforma es la burbuja de diálogo decómic. El texto también fue colocado dentro de la imagen de la Autoforma.

Para insertar una forma útil o al azar, seleccione Insert⇨Picture⇨ AutoShapes. La barra de herramientas de Autoformas aparece, como se muestra en la Figura 24-1 (también, será llevado a la vista del Diseño de impresión, si no está ya allí).

Figura 24-1:
Un cuadro de texto de Autoformas con la barra de herramientas AutoShape (Autoformas) y el retrato del autor.

A word processor!
A word processor!
My first folio for a
word processor!

Cada botón de la barra de herramientas de Autoformas representa un menú descendente de formas. Seleccione una. El cursor del mouse se vuelve un signo de más. Ahora, "dibuje" la forma en su documento arrastrando el mouse. Esta técnica crea la forma en una cierta posición y de cierto tamaño, aunque usted puede cambiar el tamaño de la forma más adelante si lo desea.

✔ Para mover una Autoforma, apunte con el mouse a la imagen hasta que el cursor del mouse cambie a una cosa con forma de flecha de cuatro direcciones. Luego, arrastre la imagen a otro punto de la página.

✔ A la Autoforma se le puede cambiar el tamaño arrastrando uno de los dispositivos deslizantes que aparecen en las esquinas y los lados.

✔ El dispositivo deslizante de color verde que se halla en la parte de arriba de la imagen se usa para darle vuelta a la imagen.

✔ Algunas imágenes de Autoformas se usan como cuadros, en ellos se puede digitar (y formatear) textos. La Figura 24-1 le muestra ese tipo de cuadros de texto.

✔ Algunas imágenes de Autoformas tienen dispositivos deslizantes amarillos. Típicamente, su función es controlar algunos aspectos especiales de la forma, como la burbuja de diálogo que apunta hacia la boca de Shakespeare, en la Figura 24-1 ó algunos otros detalles interesantes.

✔ Refiérase al Capítulo 23 para más información sobre lo que puede hacer con las imágenes gráficas (las imágenes de Autoformas funcionan exactamente igual que los otros gráficos de su documento).

Me Encanta ese WordArt

De todas las cosas de Word, creo que WordArt es la más bella, la más divertida y la que hace perder más tiempo. Cuando un usuario de Word descubre WordArt, se arma un buen alboroto.

Para poner WordArt en su documento, seleccione Insert⇨Picture⇨WordArt. El cuadro de diálogo WordArt Gallery aparecey muestra los colores y las variedades de WordArt que puede crear; se semeja mucho a una vitrina donde aparece una serie de cosméticos (refiérase a la Figura 24-2).

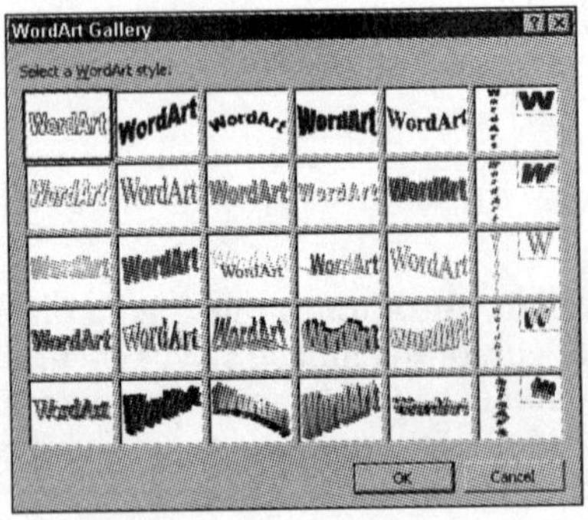

Figura 24-2:
El cuadro de
diálogo
WordArt
Gallery.

Seleccione de la galería el estilo de su WordArt; luego, haga clic en OK.

En el cuadro de diálogo Edit WordArt Text, digite el texto (breve y dulce) que quiere WordArtificar. Seleccione una fuente, un tamaño y, talvez, negrita y cursiva –usted sabrá hasta dónde quiere llegar. Haga clic en OK cuando haya terminado y el textito aparece como una imagen en el documento.

✔ Para editar WordArt, haga clic en él una vez. Ello abre la barra de herramientas de WordArt, que se puede usar para entrometerse más con la imagen.

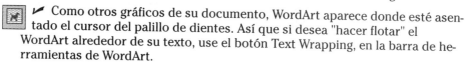 ✔ Como otros gráficos de su documento, WordArt aparece donde esté asentado el cursor del palillo de dientes. Así que si desea "hacer flotar" el WordArt alrededor de su texto, use el botón Text Wrapping, en la barra de herramientas de WordArt.

✔ Se puede modificar y pellizcar cualquier gráfico de WordArt. Refiérase a la sección del Capítulo 23 sobre modificar imágenes.

 ✔ Haga clic en el botón Edit Text para volver al cuadro de diálogo Edit WordArt Text y, así, cambiar el texto, la fuente, el tamaño y demás elementos de WordArt. Haga clic en OK cuando haya concluido.

 ✔ El botón de WordArt Shape despliega una lista descendente que enumera varios diseños para su texto de WordArt –es una versión más detallada que la que puede encontrar en WordArt Gallery. Solo seleccione una forma y el WordArt es reformateado para calzar en esa forma nueva.

 ✔Refiérase al Capítulo 31 para información sobre crear una letra capital en un documento. Quizás imagine que WordArt podría manejar esta tarea, pero el comando de las letras capitales desempeña mucho mejor su trabajo.

Hacer dibujos en Word (el máximo sacrilegio de los procesadores de palabras)

Si siente la necesidad urgente de interrumpir su trabajo y dibujar algo en su procesador de texto, lo puede hacer. Word goza de un modo especial llamado Drawing (Dibujo) que le permite insertar círculos, líneas, unas flechas y otros tipos de dibujos a su antojo. Insertar trabajos artísticos podría ser el tema de un libro entero, así que no voy exactamente a discutirlo en detalle aquí, pero daré la información mínima que necesita saber.

Para activar el modo de dibujo de Word, haga clic en el mouse sobre el botón Drawing (Dibujo) en la barra de herramientas Standard (también puede seleccionar View➪Toolbars➪Drawing, desde el menú). Esta acción recolecta los diversos componentes de la barra de herramientas del modo Drawing, como se muestra en la Figura 24-3. Note que la barra de herramientas puede aparecer debajo de la barra de estado, en la parte inferior de la ventana de Word.

Figura 24-3:
La barra de herramientas Drawing.

La barra de herramientas Drawing está dividida en diversas áreas. El área del medio contiene herramientas que pueden usarse para dibujar líneas, flechas, cuadrados y círculos. El área derecha contiene controles para los colores, anchos de línea y efectos tridimensionales.

Sí, vaya a jugar un rato. ¿Yo? Yo hago todas mis ilustraciones en otro programa. Pero si está atorado y tiene una ligera picazón gráfica, la barra de herramientas Drawing le puede ayudar a rascarse.

✔ Las herramientas de dibujo son buenas, pero son mejores si se utilizan para ilustraciones simples. Si necesita imágenes complejas o detalladas, mi consejo es conseguir un software de dibujo para su computadora. Para más información, consulte con el muchacho de la tienda de computadoras.

✔ Cuando su dibujo ya está en su documento, se comporta como cualquier otro gráfico. Refiérase al Capítulo 23 para información general sobre manipular gráficos.

✔ La barra de herramientas Drawing puede aparecer automáticamente de cuando en cuando, dependiendo de lo que usted esté haciendo en Word. Desafortunadamente, no se larga automáticamente, lo cual quiere decir que ocupa parte del espacio de la pantalla. Para remover la barra de herramientas Drawing, haga clic en el botón de la X (cerrar) en la esquina superior derecha.

Insertar Algo de Excel

Otra cosa que se puede insertar en su documento es un pedazo de otro documento creado en otro programa. Esto es parte de lo que se ha llamado Object Linking and Embedding u OLE. Honestamente, yo no creo que nadie utilice esto porque es complejo y tiende a retardar las cosas. En cualquier evento, déjeme decirle el secreto:

Use el comando Edit⇨Paste Special (Pegado espacial). Este comando despliega un conjunto de opciones para insertar cosas, como hojas de cálculo enteras de Excel en Word. Solamente seleccione lo que desea insertar y Word hace el resto del trabajo. O Excel. O Windows. Sinceramente, no estoy seguro porque jamás he necesitado hacer esto. Solo escribo sobre esto como cualquier otro autor de libros de informática que asume que la gente, verdaderamente, clama por esta función.

- ✔ La mejor manera de pegar información de un documento a otro es pegarla. Por ejemplo, si copia algo de Excel y lo pega en Word, típicamente, se crea una tabla en Word que contiene la información de la hoja de cálculo.

- ✔ Algunas de las opciones de Pegado espacial le permiten crear otro tipo de documento en Word. Esto es una verdadera locura.

- ✔ Puede seleccionar la opción Paste link (Pegar vínculo) en el cuadro de diálogo Paste Special para mantener una copia actualizada del original en su documento de Word. De ese modo, cuando el documento de Excel cambia, los cambios, automáticamente se actualizan la próxima vez que abra el documento vinculado al documento de Word. Yo intenté esto una vez y, aunque sí funcionó, probó ser más problemático de lo que valía la pena. Chispas.

Parte IV
La Tierra de lo Curioso y lo Extraño

"AQUÍ DICE: 'NOS GUSTARÍA HABLAR CON USTED ACERCA DE SU IDEA DE COLOCAR TEXTO ALREDEDOR DEL LOGO DE LA COMPAÑÍA'".

En esta parte . . .

Entonces...¿Cuánto pagaría por este procesador de palabras? ¡Pero espere! Que todavía hay más. . .

La lista de cosas sorprendentes que Word puede hacer no cabe en un solo libro. Es decir, ¿diseñar?, ¿adjuntar al correo electrónico?, ¿colaborar con otros? ¡Oigan! ¡Esto es un procesador de texto! Hum... me estoy desviando otra vez.

Y, ahora, finalmente, unos 30 años después de que *Star Trek* nos mostró que se podría llegar a hablarle a una computadora, Word le permite dictar sus pensamientos, digitándolos automáticamente en la pantalla por usted. "Querida Gloria. Tú me mueves. No puedo contener estas enormes –no. Espere. Regresar. Eliminar. Eliminar. Eliminar. Tremendas. Tres-mentas. Regresar. Eliminar. Eliminar. Eliminar".

Si no tiene un nombre ni un lugar correcto en los cuales se puedan almacenar estas cosas, le presento a la Parte IV: "La Tierra de lo Curioso y lo Extraño". En los capítulos que siguen, encontrará una obtusa colección de cosas insólitas y estrafalarias. Cosas útiles y maravillosas, eclécticas y portátiles. Y todas ellas han sido mezcladas con Word a nivel subatómico, así que está ineludiblemente comprometido con ellas si las usa o no.

Capítulo 25

¡Escúchame, Idiota!

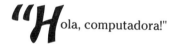

ola, computadora!"

Vaya, todos nos hemos reído cuando esos viajeros del tiempo-espacio que aparecen en las películas visitan la tierra. Es comiquísimo cuando se sientan enfrente de una computadora y le empiezan a hablar. ¡Ja!

Las computadoras no tienen oídos, pero usted les puede hablar, siempre y cuando esté equipada con software especial de reconocimiento de voz. Pregúntele a alguien que lo haya utilizado y le dirá que sí funciona. Y aunque algunos escritores prefieren el reconocimiento de voz que digitar, no están enterrando sus teclados en el patio –al menos no aún.

Word posee la notable habilidad de permitir que le dicten. Si usted configura las cosas de ese modo, puede hablarle a Word y este copia todo lo que le diga tal como si lo hubiera digitado. Word tiene una buena ortografía, si lo puede imaginar. En el futuro, quizás esta sea la forma en que todo el procesamiento de palabras se lleve a cabo. Por ahora, sin embargo, no es más que una curiosidad. Este capítulo le dice todo acerca de cómo ser curioso con el reconocimiento de voz de Word.

▶ Este capítulo cubre las herramientas de reconocimiento de voz de Word, no los programas de otras compañías, como Dragon Naturally Speaking.

✔ Yo *no soy* muy aficionado al reconocimiento de voz. Para mí es más frustrante que digitar. Si funcionara como en la ciencia ficción, grandioso, pero no ocurre así. Está advertido.

Instalar el Reconocimiento de Voz

El reconocimiento de voz es el Santo Grial de la ciencia informática. Han estado trabajando en ello por años, con programas que a lo largo del tiempo han evolucionado. Word es el primer procesador de palabras poderoso que ofrece el reconocimiento de voz como una función integrada. ¡Pero no empiece a hablar ahora! Necesita instalar unas cosas primero.

Materiales necesarios

Como con la mayoría de las cosas de las computadoras, para instalar el reconocimiento de voz, necesita software y hardware.

El software que necesita es Word. Es totalmente capaz de la función, pero necesita instalarla primero; el reconocimiento de voz no está instalado a menos que lo active. Así que tenga a mano el CD de Word (o el de Microsoft Office).

En el lado del hardware, su computadora necesita un micrófono. Yo recomiendo uno de esos micrófonos con diadema, que se pueden comprar en casi cualquier tienda de suministros informáticos. De ese modo, puede acomodárselo en la cabeza y hablar sin tener que sostener el micrófono.

No use un micrófono que tenga que sostener con sus manos. Eso registraría mucho "ruido de manos" y terminaría frustrándolo en vez de ayudarlo.

Configurar a Word para que lo escuche

Para que Word agregue su módulo de Speech (Voz), seleccione <u>T</u>ools➪Speec<u>h</u> en el menú (este comando también instala el modulo de Voz en todos los otros programas de Microsoft Office, así que será muy afortunado).

Word puede implorar por su CD-ROM. El CD es necesario para instalar los archivos de voz que no se instalaron originalmente con Word. Siga las instrucciones de la pantalla.

El paso final es... entrenamiento.

Oh, no – entrenamiento!

Sí, el *entrenamiento* es el proceso de enseñarle a Word que entienda su voz. Usted deberá leer textos de ejemplos y Word los escuchará. Cuanto más lo haga, mejor podrá entenderlo Word. Sí, toma algo de tiempo y provoca resequedad bucal así que mantenga a mano un vaso de agua. Pero si desea que el reconocimiento de voz funcione, tiene que entrenar.

> ✔Por favor, use su voz normal cuando entrene a Word. Si usa sus voces de Popeye o del Pato Lucas cuando dicte sus comentarios, quizás no tenga el efecto entretenido que andaba buscando.

✔ Supuestamente, cuanto más entrene a Word, más fácil el programa podrá entenderlo. Supuestamente.

✔ El entrenamiento puede durar una hora, aproximadamente.

✔ Para seguir entrenando a Word, después de la ronda inicial, necesita usar el icono Speech (Voz) del Panel de control. Abra ese icono y, en el cuadro de diálogo Speech Properties/Speech Recognition (Propiedades de voz/Reconocimiento de voz, haga clic en el botón Train Profile (Entrenar perfil) y avance a través del asistente.

✔ Las secciones restantes de este capítulo asumen que el reconocimiento de voz está totalmente instalado y listo para escuchar.

Curso de Dictado

Con el reconocimiento de voz totalmente instalado y listo para viajar, encienda su micrófono y seleccione Tools⇨Speech desde el menú. La barra de herramientas Speech aparece, como se muestra en la Figura 25-1. Esta es su pista básica de que Word está escuchando cada una de sus articulaciones (he descubierto que mi respiración produce la palabra "and" y que cuando me río, Word escribe la palabra "up").

Figura 25-1:
La barra de
herramien-
tas Speech,
con el
micrófono
activado.

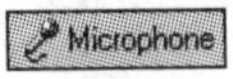

El botón más importante de la barra de herramientas Speech es el botón Microphone (Micrófono). Su función es activar y desactivar el micrófono. Después de todo. Existen momentos en que uno desea solamente sentarse sin decir nada enfrente de su computadora. Cuando el micrófono está apagado, la barra de herramientas se achica, como se muestra en la Figura 25-2.

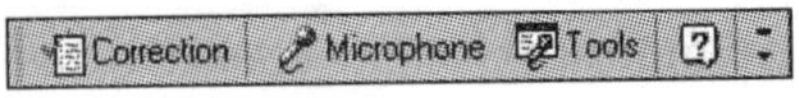

Figura 25-2:
La barra de
herramien-
tas Speech,
con el
micrófono
apagado.

Para volver a encender el micrófono, haga clic en el botón Microphone de nuevo y la barra de herramientas vuelve a su tamaño normal, como se muestra en la Figura 25-1.

También puede minimizar la barra de herramientas. Haga clic en el botón de minimizar (la pequeña barra horizontal) en la esquina superior derecha de la barra de herramientas. Esto reduce la barra de herramientas a un cuadro negro de la bandeja del sistema (en la esquina inferior derecha de su monitor).

Cuando la barra de herramientas se encoge, muestra las letras *EN* (por el idioma inglés –*english*) como se muestra en el margen. Para restaurar esto de nuevo y convertirlo en una barra de herramientas, haga clic derecho en la aburrida cosa EN y seleccione del menú que aparece Show the Language bar (Mostrar la barra de idioma).

Junto al Botón Microphone (Micrófono), más posiblemente usará estos ítemes de la barra de herramientas:

 El botón Correction se usa cuando revisa el texto. Le permite escuchar la palabra que dijo y, opcionalmente, corregir algo.

 El botón Dictation (Dictado) hace que Word lo escuche y digite las palabras que dirá.

 El botón Voice Command (Comando de voz) hace que Word escuche sus órdenes para editar o trabajar generalmente con Word. En este modo, Word está obedeciendo órdenes y no toma ningún dictado.

 La burbuja de diálogo despliega las palabras o comandos que está pronunciando. O, si Word está teniendo problemas para entenderlo, ofrece sugerencia, como `Too soft` (Muy suave) o `What was that?` (¿Qué fue eso?) o `Take the marbles out of your mouth and try again` (Sáquese las canicas de la boca e intente nuevamente).

Los otros botones y opciones de la barra de herramientas hacen otras cosas interesantes con las que puede entretenerse después. La siguiente sección contiene pistas y consejos para usar la característica de dictado.

✔ Puede mover la barra de herramientas Speech haciendo clic en su borde izquierdo con el mouse. Luego, arrástrela a donde desee.

 ✔ La barra de herramientas Speech se puede minimizar con el micrófono encendido o apagado. Esto es útil si encuentra que la barra de herramientas se entromete mucho en su camino, pero recuerde que al minimizar la barra de herramientas no se apaga el micrófono.

✔ Tengo que admitir que yo la llamo la barra de herramientas Speech, pero que, realmente, es la barra Language (Idioma).

"Era una noche oscura y tormentosa..."

Para empezar a dictarle a Word –sí, llegar a ser un dictador– siga estos pasos:

1. **Haga clic en el botón Microphone en la barra de herramientas Speech.**

   Cuando el botón Microphone está activado, tiene un borde negro alrededor, como se muestra en la Figura 25-1.

2. **Haga clic en el botón Dictation.**

   ¡Ahora está hablando!

3. **Coloque el cursor del palillo de dientes donde desea que aparezcan las nuevas palabras.**

Sí, esto funciona igual que si estuviera digitando. La excepción aquí es que la entrada de información se lleva a cabo a través del micrófono y no por el teclado (incluso entonces, el teclado sigue estando activo y usted puede digitar texto o comandos).

4. **Empiece a parlotear.**

Si ha entrenado a Word para entender su voz, el texto empieza a aparecer en la pantalla.

A medida de que hable, observará un cuadro gris, que significa que Word está pensando lo que usted está diciendo. Eventualmente, el cuadro se llena con texto. La Figura 25-3 le muestra mis esfuerzos iniciales por citar a Byron.

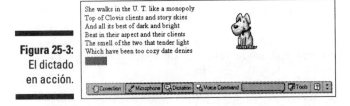

Figura 25-3:
El dictado
en acción.

Sí, probablemente cometerá algunos errores. Y los resultados pueden terminar siendo como mi Byron de la Figura 25-3. ¿Cómo remediarlo? ¡Más entrenamiento!

✔ También puede editar su texto con comandos de voz. Refiérase a la sección "Editar el texto", más adelante en este capítulo.

✔ Si ha entrenado bien a Word, el resultado es maravilloso. Si lo ha hecho de manera pobre, terminará con puras equivocaciones (y frustración).

✔ Para seguir el entrenamiento de Word, haga clic en el botón Tools, en la barra de herramientas Speech y seleccione Training, desde el menú.

✔Recuerde que el dictado funciona mejor cuando se pronuncian oraciones completas. Trate de no decir palabras solas.

✔ Este es el texto del poema que estaba leyendo:

She walks in beauty, like the night

Of cloudless climes and starry skies,

And all that's best of dark and bright

Meets in her aspect and her eyes;

Thus mellow'd to that tender light

Which Heaven to gaudy day denies.

(Camina en su belleza, como la noche

De climas claros y cielos estrellados,

Y todo lo que es bello en lo oscuro y brillante

Se une en su aspecto y en sus ojos;

Así de suave ante esa tenue luz

Que el Cielo niega al día colorido.)

✔ Si lee este poema y Word lo traduce en algo gracioso, siéntase libre de enviármelo por correo electrónico a la dirección `dgookin@wambooli.com`. Yo lo publicaré en esta página Web:

`www.wambooli.com/fun/humor/Byron/`

Puntos, comas, tabulaciones y la tecla Enter

La mayoría de los signos de puntuación y de las teclas especiales se pueden pronunciar. Por ejemplo, puede decir "period" ('punto') para poner un punto al final de una oración. Decir "enter" inicia una línea nueva. La Tabla 25-1 enumera una lista con un montón de signos de puntuación que puede usar para que Word los interprete como signos de puntuación y no como palabras normales.

Tabla 25-1	Puntuación pronunciable
Decir esto	*Le da esto*
Asterisk (Asterisco)	*
At sign (Arroba)	@
Backslash (Barra inclinada hacia atrás)	\

Tabla 25-1 (continuación)

Decir esto	Le da esto
Cent sign (Centavo)	¢
Close paren (Cerrar paréntesis)	)
Comma (Coma)	,
Dash (Raya)	—
Dollar sign (Signo dólar)	$
Enter	Línea nueva (como pulsar la tecla Enter)
Equal sign (Signo de igual)	=
Exclamation point (Signo de exclamación)	!
Greater than (Mayor que)	>
Hyphen (Guión)	-
Less than (Menor que)	<
New line (Línea nueva)	Línea nueva (como pulsar la tecla Enter)
Open paren (Abrir paréntesis)	(
Percent sign (Signo porcentual)	%
Period (Punto)	.
Plus sign (Signo de más)	+
Question mark (Signo de interrogación)	?
Slash (Barra inclinada hacia adelante)	/
Tab	Tabulación (como pulsar la tecla Tab)

Posiblemente existen más palabras secretas que se pueden pronunciar. La mejor manera de descubrir una nueva es tratar de pronunciarla; siga el nombre del símbolo con la palabra "sign" ('signo') para ver si eso ayuda en algo.

Estruendos y divagaciones sobre el reconocimiento de voz (que usted no tiene que leer)

Con todo el poder de la computación y el conocimiento informático que se pueda reunir, algún día los científicos de la informática perfeccionarán el reconocimiento de voz. Ningún entrenamiento será requerido. Usted solamente se sentará y empezará a dictar y la computadora digitará por usted, todo escrito y puntuado correctamente. Así y todo, no importa qué tan bueno llegue a ser el reconocimiento de voz, yo no creo que las computadoras alguna vez pierdan su teclado o su mouse.

En primer lugar, es demasiado fácil editar usando el teclado y el mouse. Puedo hacer volar el cursor del palillo de dientes a la parte superior de la página con un solo comando de teclas más rápidamente de lo que puedo decir "arriba" 20 veces. Los menúes, los cuadros de diálogo, las opciones y la edición han sido diseñados con el mouse y el teclado en mente. Y no importa si su dictado es perfecto y qué tan adecuadamente lo comprende la computadora, la edición siempre estará involucrada.

El segundo punto es que pensar, hablar y escribir son actividades mentales diferentes. Por ejemplo, yo típicamente pienso en algo

para escribirlo, lo masculo varias veces para obtener una buena apreciación y, luego, al final, lo escribo (mientras sigo refunfuñando) con mis dedos. Simplemente, no puedo imaginar hacer todo eso en voz alta. Es un paradigma completamente diferente, así como leer un libro es mentalmente diferente a recitar poesía o cantar.

Finalmente, Word mismo tendría que cambiar si el reconocimiento de voz toma una mayor importancia. Un procesador de texto es un dispositivo de cómputo que requiere entrada de teclado. Esa es la forma en que fue diseñado originalmente y ese es el aspecto de Word que los ingenieros de Microsoft han estado afilando por casi 20 años. Si alguna vez llega a haber "procesador " de "reconocimiento de voz ", debería construirse desde el principio con el reconocimiento de voz en mente. En otras palabras, si continúan empedrando el reconocimiento de voz en Word, tratar de mancomunar estos dos enfoques tendría como resultado algo sumamente desordenado. Esa, probablemente, no sería la mejor forma de llevar el procesamiento de texto al siglo 21.

Mi consejo es tener en una mano el teclado y en la otra el mouse. De ese modo, puede usar el mouse para arreglar las cosas o para seleccionar opciones a medida que habla. Puede usar su mano en el teclado para digitar símbolos en vez de pronunciarlos.

¿En Serio Yo Dije eso?

 Si está revisando su texto y necesita confirmar una palabra pronunciada, coloque el cursor del palillo de dientes en esa palabra y haga clic en el botón Correction (como se muestra en el margen). Word reproduce la palabra que usted dijo, a través de los parlantes de la computadora. Aparece un menú, como se muestra en la Figura 25-4, desde donde puede seleccionar otra palabra o frase para llevar a cabo la corrección.

Figura 25-4:
La opción de Correction (Corrección) permite decirle a Word lo que realmente deseaba decir.

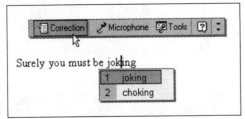

También puede corregir palabras haciendo clic derecho sobre ellas con el mouse. Cuando se hace, aparece una lista de palabras que suenan parecido. Para reemplazar la palabra, seleccione una nueva de la lista.

Emitir Órdenes con la Voz

¡Siéntese! ¡Corra! ¡Suplique! ¡Ruede!

Seriamente, quizás haya notado que Word entiende sus órdenes con la voz mucho mejor de lo que entiende sus intentos de dictar ciencia ficción. También descubrirá, desafortunadamente, que editar con los comandos de voz es muchísimo más lento y frustrante que usar el teclado o el mouse.

 Para entrar en el modo de comandos, asegúrese de que el micrófono está activado y haga clic en el botón Voice Command, como se muestra en el margen. La barra de herramientas Speech introduce el modo de comando, el cual tiene un conjunto limitado de vocabulario dedicado a editar texto.

Editar el texto

Yo no conozco a nadie que edite exclusivamente con comandos de voz. Sencillamente, es muy eficaz usar el teclado y el mouse. Pero si es una persona curiosa, coloque la barra de herramientas Speech en el modo de Voice Command e intente algunos de los comandos básicos de voz.

Para los movimientos básicos del cursor, intente los siguientes comandos:

Diga esto	*Para mover el cursor como lo hace esta tecla*
Up (Arriba)	↑
Down (Abajo)	↓
Left (Izquierda)	←
Right (Derecha)	→
Home (Inicio)	Tecla Home o Inicio
End (Fin)	Tecla End o Fin

Borre el texto usando los comandos de voz "Backspace" o "Delete".

Para seleccionar texto, diga la palabra *select* seguida del texto que desea seleccionar: "select word" ("seleccionar palabra"), "select sentence" ("seleccionar oración"), "select line" ("seleccionar línea") o "select paragraph" ("seleccionar párrafo").

Acceder a menúes y cuadros de diálogo

Vociferar nombres de menúes y comandos es fácil. Empiece cambiando la barra de herramientas al modo Voice Command. Luego, solo diga el nombre del menú y, luego, el ítem. Por ejemplo, diga: "Format, font" ('Formato, fuente') para acceder al comando Format⇨Font. Este comando despliega el cuadro de diálogo Font.

Se debe hacer camino a través de un cuadro de diálogo diciendo el comando o la etiqueta del cuadro. Por ejemplo, en el cuadro de diálogo Font, diga: "bold" ('negrita') para activar la opción de negrita. Para cambiar el tamaño de la fuente, diga "size" ('tamaño') seguido del nuevo valor de tamaño.

Para cerrar el cuadro de diálogo, diga: "Okay" ('Aceptar'). Para cancelar, diga "Cancel" ('cancelar')o "Escape".

Capítulo 26

Trabajar con un Esquema

Sería mejor que el osado muchacho del trapecio volador que hay en el circo hubiera tenido una red. Sin red, puede tener una carrera muy corta. Pero el auditorio perdona a los chicos que se caen. ¡Disfruten el espectáculo, amigos! ¡Ya trajo una red!

Sería mejor que el osado muchacho (o muchacha) del procesador de palabras volador hubiera tenido un esquema. Yo no escribiría un libro sin uno. Claro, para algunas cartitas y otros documentos, no se necesita de un esquema (¿me escucha, Dr. Tremaine?). Pero para cualquier cosa que posea más de dos pensamientos, un esquema es una necesidad. Que leáis este capítulo y quedéis benditos.

El Modo de Esquema de Word

Un esquema en Word es como cualquier otro documento. La única diferencia es la forma en que Word despliega el texto en la pantalla. Yo le daré una pista: el modo de esquema hace uso del estilo de encabezados -lo cual es tremendo porque mucho de Word asume que usted está utilizando el estilo de encabezados.

Para crear un esquema, siga estos pasos:

1. **Empiece un documento nuevo.**

Pulse Ctrl+N o haga clic en el botón New (Nuevo) de la barra de herramientas.

2. Cambie a vista de esquema.

Ah. El secreto. Seleccione View⇨Outline o haga clic en en el botón de vista de esquema, ubicado en la esquina inferior izquierda de la ventana. Refiérase a la Figura 26-1 (aunque esta figura tiene mucho texto que usted no podrá ver en la pantalla en este momento).

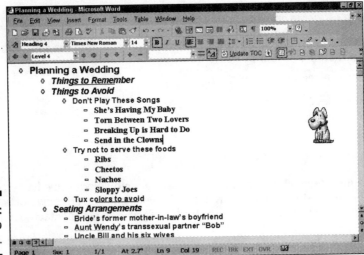

Figura 26-1:
Un típico
esquema.

Ocurren dos hechos sorprendentes: primero usted logra ver la barra de herramientas de esquema, que sustituye a la regla en la pantalla de Word. Esta barra de herramientas le ayuda a trabajar con su esquema y a organizarlo; segundo: aparece un signo de menos antes del cursor del palillo de dientes. Este signo de menos significa que usted está digitando un tema en el esquema y que este no posee ningún subtema.

3. Ya está listo para iniciar su esquema.

Todos los detalles del esquema se cubren en las siguientes secciones. Por ahora, le ofrezco los datos generales:

✔ La función de esquema de Word es simplemente una manera diferente de ver un documento. Es posible, pero realmente innecesario cambiar a las vistas normal o de diseño de impresión cuando usted está trabajando en un esquema.

✔ No se preocupe por las fuentes o el formato mientras esté creando un esquema. Word usa los estilo de encabezado del uno al nueve para su esquema. Eso es bueno.

✔ Todos los comandos típicos de Word funcionan en el modo de esquema. Puede usar las teclas de cursor, borrar texto, revisar la ortografía, guardar, insertar símbolos, imprimir y así, sucesivamente.

Agregar temas a su esquema

Un esquema está compuesto de temas y subtemas. Los temas principales son sus ideas más importantes, y los subtemas describen los detalles. Debería empezar su esquema agregando los temas más importantes. Para hacerlo, sencillamente, digítelos.

En la Figura 26-2, verá varios temas digitados, cada uno ocupa una línea propia. Pulsar Enter después de digitar un tema produce un nuevo guión, en el cual puede digitar su siguiente tema.

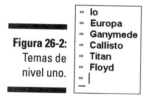

Figura 26-2: Temas de nivel uno.

✔ Pulse Enter al final de cada tema. Esto le dice a Word que ha terminado de digitar información para ese tema y que desea avanzar hacia el siguiente.

✔ Pulsar Enter crea otro tema en el mismo nivel del primero. Para crear un subtema, refiérase a la siguiente sección.

✔ Un tema puede ser una sola palabra, unas cuantas palabras, una oración completa o un párrafo grande. Sin embargo, sus temas principales deben ser cortos y descriptivos, como la tabla de contenidos de un libro.

✔ Puede separar un tema colocando el cursor del palillo de dientes en su centro y pulsando la tecla Enter. De ese modo, *Pins and Needles* se puede dividir en dos categorías (bajo el tema *Sharp things*, por supuesto).

✔ Para unir dos temas, coloque el cursor del palillo de dientes al final del primer tema, pulse la tecla Delete (este método funciona igual que unir dos párrafos en un documento regular).

✔No importa si no alcanza un buen orden la primera vez. La belleza de crear su esquema con un procesador de palabras es que puede reacomodar sus temas conforme ideas nuevas cobren solidez. Mi consejo es empezar a escribir las cosas ahora y concentrarse más tarde en la organización.

✔ Un esquema puede ser el argumento de una novela, un discurso que deba pronunciar, una receta, un itinerario, un ciclo de desarrollo de producto –prácticamente cualquier cosa que necesite más de un pensamiento.

✔Recuerde que una línea de tema debe equivaler a un pensamiento o idea. Si su tema es:

```
hígado y frijoles negros
```

debería dividirlo en dos:

```
hígado
frijoles negros
```

Use la tecla Enter para dividir el tema.

Trabajar con subtemas

Los esquemas tienen varios niveles. Debajo de los temas y los subtemas puede haber sub-subtemas. Por ejemplo, su tema principal puede ser "Cosas que me causan picazón" y los subtemas podrían ser los motivos específicos de la picazón.

Realmente, no crea subtemas en Word sino que relega los temas principales.

Para crear un subtema, simplemente digite su subtema en el nivel principal del tema. Ponga el cursor del palillo de dientes en el tema y haga clic en el botón Demote de la barra de herramientas Outline.

Instantáneamente, el texto del tema se mueve sobre un alto de tabulación y el estilo se convierte en el siguiente estilo de encabezado. Ambas acciones indican visualmente que está trabajando en un nivel nuevo de tema.

Para ver cuál nivel de tema está observando, use la lista descendente Outline Level. También puede seleccionar un nivel de la lista para, instantáneamente, promover o relegar el tema actual a cualquier otro nivel del documento.

✔ Puede seguir creando subtemas al pulsar la tecla Enter al final de cada subtema – igual que como creó los temas del nivel principal. Word continúa dándole subtemas, uno para cada pulsación de la tecla Enter.

✔ Note que en el tema principal (a donde viven los subtemas) aparece un símbolo de +. Esa es la señal de que un tema tiene subtemas. Más sobre esto en la sección "Ver su Esquema", una pizca más adelante en este capítulo .

✔ También puede relegar un tema pulsando la combinación de teclas Alt+Shift.

✔ A diferencia de cuando crea temas principales, puede volverse un poco prolijo con sus subtemas. Después de todo, la idea aquí es desarrollar el tema principal. Por ejemplo, si escribe un discurso, un subtema contendría un boceto más detallado de su discurso –talvez no todo lo que dirá, pero sí sus detalles.

✔ Para convertir un subtema de vuelta en un tema, aquel se promueve. Ponga el cursor del palillo de dientes en el tema y pulse Alt+Shift o haga clic en el botón Promote.

✔ Para convertir cualquier tema en un tema de alto nivel, haga clic en el botón Promote to Heading 1.

✔ Refiérase a "Ver Su Esquema" para información sobre buscar en partes diferentes de su esquema mientras oculta otras partes.

✔ Puede crear un sub-subtema repitiendo, simplemente, los pasos precedentes para un subtema. De hecho, Word le permite organizar en un número de niveles. La mayoría de esquemas, sin embargo, típicamente tienen talvez cuatro o cinco niveles como máximo.

Agregar un tema de texto

Si siente la necesidad de romper el esquema y, en realidad, escribir un párrafo, lo puede hacer. Aunque es perfectamente legítimo escribir el párrafo en el nivel del tema, lo que debería hacer realmente es pegar un tema de texto usando el botón Demote to Body Text. Aquí digo cómo:

1. **Pulse la tecla Enter para iniciar un tema nuevo.**

   Haga esto tal como usted crearía algún tema nuevo en una línea por sí mismo.

 2. Haga clic en el botón Demote to Body Text.

O bien, puede pulsar Ctrl + Shift + N . Lo que hace este paso es cambiar el estilo a Normal (que es lo que la tecla de acceso directo del teclado hace). En su esquema, sin embargo, ese estilo le permite escribir un párrafo de texto que no es un encabezado. De modo que puede escribir un pedacito real de texto para su discurso, instrucciones para una lista o el diálogo de su novela.

El misterio del documento maestro

Un concepto cercano a crear un esquema es la función del documento maestro de Word. Es muy interesante y muy útil si planea usar a Word para armar varios documentos del tamaño de un capítulo y crear una novela más larga. Ay, es un poco técnico y, rápidamente, me quedé sin campo en este libro para cosas técnicas.

Básicamente, un documento maestro funciona como un esquema. El documento maestro contiene, en vez de subtemas, vínculos a otros documentos del disco. De ese modo, puede obtener un documento mayor a partir de varios documentos más pequeños. El documento maestro puede imprimirlo todo, en orden, con números de página, encabezados, pies de página y hasta una tabla de contenidos maestra y un índice. Los botones del lado derecho de la barra de herramientas Outlining llevan a cabo estas tareas.

✔ El estilo Body Text aparece con un diminuto cuadrado vacío, a diferencia de los temas que tienen signos de más o de menos.

✔ Si cambia de idea, puede promover o relegar el texto del cuerpo a un tema o un subtema. Refiérase a la sección precedente.

Reacomodar temas

Igual que barajar la pila de cartas que mis maestros de secundaria me obligaban a usar cuando estaba haciendo esquemas, reacomodar sus temas en un esquema de computadora es una cosa fácil. ¡Y es más divertido, también, porque usa una computadora y no algo que tenga las recetas de su madre en el reverso ¡(Y, muchacho, ella era una loca!) Para mover cualquier tema de su esquema, ponga el cursor del palillo de dientes en ese tema y, luego, haga clic en uno de los siguientes botones:

✔ Haga clic en el botón Move Up (o pulse Alt+Shift+↑) para mover un tema una línea hacia arriba.

✔ Haga clic en el botón Move Down (o pulse Alt+Shift+↓) para mover un tema una línea hacia abajo.

✔ Haga clic en el botón Promote (o pulse Alt+Shift+←) para mover un tema a la izquierda.

✔ Haga clic en el botón Demote (o pulse Alt+Shift+→) para mover un tema a la derecha.

También puede usar el mouse para mover temas: arrastre el tema desde su signo de más o de menos y suéltelo en su nueva localización. Personalmente, yo no uso esta técnica porque mis esquemas son algo complejos y si muevo los temas de este modo, se me puede salir de las manos.

Ver su Esquema

A menos que le diga a Word otra cosa, este despliega todos los temas de su esquema, de arriba hasta abajo –todo. Pero este despliegue realmente no es parte de la gloria de los esquemas. Lo que hace que los esquemas de su computadora sean especiales es que si desea dar un paso hacia atrás y ver la imagen en grande, lo puede hacer.

 Para ver niveles específicos, use la lista descendente Show Level. Por ejemplo, para ver todos los primeros temas nivelados en su esquema, seleccione Show Level 1 de la lista. Todos los subtemas y temas del texto están ocultos.

Si un tema tiene subtemas, no solo hace que tenga un signo de más vacío cerca de él, sino también verá una línea vellosa que sobresale desde la última parte del nombre del tema. No he conocido a nadie que sepa exactamente lo que la línea vellosa significa.

Si desea ver su esquema en detalle, seleccione Show Level 2 ó Show Level 3, en la lista.Cada ítem de la lista despliega solo el esquema hasta ese nivel; los niveles superiores permanecen escondidos.

Para ver el esquema entero, seleccione Show All Levels, de la lista.

✔ Puede abrir o cerrar temas individuales haciendo doble clic en el signo de más vacío.

✔ Puede abrir o expandir un tema con el botón Expand de la barra de herramientas o pulsando Alt + Shift + Plus (la tecla de más del teclado numérico).

✔ Colapse un tema con la combinación de teclas Alt + Shift + Minus (use la t tecla de menos de su teclado).

✔ Si tiene niveles de tema poco concisos, puede hacer que Word despliegue solo la primera línea del tema haciendo clic en el botón Show First Line Only.

✔ Otra gran forma de ver el contorno es hacer clic en el botón Show Formatting . Este botón despliega o elimina el formato del esquema, el cual (con el formato eliminado) permite que aparezca más texto en la pantalla.

Cuadro de resumen de las teclas de acceso directo de los esquemas

Cuando digito, me gusta que mis manos permanezcan en el teclado. Por esta preferencia, descubrí las siguientes combinaciones de teclas que funcionan cuando juego con un esquema. Pruébelas si se atreve:

Combinación de teclas	Función
Alt+Shift+→	Relegar un tema
Alt+Shift+←	Promover un tema
Alt+Shift+↑	Subir un tema una línea
Alt+Shift+↓	Bajar un tema una línea
Ctrl+Shift+N	Inserta cuerpo de texto
Alt+Shift+1	Desplegar solo los temas más importantes

Combinación de teclas	Función
Alt+Shift+2	Desplegar temas de primero y segundo niveles
Alt+Shift+#	Desplegar todos los temas relacionados con el número #
Alt+Shift+A	Desplegar todos los temas
Alt+Shift+Plus (+)	Desplegar todos los subtemas del tema actual
Alt+Shift+Minus (–)	Ocultar en el tema actual

✔ Con el fin de que su esquema se acerque a la perfección, puede copiar partes de este y las puede pegar en otros documentos nuevos. Este método es la forma en que algunos escritores crean sus libros y novelas; el documento solamente es una versión más larga y completa de lo que comienza como un esquema.

Imprimir su Esquema

Imprimir su esquema funciona como imprimir cualquier otro documento de Word. Pero debido a que es un esquema, hay una diferencia: solo esos temas visibles de su esquema se imprimen.

Por ejemplo, si desea imprimir solo los primeros dos niveles de su esquema, seleccione Show Level 2 de lista descendente Show Level. Esta acción oculta todos los subtemas y cuando imprime el esquema, solo se imprimen los primeros y segundos temas.

Si desea que su esquema entero se imprima, seleccione Show All Levels antes de imprimir.

Capítulo 27

Trucos de Colaboración

. . . .

En este capítulo

▶ Pegar comentarios en un documento

▶ Tomar ventaja del texto que no se imprime

▶ Destacar el texto

▶ Usar marcas de revisión

▶ Comparar dos documentos

▶ Controlar cambios en los documentos que edite

. . . .

E*n su mayor parte, escribir es algo que se hace por cuenta propia. No obstante, hay ocasiones en que usted necesita (o desea) compartir su trabajo con otras personas; por ejemplo, si desea estar seguro de que una propuesta es gentil e inofensiva, se la da a alguien para que la examine. En estos casos, puede usar algunas de las herramientas de colaboración de Word para ayudarle a comunicarse con sus colegas de escritura (o superiores o editores, o lo que sea).

Este capítulo explica los trucos y técnicas de Word que le permiten trabajar en armonía con otras personas. De esta manera, usted y sus amigos pueden cooperar en un manifiesto contra el gobierno, pero cuando la policía estatal venga, solo arrestarán a una persona.

✔ Este libro no cubre la colaboración en línea, a través de la cual puede conocer personas por Internet para mutilar un documento en grupo.

✔ Realmente, deseo que Microsoft lleve a los genios que diseñaron estas herramientas de colaboración al departamento de los anexos de correo de Word. Estas herramientas de colaboración son entretenidas y realmente tienen sentido, a diferencia de los anexos de correo, que debieron de ser diseñados por monos borrachos que usaban camisas de fuerza.

Hacer Comentarios

Los comentarios de Word son como notas adhesivas; sin embargo, físicamente se ven más como burbujas de caricaturas. Este es el primero de los diversos comandos de marca de texto de Word. Puede usarlos para comunicarse con otros (o con usted mismo) y ofrecerles sugerencias, ideas, ediciones o consejos generales.

Añadir un comentario

Para añadir un comentario en su documento, siga estos pasos:

1. **Coloque el cursor del palillo de dientes donde desea hacer un comentario.**

   También puede seleccionar un bloque de texto si su comentario contiene alguna oración o frase específica.

2. **Seleccione Insert⇨Comment.**

   Quizás necesite hacer clic en las flechas "mostrar más", en la parte inferior del menú, para encontrar el comando Comment.

   Una burbuja de caricatura aparece con el texto `Comment:` en él (refiérase a la Figura 27-1).]

Figura 27-1: Insertar un comentario en su texto.

"What makes you think that I'm a Pod Person, Gerald?" Mimi asked.

Comment: I don't think that a Pod Person would say this

Es mejor usar la vista Print Layout para ver mejor los comentarios. Si usa la vista Normal, los comentarios aparecen como grandes paréntesis de colores en su texto. El texto del comentario es agregado al panel de revisión en la parte inferior de la ventana del documento.

3. **Digite su comentario.**

   La burbuja de diálogo se expande para contener todos sus comentarios –y puede llegar a ser muy grande, aunque si es corta y dirigida al punto es mejor.

4. **Cuando haya terminado, solo haga clic en su texto y siga escribiendo.**

   Los comentarios permanecen visibles en su texto a menos que los esconda, lo cual se cubre en la siguiente sección.

Repita estos pasos para añadir más anotaciones al texto.

✔ Puede editar los comentarios a medida que edita cualquier texto de Word.

✔ El texto del comentario tiene su propio estilo: Comment Text.

✔ Los comentarios también se imprimen, a menos que usted le indique a Word que no los imprima. Para hacer eso, en el cuadro de diálogo Print, seleccione Document de la lista descendente Print what (en la sección inferior izquierda del cuadro de diálogo). O, si desea imprimir los comentarios, seleccione Document showing markup, en la lista.

Puede ver cómo se imprimirán los comentarios usando el comando File⇨Print Preview. Refiérase al Capítulo 8 para más detalles.

✔ Para ver el texto del comentario en la vista Normal, simplemente apunte con el mouse sobre el paréntesis coloreado. El comentario aparece en una burbuja de la pantalla (de nuevo, no recomiendo la vista Normal para este truco particular de Word).

✔ Los lectores astutos pueden advertir que insertar un comentario también despliega la barra de herramientas Reviewing.

✔ Puede llamar u ocultar la barra de herramientas Reviewing seleccionando View⇨Toolbars⇨Reviewing, desde el menú.

✔ También puede insertar un comentario haciendo clic en el botón New Comment, en la barra de herramientas Reviewing.

✔ Es también posible y enteramente de nerdos, insertar un comentario de audio: haga clic en la flecha bajo el botón New Comment y seleccione Voice Comment, del menú (de aquí en adelante lo dejo solo, porque no tengo bastante espacio en este capítulo para escribir acerca de comentarios de voz).

Ocultar comentarios

Para prescindir de los comentarios y de todas las marcas de los documentos, seleccione View⇨Markup, desde el menú. Este comando oculta los comentarios (y otras marcas del documento).

También puede ocultar los comentarios usando la barra de herramientas Reviewing : seleccione la lista descendente Comments from the Show (refiérase a la Figura 27-2). Esta acción elimina la marca de verificación del elemento Comments y oculta los comentarios de su documento.

Figura 27-2:
El menú
Show.

(Asimismo, para mostrar los comentarios de un documento, puede seleccionar Comments de la lista descendente Show).

También puede seleccionar Original o Final de la lista descendente Display for Review, que es el primer ítem de la barra de herramientas Reviewing. Los ítemes Original y Final están equipados para rastrear cambios en el documento (comentado más adelante en este capítulo), pero también pueden usarse para ocultar comentarios.

Revisar todos los comentarios

Para ver todos los comentarios de un documento a la vez, haga clic en el botón Reviewing Pane (Panel de revisión), de la barra de herramientas Reviewing que, como su nombre lo indica, despliega el panel de revisión. Esta acción abre un marco debajo de la ventana de su documento, el cual enumera cada comentario, quién hizo el comentario, la fecha y la hora de este y, luego, el comentario mismo.

Para cerrar el panel de revisión, haga clic en el botón Reviewing Pane otra vez.

Otra forma de revisar comentarios es usando los botones Next y Previous, de la barra de herramientas Reviewing.

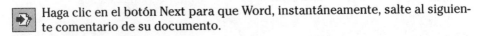

Haga clic en el botón Next para que Word, instantáneamente, salte al siguiente comentario de su documento.

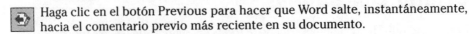

Haga clic en el botón Previous para hacer que Word salte, instantáneamente, hacia el comentario previo más reciente en su documento.

Eliminar un comentario

Para eliminar un comentario, primero selecciónelo. Todo lo que necesita hacer es clic con el mouse sobre la burbuja de comentario. Esta acción hace que la burbuja tome un color más oscuro. Eso es todo lo que necesita hacer para seleccionar el comentario.

Después de que el comentario se seleccione, haga clic derecho en él y seleccione Delete Comment del menú de aparición automática.

 También puede hacer clic en el botón Delete Comment para eliminar un comentario seleccionado.

El Texto que No se Imprime

Otra forma de poner mensajes secretos en su documento es usar el formato de texto oculto de Word. Como el Capítulo 11 lo indica, el formato oculto crea texto invisible en Word. El texto no aparece en la pantalla ni se imprime. ¡Pero todavía puede verlo! Continúe la lectura.

Para ocultar texto –cualquier texto– en su documento, seleccione el texto como un bloque y ocúltelo: seleccione Format➪Font. En el cuadro de diálogo Font, haga clic en la opción Hidden, del área Effects. Esta acción oculta el texto desplegado en la pantalla y cuando se imprime, deja todo el otro formato de texto (y de párrafo) intacto. Haga clic en OK para aplicar el formato del texto oculto.

¡Mientras tanto, ya en su documento, el texto que seleccionó se va! ¡Uf!

 Para ver el texto oculto, use el comando Show. Haga clic en el botón Show, de la barra de herramientas o pulse Ctrl + Shift + 8 (la tecla 8 del teclado, no del teclado numérico de la derecha). Estas teclas despliegan el texto oculto con un subrayado punteado.

✔ Para traer el texto de vuelta a nivel global, seleccione su documento completo con Ctrl+A, abra el cuadro de diálogo Font y elimine la marca de verificación cerca del atributo de texto oculto. Haga clic en OK. ¡Pero tenga cuidado! Si alguno de los comentarios está en el texto oculto, se borrará cuando haga esto.

✔ Refiérase al Capítulo 6 para más instrucciones sobre marcar bloques.

✔ Esta técnica también es buena para ocultar partes sensibles de un documento. Por ejemplo, quizás desee imprimir un reporte tanto interna como públicamente. Hacer que la información interna esté oculta asegura que no se imprimirá en el documento público.

Arroje ese Marcador Amarillo

Word viene con un marcador de texto que le permite marcar y colorear el texto de su documento sin dañar el monitor de su computadora.

Para marcar su texto (en pantalla y electrónicamente, por supuesto) haga clic en el botón Highlight, en la barra de herramientas Formatting. ¡Clic!

 Ahora ha entrado al modo de Highlighting (Marcado). El cursor del mouse se convierte en algo que no puedo describir verbalmente, pero en el margen izquierdo aparece su imagen. Cuando arrastre el mouse sobre su texto, ese texto se marca al igual que lo puede hacer con un marcador corriente en el papel. Es sorprendente con lo que los niños inquietos de Microsoft han aparecido...

Para detener el marcado del texto, haga clic en el botón Highlight otra vez o pulse la tecla Esc.

✔ Para eliminar la marca de su texto, haga clic en la flecha que apunta hacia abajo, cerca del botón Highlight, y seleccione None como el color para marcar. Luego avance lentamente sobre su texto marcado para eliminar la marca.

✔ Para quitar las marcas de su documento completo, pulse Ctrl + A para seleccionar todo su texto y seleccione None de la lista descendente del botón Highlight.

✔ También puede resaltar un bloque de texto marcando el bloque y, luego, haciendo clic en el botón Highlight. Refiérase al Capítulo 6 para todas las instrucciones apropiadas sobre marcar bloques.

 ✔El texto marcado se imprime, así que tenga cuidado con él. Si no tiene una impresora a color, el texto marcado se imprime como negro sobre gris en su copia en papel.

✔ Además de ningún color (None) para borrar el marcado, puede seleccionar cualquiera de los colores de marcado disponibles en la lista descendente del botón Highlight. Y pensar que en una tienda de suministros de oficina le cobrarían $ 1.20 por cada color.

Compartir Trabajo con Marcas de Revisión

Cada escritor guarda celosamente su texto, el cual suele ser lo suficientemente confuso como para que alguien lo tenga que editar –algún editor humilde que se enfurece por el hecho de que el escritor noble sea el que alcanza toda la fama y gloria, a pesar de que el editor es él merece el crédito. Oh, los editores pueden ser repugnantes. *[¡Oye! – El editor]* Pero otros escritores pueden ser peores.

Las marcas de revisión son una forma de controlar los cambios hechos en su documento y que son llevados a cabo por personas malignas. De acuerdo, puede que no sean malignas, pero sí personas que cambian las cosas sin antes hacer sugerencias. Para ayudarle a protegerse contra tales intrusiones, puede usar una de las diversas herramientas de Word para controlar revisiones. Las secciones siguientes esquematizan dos formas en que las puede usar.

El rastreo cambía entre dos versiones del mismo documento

Siga adelante y guarde el lente de aumento. Cuando alguien le devuelve su documento de Word, es fácil hacer que Word compare el documento "nuevo" con su prístino original. Word señala cualquier cambio, exhibiéndolo para usted directamente en la pantalla. Aquí digo cómo:

1. **Asegúrese de que tiene cargado el documento editado (más nuevo) en la pantalla.**

   El documento original debería estar guardado. Eso está bien por ahora; no necesita abrirlo. Simplemente, abra el documento editado y lo tendrá en la pantalla, en frente de usted.

   Yup. El documento más nuevo y el original deberían tener nombres diferentes. Eso es más conveniente.

2. **Seleccione Tools⇨Compare and Merge Documents.**

   Un cuadro de diálogo Open (Abrir) aparece, aunque fue llamado Compare and Merge Documents (Comparar y asociar documentos) y no Open.

3. **Encuentre el documento original en el disco.**

   Use sus habilidades finamente afiladas con el cuadro de diálogo Open para encontrar y seleccionar el documento original en el disco.

4. **Haga clic en el botón Merge.**

   Word piensa por mucho tiempo y hace ruido. Lo que está haciendo es comparar el documento en pantalla con la copia más vieja en su disco duro.

5. **Estudie los cambios.**

   ¡Fisgonee los cambios hechos por los otros en su prístina prosa!

Lo que tiene a la vista es su documento original, no la copia editada (compruebe el nombre en la barra de títulos). ¡Recuerde eso!

El texto nuevo o añadido aparece subrayado y en otro color.

En la vista de impresión, el texto eliminado aparece como un triángulo pequeño, con un subrayado que conduce al margen derecho de donde está el texto elimina-do. En la vista Normal, el texto eliminado aparece ~~tachado~~.

Sí, es difícil de leer. ¡Oui, oui!

✔ Los lectores astutos notarán que asociar un documento de esta manera, au-tomáticamente, exhibe la barra de herramientas Reviewing, que es conve-niente para revisar los cambios en su documento, como se cubre en la siguiente sección.

✔ Cada "evaluador" recibe un color en la pantalla. Por ejemplo, en mi pantalla veo las marcas de revisión en rojo. Si un segundo evaluador hubiera pasado por el texto, sus comentarios aparecerían en un segundo color; y así, sucesiva-mente, para otros evaluadores.

✔ Si desea autorizar o rechazar cada revisión, refiérase a la siguiente sección "Revisar los cambios".

✔ Para ver los cambios como aparecen según el documento editado, seleccione Original Showing Markup de la lista descendente Display for review (Desplegar para revisión), se trata del primer ítem de la barra de herramientas Reviewing.

✔ Para ocultar la marca de revisión, seleccione Final en la lista descendente Dis-play for review.

Revisar los cambios

¡No hay sentido en mostrar obediencia ciega a cualquier editor o crítico! Si es un escritor principiante, es hora de que aprenda un término nuevo: STET. Es latín y significa *'permanece'*. Cuando usted escribe STET en una edición, le dice al editor que rechaza el cambio que él había hecho y desea que este permanezca. Ahora bien, por favor recuerde que el editor está allí para guiarlo y que, en la mayoría de las condiciones, desea que su texto se lea mejor de como estaba originalmente. A pesar de todo, STET es una orden útil para dar.

Para poner STET en los cambios de su texto, tiene varias elecciones. Primero, haga clic derecho en cualquier revisión. Del menú de aparición automática, puede seleccionar ya sea los comandos Accept o Reject; Accept Insertion y Accept Deletion confirman que el cambio que se hizo está bien. Reject Insertion y Reject Deletion son los comandos STET, le dicen a Word que restituya el texto a su condición original.

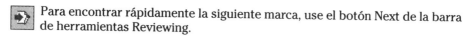

Para encontrar rápidamente la siguiente marca, use el botón Next de la barra de herramientas Reviewing.

El botón Preview le lleva de regreso a la marca precedente.

El botón Accept Change puede ser usado para conceder su aprobación a cualquier edición.

El botón Reject Change se usa para, bueno, STET.

Si tiene mucha prisa, puede usar los menúes desplegables ya sea bajo los botones Accept Change o Reject Change, para seleccionar el comando Accept All Changes in Document o Reject All Changes in Document, respectivamente. Es una especie de admisión global a los cambios, entonces, el editor tiene toda la razón o, si no, STET STET STET.

✔ Si mete la pata, puede hacer clic en el botón Undo (Deshacer) en el cuadro de diálogo Accept or Reject Changes (Aceptar o rechazar cambios).

✔ Ir hasta el final de este proceso quita todas las marcas de revisión de su documento. Si desea revisar de nuevo, tiene que repetir los pasos de la sección precedente para comparar dos documentos.

✔No se olvide de guardar el texto revisado en el disco.

Controlar los cambios a medida que los hace

¡Suponga que es editor! ¡Ja! Se le agrieta en la cara una mala sonrisa mientras intenta cortar con tijeras y pegar los esfuerzos de otra persona. ¡Punzones! ¡Eso debe ser entretenido!

Por favor, sea cortés mientras edita. ¡No se vuelva loco! Para ayudar, puede activar la característica de controlar revisiones en Word, que le permite ver sus marcas en la pantalla mientras las va haciendo.

Active el modo de la marca haciendo clic en el botón Track Changes de la barra de herramientas Reviewing. O puede hacer doble clic en el acrónimo TRK de la barra de estado. De cualquier modo, el control de las revisiones está armado y listo.

¡Ahora edite!

Cualquier texto que agregue aparece subrayado. El texto eliminado es inmediatamente descartado en el margen derecho. O, si usa la vista Normal, el texto eliminado aparece ~~tachado~~.

Diviértase.

Capítulo 28

Trabajar con Documentos

* *

En este capítulo

▶ Crear una carpeta nueva para sus cosas

▶ Cambiar carpetas

▶ Usar el comando Find de Word

▶ Abrir, guardar o cerrar grupos de archivos

▶ Trabajar con documentos y archivos de texto que no sean de Word

* *

Cuanto más trabajo realiza en Word, más documentos creará y con el paso del tiempo tendrá muchos archivos –pilas de archivos. Y si no limpia u organiza esos archivos, va a sentirse abrumado y enterrado bajo cientos de documentos en solo unas cuantas semanas. Talvez antes.

Este capítulo toca el tema de los archivos –cómo usarlos y organizarlos. Es más un capítulo para Windows, así que seré breve en la parte de la administración de los archivos. Con todo, usted podrá hacer muchísimos tipos de manejos solo en Word, sin tener que meterse con Windows, la Gran Matrona-Sistema Operativo.

También se cubre: importar y exportar archivos. ¡No hay que pagar licencias ni impuestos internacionales!

Crear una Carpeta Nueva

Para seguir organizado, quizás necesite crear carpetas nuevas para sus proyectos nuevos. Por ejemplo, si recién ha iniciado un plan para manejar la economía del mundo a través de ondas cerebrales, necesitará una nueva carpeta para poner allí todos los memos y las cartas relacionadas con el tema. Aquí explico cómo hacerlo:

1. **Llame al cuadro de diálogo Save As con el comando File⇨Save As.**

Obviamente, tener algo para guardar ayuda, como esa primera carta del Banco de la Reserva Federal.

 2. Haga clic en el botón Create New Folder.

El cuadro de diálogo New Folder aparece.

3. **Digite un nombre para su carpeta nueva.**

Sea descriptivo. Sea creativo. Sea breve y dulce. Vaya al punto (esfuércese realmente en lograr este cometido si es abogado).

Haga que el nombre de la carpeta refleje su contenido.

4. **Haga clic en OK.**

A través de la magia de la computadora, su carpeta nueva se crea. Más magia: Word, automáticamente, abre la carpeta y despliega su contenido. Está vacía.

5. **Continúe guardando su documento.**

Realmente, no tiene que guardar un documento cada vez que crea una carpeta. Puede hacer clic en el botón Cancel del cuadro de diálogo Save As para regresar a su trabajo. La próxima vez que vaya a guardar un documento (o a abrir uno, para el caso) estará usando la carpeta nueva que recién ha creado.

✔ Puede crear carpetas nuevas en el cuadro de diálogo Save As, pero no en el de Open. Quiero decir, como, duh. Si creaba una carpeta nueva en el cuadro de diálogo Open, no había nada en la carpeta que pudiera abrir. Algunas personas son...

✔ Puede obtener mucha ayuda de una carpeta llamada Basura o Misc.

Usar Otra Carpeta

Si entra en un frenesí de crear carpetas, necesita ser capaz de acceder a esas carpetas cuando desee ver los documentos que tienen aplicación o guardar un documento nuevo en una carpeta específica. Aquí explico cómo hacer eso:

1. **Llame al comando Open con File⇨Open.**

O pulse Ctrl + O. Pronto, el cuadro de diálogo Open aparece con vista completa.

2. **Primero, vea la carpeta que está usando.**

El nombre de la carpeta aparece en el cuadro descendente Look In, en la parte superior del cuadro de diálogo. Normalmente, es la carpeta Mis Documentos, que es donde Word siempre quiere guardar las cosas.

Si ya está en la carpeta donde desea estar, salte al paso 6 (esto quiere decir que ya casi ha concluido con esta tarea).

3. **Seleccione la unidad de disco que desea en la lista descendente Look In.**

Si selecciona una unidad de disquete, asegúrese de tener un disco en la unidad antes de seleccionarla.

Si solo tiene una unidad de disco duro, C, selecciónela igualmente. Buscar su carpeta desde arriba hasta abajo es lo más conveniente.

Ya que la mayoría de carpetas se mantiene en la carpeta Mis Documentos, siempre puede hacer clic en el gran botón Mis Documentos, al lado izquierdo del cuadro de diálogo Open. Eso lo mueve pronto hasta esa carpeta.

4. **Seleccione su carpeta entre las enumeradas en el cuadro de diálogo.**

Quizás tenga que desplazarse a través de la lista para encontrar la carpeta que desea.

5. **Siga repitiendo el paso 4 hasta que encuentre la carpeta que busca.**

Por ejemplo, quizás tenga que abrir Mis Documentos, luego, Proyectos y, luego, Memos para, finalmente, ver los documentos almacenados en la carpeta Memos.

6. **Abra su documento.**

Haga clic en el botón Open .

✔ Algunas carpetas contienen otras carpetas. Para ver sus contenidos, haga doble clic en el nombre de la carpeta, en la ventana de diálogo Open.

✔ También refiérase al Capítulo 8 para más información sobre usar el cuadro de diálogo Open.

✔ Cada disco de su sistema tiene su propio conjunto de carpetas. Si no puede encontrar la carpeta que desea en un disco, pruebe en otro. Por ejemplo, intente en la unidad de disco duro llamada D, si la unidad C resulta ser un fiasco.

Encontrar Archivos en Word

Encontrar archivos es realmente una función de Windows. Es lo que Windows hace mejor, pero Word también puede localizar sus documentos caprichosos. ¡Qué pena que encontrar unos calcetines o una camisa limpia no sea tan fácil como esto!

1. **Llame al panel de tareas.**

   Seleccione <u>V</u>iew⇨Tas<u>k</u> Pane si no está visible.

2. **Seleccione Search en el menú del panel de tareas.**

   Usted ve el menú al hacer clic en el triángulo que apunta hacia abajo, cerca de la esquina superior derecha del panel de tareas. El comando Search es el tercer ítem del menú.

   He aquí que el panel de tareas Basic Search aparece, como se muestra en la Figura 28-1. En su modo Basic Search, este panel de tareas le ayuda a encontrar archivos basado en cualquier texto que contengan.

3. **Digite en el cuadro de texto Search el texto que anda buscando.**

   Por ejemplo, yo escribí una vez un poema conmovedor y lo único que puedo recordar es que contenía la palabra *dermatitis*.

Figura 28-1:
Use el panel de tareas Basic Search para buscar archivos.

4. **Haga clic en el botón Search.**

   El panel Search Results aparece. Luego, todo se queda calmado por un rato, mientras que Word restriega la unidad de disco duro.

   Restriegue. Restriegue. Restriegue.

Eliminar un archivo en Word

Las versiones previas de Word lucían un comando conveniente para eliminar: Delete (aunque era, potencialmente, mortífero). Además de trabajar con archivos, crear carpetas nuevas y encontrar cosas, Word le permitía, despiadadamente, aventurarse en su disco y matar archivos con una furia de destrucción libertina. Desde entonces, esas opciones han sido descontinuadas, aunque todavía es posible eliminar archivos en Word.

El secreto para eliminar archivos es usar el cuadro de diálogo Open o Save As. Esos cuadros de diálogo realmente se comportan como mini ventanas de Windows Explorer. Por ejemplo, puede cambiar de nombre un archivo del cuadro de diálogo Open seleccionando ese archivo y pulsando la tecla F2 –tal como lo haría en Windows Explorer. Asimismo, puede eliminar cualquier archivo seleccionándolo y pulsando la tecla Delete, en su teclado.

Así, borrar archivos en Word es completamente posible. Pero le tengo una advertencia: nunca elimine un archivo que no haya creado. Eso lo mantendrá fuera de problemas.

Eventualmente, verá una lista de carpetas y documentos que Word ha encontrado y que hacen juego con la información buscada. O, si no aparece nada, no se muestra ningún archivo; intente de nuevo usando algún otro pedacito de texto o ríndase de una vez por todas y prepárese unos fideos sabrosos.

5. **Para abrir un archivo, selecciónelo de la lista.**

   El archivo se abre y, hombre, allí está usted (puede usar el comando Find, después de que el documento esté abierto, para localizar el texto otra vez, si necesita hacerlo. (Refiérase al Capítulo 5).

Para realizar otra búsqueda, necesita hacer clic en el botón Modify. Eso lo regresa al panel de tareas Basic Search, que a su vez pertenece al panel de tareas Search Results.

✔ Si desea restringir la búsqueda a ciertas carpetas o ciertas unidades de disco, use la lista descendente Search, para indicar con precisión el sitio donde desea que Word busque.

✔ También puede usar la lista descendente Results should be (Los resultados deberían ser) para seleccionar qué tipos de archivo Word debe buscar. Normalmente, Word busca todos los tipos de archivo de Microsoft Office, aunque puede limitar eso a solo archivos de Word, si elimina varias marcas de verificación.

✔ Para encontrar un archivo basado en su nombre, use el comando Find de Windows Explorer. Oh destino, este comando varía con cada versión de Windows, ya que este no es un libro sobre Windows, no hay razón para tratar el tema aquí. Solamente salga y compre un buen libro sobre Windows: preferiblemente, uno que haya sido escrito por Dan Gookin. Gracias.

Trabajar con Grupos de Archivos

El cuadro de diálogo Open le permite trabajar con archivos individuales o en grupos. Para trabajar con un grupo de archivos, debe seleccionarlos con el mouse, lo cual se hace siguiendo el procedimiento típico de Windows para seleccionar un grupo de ítemes:

1. **Pulse la tecla Ctrl y haga clic en cada documento que desee seleccionar.**

    El ítem se destaca.

    2.**Repita el paso 1 para cada ítem adicional que desee en su grupo.**

    Etcétera.

Puede seleccionar un grupo de archivos en una sola carpeta. Sin embargo, si sigue las instrucciones de "Buscar Archivos en Word", anteriormente en este capítulo, puede seleccionar archivos de cualquier lugar del disco duro.

Abrir archivos

Aquí explico cómo abrir más de un archivo al mismo tiempo usando el cuadro de diálogo Open:

1. **Seleccione el archivo o el grupo de archivos que desee abrir, entre los que aparecen en el cuadro de diálogo Open.**

2. **Haga clic en el botón Open.**

    Los archivos se abren y Word le asigna a cada uno de ellos una ventana propia de documento.

3. **¡A trabajar!**

No hay límite en el número de archivos que Word puede tener abiertos al mismo tiempo. No, yo no sé cuál es el número máximo, ¡pero usted se dará cuenta! Verá un extraño mensaje de error que le dirá algo acerca de que no hay memoria suficiente o espacio, o algo extravagante. Que no cunda el pánico. Cierre unas cuantas ventanas; -quizás, deba salirse de Word y empezar de nuevo sus trabajos.

Guardar una pandilla de documentos simultáneamente

Para guardar una multitud de documentos al mismo tiempo, puede cambiar a cada ventana y pronunciar el comando File⇨Save. O, usted puede ser un verdadero astuto y hacer lo siguiente:

1. **Pulse la tecla Shift – cualquiera de las dos.**

2. **Seleccione File⇨Save All.**

    Normalmente, usted selecciona el ítem Save (Guardar). Pero si pulsa la tecla Shift antes de escoger el menú File, este ítem mágicamente se convierte en Save All (Guardar todo).

    No hay recordatorios de ningún tipo, ni hay que esperar nada. Todo es simplemente guardado en el disco tan rápidamente como su PC lo pueda manejar.

✔ Si un archivo aún no ha sido guardado, entonces se le pide que le dé un nombre. Para más información, refiérase a la sección del Capítulo 8 acerca de guardar un documento en el disco por primera vez.

✔Yo uso el comando File⇨Save All cuando tengo que levantarme y dejar mi computadora –aunque sea para algo breve, como cuando me llaman por teléfono o cuando los extraterrestres vienen a pedirme rosquillas.

Cerrar una pandilla de documentos simultáneamente

Puede conjurar el comando Close All (Cerrar todo), igual que el comando Save All. La diferencia es que usted selecciona el ítem Close All desde el menú; simplemente, pulse la tecla Shift (cualquiera) antes de hacer clic en el menú File con el mouse. Luego seleccione la opción Close All y – ¡kasán!– todos sus documentos abiertos se cierran.

Word todavía pregunta si desea guardar cualquier documento no guardado antes de cerrarlo. Refiérase a la sección del Capítulo 8 sobre guardar un documento en el disco por primera vez.

Trabajar con Otros Formatos de Documento

Aunque parezca mentira, Word no es el único procesador de texto en el mundo. Aunque Word se empeña en la dominación del mercado. ¡Oye! ¡ Está allí! Aun así, existen otros procesadores de texto, así como otros formatos de archivo de documentos. Ocasionalmente, puede toparse con esos formatos de archivo. Cuando haga esto, necesita importar sus archivos extraños de procesamiento de texto hasta Word, para poder hacer algo con ellos. Asimismo, puede exportar sus documentos de Word a formatos de procesamiento de texto extraños. Las secciones siguientes le dicen cómo.

Cargar un documento alienígena

¡Dispóngase a darle la bienvenida al intruso! Suponga que alguien le ha enviado un archivo de texto, un documento WordPerfect, una página Web o algún archivo que no tiene relación alguna con un documento de Word. ¡No hay problema! Word puede abrir y examinar el documento sin derramar una sola gota de sudor electrónico. Siga estos pasos:

1. **Ejecute el comando Open.**

2. **En la cuadro descendente Files of Type, seleccione el formato del archivo.**

   Si sabe el formato, selecciónelo de la lista. Aquí hay algunos formatos populares:

   - **Documentos de Word:** Cualquier documento creado por Word.

   - **Web Pages and Web Archives (Páginas o archivos Web):** Los documentos de HTML o las páginas Web que ha guardado en el disco.

   - **Rich Text Format (Formato de texto enriquecido -RTF):** Un formato común de archivos para intercambiar documentos entre procesadores de texto.

   - **Text Files (Archivos de texto):** Los documentos simples y aburridos de solo texto. Sin formateo. Bla, sin embargo, este es un formato común de archivos. También conocido como ASCII o texto DE MS-DOS.

   - **Recover Text From Any File (Recuperar el texto de cualquier archivo):** Una opción muy útil que le permite a Word extraer texto de cualquier tipo de archivo. Use esto como último recurso.

- **WordPerfect (diversas versiones/plataformas):** Usado para leer documentos de WordPerfect.

- **Works (diversas versiones/plataformas):** Usado para leer documentos de Microsoft Works.

- **Word (diversas versiones/plataformas):** Lee documentos más viejos de Word y documentos escritos en Macintosh.

Cuando selecciona un formato de archivo específico, Word despliega en el cuadro de diálogo Open solo los archivos que hacen juego con el formato. Su siguiente trabajo es encontrar el archivo que desea abrir.

Si no sabe el formato, seleccione All Files en la lista descendente. Luego, Word hace su mejor suposición.

3.Cace el archivo de texto que desea cargar.

Use los controles del cuadro de diálogo para encontrar el archivo que desea. Refiérase a la sección "Usar Otra Carpeta", anteriormente en este capítulo, para más información.

4. **Haga clic en el icono del archivo de texto.**

5. **Haga clic en Open.**

El archivo alienígena aparece en la pantalla, listo para la edición, tal como cualquier otro documento de Word.

✔ En algunos casos y con algunos formatos de archivo, quizás necesite arreglar el formato.

✔ Word puede desplegar el cuadro de diálogo File Conversion y permitirle que revise el documento. Generalmente, hacer clic en el botón OK, en este paso es su mejor opción.

✔ Si el cuadro de diálogo Open no despliega el archivo que está buscando –y usted sabe que el archivo está ahí– intente digitar su nombre en el cuadro File name y hacer clic en el botón Open.

✔¡Word *recuerda* el tipo de archivo! Cuando va a usar el cuadro de diálogo Open otra vez, tiene el mismo tipo de archivo seleccionado de la lista descendente Files of type. Así, si desea abrir un documento de Word después de abrir un documento de HTML, debe seleccionar (en la lista) Word Documents (Documentos de Word). De otra manera, Word puede abrir documentos de una manera que podría parecerle extraña.

✔ Tipos adicionales de archivo y "filtros" de conversión están disponibles en el CD de Word (o de Office). Para instalarlos, ejecute el programa Setup del CD y elija instalar solo los filtros nuevos.

Guardar un archivo en un formato horriblemente extraño y antinatural

Word es muy inteligente cuando se trata de guardar archivos. Por ejemplo, cuando abre un documento de WordPerfect, Word automáticamente lo guarda en el disco en el formato WordPerfect. Ídem para cualquier otro formato "extraño": cualquier formato que haya sido usado para abrir el documento, Word lo selecciona para escribir el documento de nuevo en el disco.

El secreto, como con abrir archivos de otro tipo, es verificar la lista descendente Save as type en el cuadro de diálogo Save As. De hecho, seleccionar un ítem nuevo de esa lista descendente es la única forma de guardar un documento en otro formato.

Por ejemplo, si necesita guardar un documento como un archivo de texto, seleccione Text Only de la lista descendente Save as type. Haga clic en el botón Save y su documento se guardará. Lo mismo para el formato de HTML, RTF o cualquier otro formato forastero.

Word (o el Asistente) le puede explicar que guardar el documento en un formato forastero es... algo malo. Lo que sea. Haga clic en Yes para guardar el documento.

✔Puede guardar un documento en el disco usando tanto el formato de Word como otro formato. Primero, guarde el archivo en el disco como un documento de Word seleccionando Word Document (Documento de Word) del cuadro llamado Save as type. Luego, guarde el archivo en el disco usando otro formato, como Plain Text (Texto simple).

✔ Para guardar en formato HTML, seleccione Web Page, desde la lista descendente.

✔¡Asegúrese de que Word recuerde el formato! Si nota que sus documentos no están siendo guardados en el disco de la manera deseada, ¡la culpa la tiene la lista descendente Save as type! Siempre haga una revisión doble para asegurarse de que está guardando los documentos en el formato apropiado.

Capítulo 29

Modificar la Apariencia de Word

¿**N**o es Word demasiado? Digo, ¿es un procesador de palabras, correcto? Su propósito principal es procesar palabras. A pesar de eso, vea la pantalla. ¡Es como la cabina del piloto de un avión caza, todo está lleno de menúes, barras de herramientas y aparatos! Todos esos botones y estanterías rodean la gran parte blanca en la que se escribe. ¡No deje que todo eso lo intimide! Aunque parezca mentira, usted tiene un grado de control sobre cómo se ve Word. Puede cambiar, reacomodar, quitar, magullar, plegar y mutilar el contenido de su corazón. Este capítulo le muestra lo que es personalizable y cómo personalizarlo, además de unos cuantos detalles sobre la interfaz de Word.

Todo sobre los Menúes

El viento que sopla las velas de Windows pone al sistema en algunos puertos extraños e interesantes. No es que alguno de estos territorios sea un destino final, pero con cada nueva parada, Windows y sus aplicaciones parecen desarrollar nuevos métodos de hacer cosas. Por ejemplo, los menúes de Word tienen dos modos: el modo común y el modo de todo.

En el modo común, los menúes de Word enumeran solo los comandos que usa comúnmente. Los otros comandos permanecen ocultos.

Para mostrar todos los comandos (el modo de todo), haga clic en las flechas al pie del menú "mostrar más". Después de que sea visible, puede seleccionar cualquier comando que el menú ofrezca, visible o no. Si selecciona un comando antiguamente invisible, este se convierte en parte del modo Common (Común) y lo verá disponible la próxima vez visite que ese menú.

✔ También puede desplegar todos los ítemes de un menú (el modo de todo) haciendo doble clic con el mouse en el menú.

✔ El nombre oficial para los menúes de modo dual es personalizados.

✔ En Windows, puede activar los menúes personalizados o desactivarlos, pero esta opción no está disponible en Word.

Colocar Nuevas Herramientas en las Barras de Herramientas

Entrometerme con las barras de herramientas es una de las primeras cosas que hago cuando empiezo a usar Word en una computadora nueva. Word tiene docenas de barras de herramientas. ¡De hecho, si las abriera todas, terminaría con solo una pequeña casilla en la cual escribir!

Afortunadamente, todas las barras de herramientas de Word son optativas. Puede mostrarlas u ocultarlas, reacomodarlas, convertirlas en paletas flotantes y agregarles o quitarles botones. Todo esto es asunto suyo –yo lo animo a que juegue con las barras de herramientas y a que, realmente, las haga propias.

✔ El menú View es donde usted puede controlar los ítemes que Word despliega en la pantalla.

✔ Los únicos ítemes que no puede quitar de la pantalla son la barra de menúes y la barra de estado.

✔ La regla no es una barra de herramientas, pero se controla a través del menú View. Para ver u ocultar la regla, seleccione View⇨Ruler.

✔ Word, típicamente, despliega las barras de herramientas Standard y Formatting. La barra de herramientas Standard es la que tiene los botones

New, Open y Save a la izquierda; la barra de herramientas Formatting contiene la lista descendente de estilo, fuente y puntos a la izquierda.

✔Puede eliminar todo lo que aparece en la pantalla seleccionando el comando View➪Full Screen. Eso le da una pantalla entera en la cual puede escribir. Haga clic en el botón Close Full Screen (o pulse la tecla Esc) para volver al modo de pantalla No completa.

Observar una barra de herramientas

Todas las barras de herramientas son básicamente lo misma. Pueden incluir botones, algunas actúan como campos de texto, listas descendentes, menúes o alguna combinación de ellas. Adicionalmente, usted debería poner atención a tres dispositivos de una barra de herramientas: el dispositivo para mover *(grabber)*, el menú y las flechas llamadas "mostrar más".

El dispositivo para mover aparece en la parte izquierda de la barra de herramientas. Este se usa para mover la barra (incluso la barra de menúes tiene este dispositivo, el cual quiere decir que se puede mover).

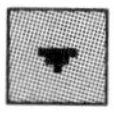

El botón del menú aparece como un triángulo descendente que apunta al lado derecho de la barra de herramientas. Hacer un clic sobre ese triángulo despliega el menú de la barra de herramientas.

Para deshacerse de las flechas para "mostrar más", en la barra de herramientas, necesita mover la barra de herramientas de tal forma que su tamaño completo se pueda exhibir al mismo tiempo (o puede editar la barra para eliminar los botones que no usa a menudo).

Figura 29-1:
Una barra de herramientas acortada despliega el resto de los ítemes.

✔Para deshacerse de las flechas para "mostrar más", en la barra de herramientas, necesita mover la barra de tal forma que su tamaño completo se pueda exhibir al mismo tiempo (o puede editar la barra para eliminar los botones que no usa a menudo).

✔ Las barras de herramientas no necesitan estar en la misma línea; quizás haya notado que Word sale de la caja tanto con la barras de herramientas Standard como Formatting en la misma línea. Para solucionar el problema, seleccione Show Buttons on Two Rows (Mostrar botones en dos filas) de la barra de herramientas Standard o Formatting.

✔ Refiérase a la sección "Mover y arreglar barras de herramientas", un poco más adelante en este capítulo, para información sobre reacomodar barras de herramientas.

¿Dónde están las barras de herramientas?

Sin embargo, la mayoría de barras de herramientas aparecen cuando son necesarias (como la barra de herramientas de esquema cuando uno entra al modo de Esquema). Puede llamar a cualquier barra que desee seleccionándola del submenú View⇨Toolbars, como se muestra en la Figura 29-2. Todas las barras de herramientas de Word se enumeran en el submenú – hasta las creadas por el usuario, como la barra All Them Formatting Commands (Todos los comandos de formato) que yo creé, y que aparece en la parte inferior del submenú mostrado en la Figura 29-2.

Figura 29-2:
El submenú
de las
barras de
herramientas de
Word.

✔ Standard
✔ Formatting
AutoText
Control Toolbox
Database
Drawing
Forms
Frames
Mail Merge
Outlining
Picture
Reviewing
Tables and Borders
Task Pane
Visual Basic
Web
Web Tools
Word Count
WordArt
All Them Formatting Commands
Customize...

✔ Una marca de verificación aparece al lado de las barras de herramientas que ya son visibles.

✔ Para exhibir una barra de herramientas diferente, selecciónela del submenú.

✔ Para remover una barra de herramientas, selecciónela.

✔Una forma rápida de llegar al submenú de barras de herramientas es hacer clic derecho en cualquier barra de herramientas de Word. Esa acción abre un submenú de barras de herramientas, desde el cual se pueden activar y desactivar diversas barras.

Mover y organizar barras de herramientas

Usted mueve una barra de herramientas en Word arrastrándola de su dispositivo para mover, localizado al lado izquierdo, en la barra de herramientas. Cuando el cursor del mouse se transforma en una cosa de cuatro puntas (refiérase al margen), quiere decir que puede arrastrar la barra de herramientas de aquí para allá.

Las barras de herramientas también se pueden convertir en paletas flotantes con ese dispositivo; simplemente, arrastre la barra de herramientas a la parte del documento de la ventana de Word. Allí, se convierte en una paleta flotante: una mini ventana que puede gravitar sobre todas sus otras ventanas y que posee su propio botón de cerrar (la X en la esquina superior derecha), como se muestra en la Figura 29-3.

Figura 29-3:
La barra de herramientas Standard como una paleta flotante.

Para convertir una paleta flotante en una barra de herramientas, arrastre la paleta lejos de la parte del documento, en la ventana de Word. Cuando encuentra un lugar simpático, la paleta se convierte en una barra de herramientas.

✔ Las barras de herramientas pueden existir arriba, debajo, a la izquierda o la derecha de la ventana del documento. Sí, las barras de herramientas pueden vivir a la izquierda o a la derecha de la ventana del documento, aunque no es común.

✔ Algunas veces, toma tiempo situar una barra de herramientas correctamente. Tenga paciencia.

✔ Las barras de herramientas Standard y Formatting tienen un ítem de menú especial adjunto a ellas. Puede seleccionar el ítem Show Buttons on Two Rows (Mostrar botones en dos filas) para acomodar instantáneamente esas dos barras de herramientas. Otras barras de herramientas no tienen este menú, así que solamente puede arreglarlas usando el mouse.

✔ Si hace flotar las barras de herramientas Standard o Formatting y las cierra accidentalmente, las puede resucitar usando el submenú View⇨Toolbars.

Agregar botones comunes a las barras de herramientas

¡Nada es sagrado! Puede personalizar cualquier barra de herramientas de Word. ¡Después de todo, es *su* procesador de texto (sin importar lo que digan los términos de la licencia)! En serio, si usa un comando muy a menudo, ¿por qué no le hace a ese comando un botón en la barra de herramientas?

Para poner un ejemplo, yo uso mucho el formato de texto Small Caps (Versalitas) así que un botón con ese formato de texto junto a los botones de negrita, cursiva y subrayado, en la barra de herramientas Formatting, realmente, es muy conveniente para mí. Para agregar cualquier botón a cualquier barra de herramientas, siga estos pasos:

1. **Despliegue el menú de la barra de herramientas.**

   Haga clic en el triángulo que apunta hacia abajo, en el extremo derecho de la barra de herramientas.

2. **Seleccione Add or Remove Buttons (Agregar o eliminar botones).**

   Otro menú aparece con dos ítemes. La primera parte está relacionada con la barra de herramientas que ha escogido. Por ejemplo, la barra de herramientas Formatting tiene un submenú que enumera todos los comandos de formato existentes. Muy conveniente.

   El segundo ítem del menú es Customize, que puede usarse para agregar cualquier botón a cualquier barra de herramientas o para crear su barra de herramientas.

3. **Seleccione el submenú denominado.**

Por ejemplo, para la barra de herramientas Standard, seleccione el sub-menú estándar. La Figura 29-4 le muestra el submenú de la barra de herra-mientas Formatting.

Los comandos que ya aparecen en la barra de herramientas tienen marcas de verificación al lado.

Aparecen otros comandos comunes, los cuales puede seleccionar para sumar-los automáticamente a la barra de herramientas.

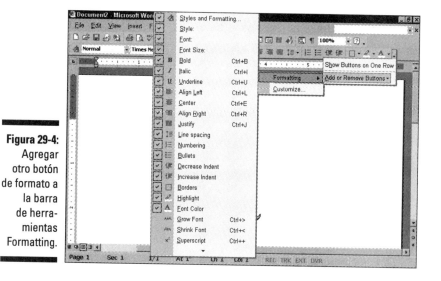

Figura 29-4:
Agregar
otro botón
de formato a
la barra
de herra-
mientas
Formatting.

El último ítem del menú es Reset Toolbar, que elimina o agrega botones, según sea necesario, para restituir la barra de herramientas a la forma que tenía ori-ginalmente, cuando Word salió de la caja.

4. **Seleccione el comando por añadir.**

Observe que el menú no se va, lo cual le permite añadir más botones según sea necesario.

5. **Haga clic en la ventana del documento cuando haya terminado.**

Este paso hace que se vaya el menú.

Los botones que añadió se colocan en el extremo derecho de la barra de herra-mientas, lo cual no necesariamente puede ser lo que usted deseaba. No se preocu-pe – los puede mover; refiérase a la sección "Eliminar o mover el botón de una barra de herramientas", más adelante en este capítulo.

Agregar cualquier botón a una barra de herramientas

Aquí está la mejor forma de personalizar una barra de herramientas al agregar cualquier comando de Word. Siga estos pasos:

1. **Despliegue el menú de la barra de herramientas.**

2. **Seleccione Add or Remove Buttons⇨Customize.**

   La ventana de diálogo Customize/Commands aparece, como se muestra en la Figura 29-5 (también puede llamar esta ventana de diálogo con el comando Tools⇨Customize).

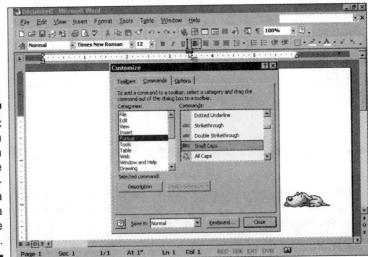

Figura 29-5: Añadir un botón a la barra de herramientas de la forma pasada de moda.

   Haga clic en la etiqueta Commands si es necesario; el cuadro de diálogo debería parecerse al mostrado en la Figura 29-5.

3. **Localice el comando que desee añadir.**

   Los comandos se organizan como los menúes de Word. Luego, si desea añadir un formato de texto, seleccione Format, de la lista Categories y luego encuentre el comando del formato que desea en la lista Commands. Todos los comandos están listados.

Algunos comandos no tienen botoncitos vistosos. En ese caso, el texto del comando aparece en la barra de herramientas. Eso no es nada malo.

4. **Arrastre el botón de la barra de herramientas que encontró encima de la barra.**

   Esta es la parte complicada, aunque la Figura 29-5 debería ayudarle. Cuando encuentra el comando que desee usar, arrastre su icono del cuadro de diálogo Customize encima de la barra de herramientas. Cuando el mouse está sobre la barra de herramientas, una cosa grande le dice dónde se insertará el comando. Suelte el botón del mouse para dejar caer el comando encima de la barra de herramientas.

5. **Continúe agregando botones, si lo desea.**

   Repita los pasos 3 y 4 a medida que sea necesario.

6. **Haga clic en Close para cerrar el cuadro de diálogo Customize.**

Su barra de herramientas nueva aguarda su primer uso.

Eliminar o mover el botón de una barra de herramientas

La forma más rápida de eliminar un botón de una barra de herramientas es seleccionar Add or Remove Buttons del menú de la barra de herramientas. Luego, seleccione el submenú del nombre de la barra de herramientas y haga clic para quitar cualquier botón que no quiera allí.

Oh dioses, si agregó un botón usando la ventana de diálogo Customize (como es explicado en el capítulo precedente), no puede usar el menú de la barra de herramientas para quitarlo. Más bien, necesita regresar a la ventana de diálogo Customize. Aquí explico cómo:

1. **Despliegue el menú de la barra de herramientas.**

2. **Seleccione** **A**dd or Remove Buttons⇨**C**ustomize.

   La ventana de diálogo Customize/Commands aparece (refiérase a la Figura 29-5).

3. **Arrastre cualquier botón no deseado fuera de la barra de herramientas.**

   Apunte con el mouse al botón de la barra de herramientas y arrástrelo a la ventana del documento. El botón es arrojado al vacío, lo cual lo elimina de la barra de herramientas.

   Si desea mover cualquier botón de la barra de herramientas, simplemente arrástrelo a un lugar diferente de la barra. Mientras la ventana de diálogo Customize está abierta, puede mover, arrastrar o dejar caer cualquier botón en cualquier barra de herramientas.

El botón Modify, de la ventana de diálogo Customize/Commands, puede usarse para modificar más el botón o para agregar ítemes separadores a la barra de herramientas (no tengo el espacio aquí para detallar los diversos comandos del menú del botón Modify. Oh dioses).

4. **Cierre el cuadro de diálogo Customize cuando haya terminado.**

¡Piense que puede jugar aquí! Recuerde, es su barra de herramientas y puede moverla, eliminarla o agregarle cualquier ítem que desee. Y si alguna vez piensa que ha metido la pata completamente, puede seleccionar el comando Reset Toolbar del menú de la barra de herramientas para arreglar las cosas otra vez. Pues bien, talvez no se arreglen, sino que queden de la forma en que Microsoft originalmente configuró Word. Refiérase a la sección "Agregar botones comunes a las barras de herramientas", anteriormente en este capítulo, para información sobre usar el comando Reset Toolbar.

El Zoom

El comando Zoom, en la parte inferior del menú de View (Vista), controla cuán grande aparecerá su texto. No, el comando no controla el tamaño del texto (eso se hace en el menú de las fuentes). Más bien, el comando de Zoom controla cuánto de su texto podrá ver al mismo tiempo. Siga estos pasos para una rápida demostración:

1. **Seleccione View⇨Zoom.**

    El cuadro de diálogo Zoom aparece y luce muy parecido al mostrado en la Figura 29-6.

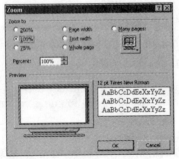

Figura 29-6: El cuadro de diálogo Zoom.

2. **Seleccione un tamaño de Zoom.**

Por ejemplo, 200% hace que su texto se vea realmente grande.

La opción de Page Width (Ancho de página) configura el zoom en que verá su documento desde los márgenes izquierdo y derecho.

El ítem Many pages lo lleva a la siguiente área, donde puede ver varias páginas en una sola pantalla, lo cual es bueno para escribir solo si tiene vista de 5/5.

Puede establecer tamaños individuales de porcentajes usando el cuadro Percent.

3. **Haga clic en OK para ver su documento en la pantalla con un tamaño nuevo.**

✔ Las opciones Whole Page (Página completa) y Many Pages (Varias páginas), en el cuadro de diálogo Zoom, están disponibles solo cuando está en la vista de diseño de página. Seleccione View⇨Page Layout y escoja el comando Zoom para jugar, ejem, experimentar con esas opciones.

✔ Cuando el zoom lo lleva demasiado lejos, su texto se convierte en bloques sombreados. Aunque no sirve para editar, el zoom a ese nivel le da una buena idea de cómo se vería su documento en una página antes de imprimirlo.

✔ Arriba, al lado derecho de la barra de herramientas Standard, vive la lista descendente Zoom. Haga clic en ella para establecer rápidamente un tamaño de Zoom para su documento. O puede digitar una cantidad. Por ejemplo, en mi pantalla los documentos se ven mejor con un zoom de 125 % (cómico, pero no necesitaba ese tamaño antes de cumplir 40...).

✔ Si tiene el Microsoft IntelliMouse (o cualquier otro mouse con rueda) puede efectuar el zoom pulsando la tecla Ctrl de su teclado y girando la rueda hacia arriba o hacia abajo. Girar hacia arriba realiza un acercamiento; hacia abajo, un alejamiento.

✔ Oh destino, solo puede hacerlo en Word . El juego de Carta blanca carece del comando Zoom.

La Central de los Pellizcos

Los mayores pellizcos de Word ocurren en un lugar muy transitado que se llama el cuadro de diálogo Options, como se muestra en la Figura 29-7. Ese lugar se visita seleccionando el comando Tools⇨Options.

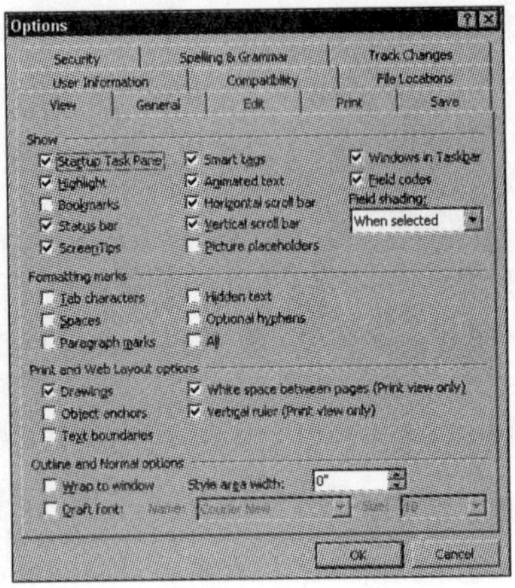

Figura 29-7:
El cuadro de
diálogo
Options
(Opciones).

Dios mío, simplemente, hay demasiadas opciones en el cuadro de diálogo Options como para estudiarlas por completo. La mayoría de las configuraciones son familiares para cualquiera que haya usado Word por unos meses. Puede activar ítemes o desactivarlos, como el panel de tareas al iniciar, mostrado en el área superior izquierda de la Figura 29-7, así como el sonido, la animación y otras opciones que le pueden resultar molestas. Recuerde, es su copia de Word. Configúrela de la forma que desee.

Haga clic en el botón OK cuando haya terminado de cambiar las opciones.

Parte V
Crear Muchísimas Cosas en Word

La 5a Ola   Por Rich Tennant

ROLANDO, ACCIDENTALMENTE, ENVIA POR CORREO ELECTRÓNICO EL ESQUEMA DE UNA NOVELA DE MISTERIO, EN VEZ DE SU CURRÍCULUM.

SÍ, NOS LLEGÓ SU CURRÍCULUM. ¿PERO NOS PODRÍA CONTAR MÁS DEL PERÍODO EN QUE ESTUVO ESPOSADO EN EL BUQUE CARGUERO RUSO?

En esta parte . . .

¿Todo se ve muy fácil, no es cierto? ¿Alguna vez le ha tocado ver a esos cocineros en la televisión de la mañana? Ellos solo arrojan unos ingredientes en una olla y ¡voilà! Tiene un maravilloso y exquisito platillo, por encima del cual, el anfitrión del programa empieza a salivar. "Yo también lo puedo hacer", piensa usted, aunque sepa muy bien que lo que usted podría guisar sería tan diferente de lo que hizo el cocinero como un suculento helado de un puño de arena.

Esta parte del libro es sobre llegar al límite de todo. Es como un libro de cocina, que le muestra algunos trucos y técnicas interesantes para hacer que sus documentos se vean realmente bien sin tener que sufrir a través de un aprendizaje doloroso. Es un episodio divertido que, a diferencia del programa del cocinero de la tele, hará que usted empiece a hacer documentos muy sabrosos con un mínimo de aspavientos. Adelante, ¡a salivar!

Capítulo 30

Sus Cartas y Sobres Básicos

- -

En este capítulo

▶ Crear una carta en Word

▶ Redactar correo electrónico en Word

▶ Configurar a Word para imprimir sobres

▶ Agregar un sobre a una carta

▶ Imprimir un sobre en la marcha

▶ Crear un documento de sobre

- -

Usar Word para escribir una carta es como usar un gigantesco avión para cruzar la calle. Seguramente, hace el trabajo, pero quizás Word sea demasiado para hacer algo tan simple. Con todas las características de Word, es fácil olvidar que la mayoría de las tareas para las que las personas usan un procesador de textos es realmente simple. Considere la carta y el sobre básicos.

Hace unos pocos años, hacer una carta en un procesador de texto no era mayor problema. ¿Pero crear el sobre? Ese no era solo un problema, era un viacrucis (¡Oh, una broma!) De cualquier manera, este conciso capítulo le da algunos consejos y sugerencias sobre crear cartas y sobres básicos en Word.

Escribir una Tonta Carta

La mayoría de las cartas empieza con dos cosas justo en la parte superior: la fecha, por un lado; y por otro, el nombre y la dirección del destinatario.

La fecha

Para insertar una fecha en cualquier documento de Word, use el comando Insert✛Date and Time. Seleccione algún formato de fecha entre los que se listan en el cuadro de diálogo Date and Time; luego, haga clic en OK.

✔ Si desea que la fecha sea la actual, o sea, que siempre muestre la fecha actual en vez de la fecha en la que se creó la carta, ponga una marca de verificación en el cuadro Update automatically (Actualizar automáticamente). Esto introduce en el documento un *campo* de fecha que siempre refleja la fecha actual. Si no desea un campo de fecha, quite la marca de verificación del cuadro de diálogo Date and Time.

Si desea que la fecha esté apartada en el margen derecho, pulse Ctrl + R después de que la fecha se inserte. Pulse la tecla Enter y luego Ctrl + L para volver a la justificación izquierda del texto en el siguiente párrafo.

✔ También puede insertar el código del campo de la fecha pulsando Alt + Shift + D.

La dirección

La mayoría de los pueblos que escriben cartas ubican la dirección del destinarario dos líneas debajo de la fecha (pulse la tecla Enter dos veces). No tengo idea de por qué hacemos esto, pero lo hacemos. Digite la direccion, pulse Enter un par de veces y, luego, digite el encabezado. Algo así:

```
Empresas Wambooli
    Casilla Postal 2697
    Coeur d'Alene, ID 83816
    A quien interese:
```

Quizás note que las frases hechas (como "A quién interese") que se incluyen en la mayoría de los casos, están almacenadas en entradas de AutoTexto de Word; solo necesita digitar la primera parte de ella y Word completa el resto si pulsa la tecla Enter. Refiérase al Capítulo 7 para más información.

El cuerpo de la carta

Redactar el resto de la carta le corresponde a usted. ¡Digite! Si la carta es más larga que una página, considere agregar números de página. Use el comando Insert⇨Page Numbers para hacerlo.

Finalmente, termine la carta con su nombre y su firma. Eso es todo. Ha terminado. Lo único que falta es agregarle un sobre.

Enviar una carta por correo electrónico

Si desea enviar la carta por correo electrónico en vez de imprimirla, haga clic en el botón E-mail, en la barra de herramientas Standard. Esta acción abre la ventana del documento que incluye los campos To (Para), Cc (Con copia) y Subject (Asunto), además de unos cuantos botones típicos para usar con el correo electrónico, como se muestra en la Figura 30-1.

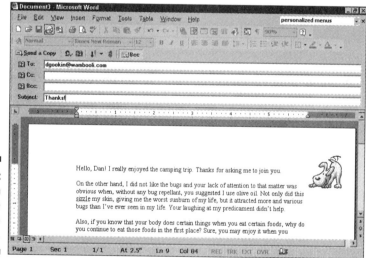

Figura 30-1: Redactar un mensaje de correo electrónico.

✔ Para enviar el correo electrónico, haga clic en el botón Send a Copy (Enviar una copia).

✔En algunos casos, puede ser necesario estar conectado a la Internet *antes* de intentar enviar el correo electrónico a través de Word.

✔ Los botones extra que aparecen en el modo de correo electrónico deben ser familiares para los usuarios de Outlook Express. Los botones le permiten adjuntar documentos, usar el libro de direcciones, determinar la prioridad del mensaje y demás.

✔ También puede crear un nuevo mensaje de correo electrónico seleccionando el ítem Blank E-mail Message (Mensaje de correo electrónico en blanco) en el panel de tareas New Document (Documento nuevo).

Todo sobre de Sobres

Para crear un sobre para cualquier documento, use el comando de Word Envelopes and Labels (Sobres y etiquetas). Esto le permite imprimir un sobre al vuelo o "adjuntarle" un sobre a una carta y que estos se impriman consecutivamente. Las secciones siguientes le dicen todo lo que necesita saber.

Hacer que su impresora llegue a amar a los sobres

Cada impresora come sobres de modo diferente. Algunas impresoras, incluso, tienen alimentadores de sobre de fantasía. Otras impresoras tienen ranuras para los sobres. Por otro lado, otras impresoras tienen una bandeja de expulsión en la cual, por algún medio, se les puede colocar los sobres. Los siguientes pasos le enseñan a configurar Word para imprimir correctamente un sobre en su impresora:

1. **Localice la ranura para colocar los sobres en su impresora.**

   Advierta, exactamente, cómo se inserta el sobre: un icono debe estar grabado en la impresora, el cual le indica cómo se inserta el sobre en la sección central de la bandeja (o en la izquierda o en la derecha, o donde sea). También revise si el sobre se coloca en la impresora hacia arriba o hacia abajo (consulte el manual de la impresora y busque sobres en el índice).

2. **Seleccione Tools⇨Letters and Mailings⇨Envelopes and Labels.**

   Aparece el cuadro de diálogo Envelopes and Labels (Sobres y etiquetas). Le explicaré este cuadro de diálogo en la siguiente sección. Asegúrese de que la pestaña de Envelopes (Sobres) esté en el frente.

3. **Haga clic en el botón Feed (Alimentar).**

Este paso abre el cuadro de diálogo Envelope Options/Printing Options (Opciones de sobre/Opciones de impresión).

4. **Seleccione la posición y la ubicación indicadas para el sobre.**

Seleccione una de las seis orientaciones. Seleccione Face up (Hacia arriba) o Face down (Hacia abajo). Y, de ser necesario, haga clic en el botón Clockwise (Rotar en la dirección del reloj). El objeto aquí es hacer que calce la forma en que el sobre es introducido en la impresora (así, es la impresora la que determina las opciones seleccionadas).

5. **Haga clic en OK.**

Este paso cierra el cuadro de diálogo Envelope Options.

Ahora está listo para crear o imprimir un sobre o puede hacer clic en Cancel para volver a su documento. Word ya sabe sobre su impresora y podrá imprimir apropiadamente un sobre la próxima vez que se lo pida.

Agregarle un sobre a su carta

Una forma rápida de imprimir un sobre con cada carta creada es adjuntar el sobre al final de la carta. De esta manera:

1. **Cree una carta.**

Refiérase a la sección del principio de este capítulo para más información.

2. **Seleccione Tools➪Letters and Mailings➪Envelopes and Labels.**

Este paso abre el cuadro de diálogo Envelopes and Labels (Sobres y etiquetas), como se muestra en la Figura 30-2.

Si su documento tiene la dirección apropiada, Word, mágicamente, la localiza y la coloca en el cuadro de dirección Delivery. ¡Tarán!

Si Word no llena la dirección automáticamente, ordéneselo.

De manera opcional, puede digitar una dirección de retorno en el área de dirección Return.

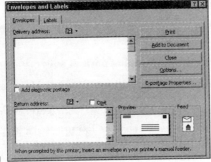

Figura 30-2:
El cuadro de diálogo Envelopes and Labels (Sobres y etiquetas).

3. **Haga clic en el botón Add to Document.**

   El cuadro de diálogo Envelopes and Labels (Sobres y etiquetas) se marcha y usted ha vuelto a su documento.

Talvez no sea obvio en la pantalla, pero la primera página de su carta ahora es su sobre (seleccione File⇨Print Preview para ver esta maravilla). Cuando esté listo para imprimir la carta, el sobre se imprimirá primero y luego la carta. Todo lo que debe hacer es colocar la carta en el sobre y aplicarle el franqueo.

✔ La carta y el sobre se imprimen cuando se usa el comando File⇨Print en su carta (o cuando pulsa Ctrl+P o usa la herramienta Print).

✔ Sí, podría crear un documento de sobre y carta como documento principal para envíos de correo. No obstante, es mejor imprimir los sobres al mismo tiempo, en vez de colocarlos en la impresora para cada carta nueva que produzca.

✔ La mayoría de las impresoras le solicitan que introduzca manualmente un sobre si eso es lo que desea imprimir. Después de hacerlo, quizás tenga que pulsar algún botón de la impresora (Listo, En línea o Seleccionar, dependiendo de la impresora que utilice) para poder continuar con el trabajo de impresión (mi impresora láser dice: "¡Aliméntame!" y, por algún medio, se da cuenta de cuándo inserto el sobre, porque ¡lo hala!)

✔ Revise el sobre para asegurarse de que no lo imprimió por el lado de atrás o si puso la dirección al revés –a mí me pasa a menudo. Este último paso es importante porque, si se equivocó, solo tiene que repetir los pasos previos para volver a realizar la impresión.

✔ Si tiene problemas para recordar la forma en que el sobre debe ser introducido en la impresora, dibuje la forma correcta y péguela en la parte de arriba de la impresora, para futura referencia.

Imprimir un sobre al vuelo

Cuando necesite un sobre, para cualquier fin, puede hacer que Word le prepare uno. Siga estos pasos:

1. **Seleccione Tools⇨Letters and Mailings⇨Envelopes and Labels.**

2. **En el cuadro de diálogo Envelopes and Labels (Sobres y etiquetas), digite la dirección que desea en el sobre.**

Si desea formatear la dirección, digítela en el documento primero. Formatéela, selecciónela y, luego, elija Tools⇨Letters and Mailings⇨Envelopes and Labels. ¡Pero, tenga cuidado! Si pone mucho texto, talvez no quepa en el sobre.

3. **Haga clic en el botón Print (Imprimir).**

Su impresora puede empezar a sonar o le puede pedir que inserte el sobre, o hasta [puede ser] que imprima el sobre ahí mismo.

Si planea imprimir sobres a menudo, considere agregar un botón para hacer sobres en la barra de herramientas Standard de Word. Refiérase al Capítulo 29 para más información sobre cómo hacerlo.

El concepto alocado de sobres como documentos

Un sobre, básicamente, es una hoja de papel pero doblada y pegada con la goma de sabor más desagradable conocida por el ser humano. Además, un sobre simplemente es una hoja de papel especializada. Como tal, es posible configurar Word para imprimir un sobre personalizado del mismo modo en que imprimiría cualquier otro documento. Siga estos pasos:

1. **Empiece un documento nuevo.**

Word arroja un documento nuevo a la pantalla. Usted deberá convertir una simple hoja de papel en un sobre.

2. **Asegúrese de estar en la vista de diseño de impresión.**

Seleccione View⇨Print Layout (Diseño de impresión) si no lo ha hecho. Puede ver las cosas mejor en esa vista.

3. **Seleccione File⇨Page Setup.**

4. **Haga clic en la pestaña Margins.**

5. **Establezca los márgenes en .5 en todos los bordes.**

   Los sobres son pequeños y, básicamente, cualquier impresora puede manejar un margen de media pulgada en todos los bordes: introduzca **.5** en los cuadros correspondientes a los bordes superior, inferior, izquierdo y derecho.

6. **Seleccione orientación horizontal.**

   Los sobres son más anchos que alto, pero esta acción es para que la impresión del sobre se haga a lo largo y no a lo ancho (lo cual, según he escuchado, atormenta a las oficinas postales).

7. **Haga clic en la pestaña Paper.**

8. **Seleccione la opción `Envelope #10 4¹/₈ x 9¹/₂ in`, en la lista descendente Paper size (Tamaño del papel).**

   Note la vista preliminar en la parte inferior derecha de su cuadro de diálogo. Allí está su sobre.

9. **Seleccione `Envelope Manual Feed` (Alimentación manual de sobres) en las listas desplegables <u>F</u>irst page (Primera páina) y <u>O</u>ther (Otras páginas).**

   Debe asegurarse de que la impresora comprenda que se está comiendo un sobre para que no se vuelva loca en el cuadro de diálogo Page Setup.

10. **Haga clic en OK.**

    El cuadro de diálogo Page Setup dice adiós.

    En la vista de diseño de impresión, puede apreciar el sobre flotando sobre la parte del documento, en la ventana. ¡Parece un sobre! Wow.

11. **Digite la dirección de retorno.**

    A diferencia de usar el cuadro de diálogo Envelopes and Labels, usted puede aplicar estilos aquí, incluso agregar gráficos (siempre y cuando sean lo suficientemente pequeños como para no ofender a los de la oficina postal).

12. **Espaciar para escribir la dirección.**

    Pulse la tecla Enter unas cuantas veces, hasta que esté parejo con el marcador de una pulgada, en la regla izquierda. O , simplemente, calcúlelo; seguramente, usted querrá que la dirección esté apenas arriba del centro, en la mitad del sobre.

13. **Ponga una sangría de tres pulgadas en el margen izquierdo.**

    Para ponerle sangría a la dirección, arrastre el dispositivo de sangría izquierda (en la regla) hasta la posición de tres pulgadas.

Dispositivo de sangría izquierda
(Left indent gizmo)

14. Digite y formatee la dirección.

Allí está su sobre.

Si necesita agregarle un memorando al sobre, restaure el margen de nuevo a 0; arrastre el dispositivo de sangría izquierda al margen izquierdo. Luego, pulse En-ter unas cuantas veces, hasta que el cursor del palillo de dientes esté cerca del borde inferior izquierdo del sobre. Allí, puede digitar Attention: Mary in Mar-keting o cualquier memorando que considere adecuado.

Este método para crear un sobre como un documento es mucho más versátil que usar el cuadro de diálogo Envelopes and Labels. Considere guardar este documento en el disco o guardarlo como una plantilla pa-ra usarlo una y otra vez. Refiérase al Capítulo 17 para más información sobre crear plantillas.

Capítulo 31

Panfletos y Tarjetas

- -

En este capítulo

▶ Planear un panfleto de tres partes

▶ Diseñar varios títulos de documentos

▶ Usar el comando de Letra Capital

▶ Agregar un cuadro de texto flotante

▶ Imprimir un panfleto de tres partes

▶ Imprimir una tarjeta

- -

S i desea crear algo en Word que sencillamente *asombre* a los demás, ha llegado al capítulo adecuado. La información que encontrará aquí no es secreta y, definitivamente, no es avanzada. Solo es una colección de informaciones que aparece en otras partes del libro, pero que tiene un *propósito:* crear un panfleto desplegable o una tarjeta. Siga adelante. ¡Sorpréndase!

Su Panfleto Básico de Tres Partes

Existen algunas tareas con las cuales uno creería que Word podría sencillamente asfixiarse, pero en realidad las puede manejar fácilmente. Tome un típico panfleto de tres hojas, como se muestra en la Figura 31-1.

Figura 31-1:
El típico panfleto de tres hojas es muy fácil de crear en Word.

Aunque Thomas Jefferson trabajó muy duro durante días para escribir la Declaración de Independencia, Word y yo duramos creando un folleto desplegable aproximadamente tres minutos. En solo unos instantes, mi panfleto salió de la impresora —claro, si los británicos no hubieran llegado a derribar mi oficina antes.

Construir el panfleto

El *típico* folleto desplegable de tres hojas esencialmente es una hoja de papel regular colocada en posición horizontal y doblada dos veces. En Word, se pueden llevar a cabo estos pasos para lograr este fin — *después* de que escriba su texto.

Siempre es mejor trabajar en la escritura primero y, luego, editar el documento. También Word trabaja más rápido cuando está en el modo normal (no de columnas). Si necesita editar más tarde, está bien.

Para colocar un documento en posición horizontal, siga estos pasos:

1. **Seleccione <u>F</u>ile⇨Page Set<u>u</u>p.**

   El cuadro de diálogo Page Setup aparece.

2. **Haga clic en la pestaña Margins.**

3. **Seleccione la opción Landscape (Horizontal) del área Orientation.**

   Contemple, su mundo está fuera de sincronía por noventa grados.

4. **Asegúrese de que la opción de menú Whole Document está seleccionada en la lista descendente Apply To.**

5. **Haga clic en OK.**

Para crear las tres columnas del planfleto, siga estos pasos:

1. Seleccione **Format➪Columns**.

2. Seleccione **Three (Tres) de la lista de Presets (Preestablecido)**.

   Está en la parte superior del cuadro de diálogo.

3. Asegúrese de que la opción del menú **Whole Document (Documento completo) en la lista descendente Apply To está seleccionada**.

4. Haga clic en **OK**.

Ahora su documento ha quedado formateado en tres paneles que se pueden doblar en una sola página. Para que su texto se imprima por los dos lados de la hoja, se necesitan unos cuantos trucos más, todos los cuales se cubren en la sección "Imprimir el planfleto", más adelante en este capítulo.

Asignarle un título al Panfleto

La mejor manera de crear un título para el folleto desplegable es dibujando una tabla. Las tablas no solo traen bordes incorporados, sino también permiten colocar trozos de texto a la derecha o a la izquierda del título sin tener que meterse demasiado con el formato de los párrafos y las tabulaciones de Word.

Use las instrucciones para dibujar tablas en el Capítulo 20 para dibujar en la parte del título del documento, que es lo que hice en la Figura 31-1. Yo, entonces, usaba el comando Format➪Borders and Shading para agregar los bordes superior e inferior. Pude haber usado la parte de Shading del cuadro de diálogo Borders and Shading, para agregar sombreado o colores al título del documento

Pero si desea ponerse más fantasioso, dibuje filas o columnas adicionales o columnas de texto. Por ejemplo, cree un título de tres columnas con la información de las columnas derecha e izquierda y con el título del documento en el centro. Y no olvide que puede agregarle gráficos a la tabla muy fácilmente.

Iniciar un párrafo con una letra grande (una letra capital)

La *letra capital* es la primera letra de un informe, artículo, capítulo o historia que aparece en una fuente más grande que la del resto de los caracteres. La Figura 31-1 le muestra un ejemplo. Aquí se dice cómo agregarle la letra capital a su planfleto (o a cualquier otro viejo documento):

1. Seleccione el primer carácter de la primera palabra al inicio de su texto.

Por ejemplo, seleccione la *H* de "Había una vez".

También ayuda si este párrafo tiene justificación a la izquierda y si no tiene san-gría, ni tabulaciones ni los formatos tramposos que se comentan en la Parte II.

2. **Seleccione Format⇨Drop Cap (Letra capital).**

   El cuadro de diálogo Drop Cap (Letra capital) aparece, como se describe en la Figura 31-2.

Figura 31-2:
El cuadro de diálogo Drop Cap.

3. **Seleccione un estilo de letra capital.**

   La primera opción, None (Ninguna), rechaza el uso de la letra capital totalmen-te. El estilo Dropped (En texto) es el segundo y el estilo In Margin (En margen) es el tercero. Yo prefiero el estilo en texto, personalmente. Haga clic en el cua-dro de su preferencia para seleccionar ese estilo.

   Seleccione una fuente si lo desea.

   Ah, y puede meterse con las otras opciones si le parece. Especialmente si está empezando una novela, el bloqueo de escritor es algo terrible...

4. **Haga clic en OK.**

   Si no está en la vista de diseño de impresión, Word cambia su documento para que pueda ver la letra capital en acción.

   La letra capital se destaca y aparece dentro de un cuadro con ocho dispositi-vos deslizantes –sí, astuto lector, es igual que si hubiera pegado una imagen de gráficos (refiérase al Capítulo 23).

   Quizás tenga que arrastrar la imagen por ahí, especialmente si está utilizando una tabla para el título del documento, como se muestra en la Figura 31-1. Solo apunte con el mouse a la letra capital cuando el cursor cambia a una flecha de cuatro puntas.

5. **Haga clic con el mouse sobre su texto (no en la letra capital) y continúe editando.**

   Es libre de seguir adelante con su trabajo.

Puede deshacer una letra itálica haciendo clic en su cuadro y, luego, seleccionando Format➪Drop Cap. En el cuadro de diálogo Drop Cap, haga doble clic en la posición None, para que la letra se desvanezca.

Hacer flotar un cuadro de texto

Otro elemento cómico para agregar al planfleto es el cuadro de texto flotante. Básicamente, funciona como una imagen de gráficos que flota frente a su texto. La diferencia es que la "imagen" es en realidad un pedazo de texto que puede formatear y escribir. Aquí explico cómo agregarlo a cualquier documento:

1. **Coloque el cursor del palillo de dientes en el sitio aproximado donde desea que aparezca el cuadro de texto.**

   Puede mover la posición después, pero necesita empezar en algún lugar.

2. **Seleccione Insert➪Text Box.**

   Pasan cuatro cosas locas:

   Si está en la vista Normal, instantáneamente es enviado a la vista de diseño de impresión.

   Se inserta un marcador de espacio para el texto. Es feo: { SHAPE * MERGE-FORMAT }. Uff. Viva con él por ahora.

   La barra de herramientas Drawing aparece...

   El cursor del mouse cambia su forma para arrastrar y dibujar el cuadro de diálogo.

3. **Arrastre el mouse para crear el cuadro de texto.**

   Arrastre la esquina superior izquierda a la inferior derecha para crear el cuadro. Cuando suelte el botón del mouse, verá el cuadro de texto flotante sobre su texto, como se muestra en la Figura 31-3.

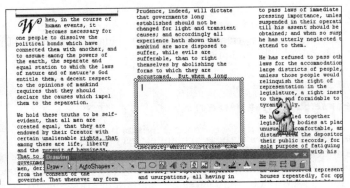

4. **Digite y formatee el texto dentro de su cuadro.**

   Puede usar sus habilidades básicas de escritura de texto y de formato dentro
   del cuadro, tal como lo haría en el texto digitado. Puede seleccionar fuentes,
   estilos, negrita, centrar y poner sangría. Incluso puede poner el texto de lado.

   Puede cambiarle el tamaño al cuadro arrastrando sus bordes o sus esquinas
   hacia dentro o hacia fuera.

   Mueva el cuadro de texto apuntando el mouse hacia él hasta que el cursor del
   mouse cambie a la cosa de las cuatro puntas. Luego, arrastre el cuadro hacia
   donde lo desee.

   Use el botón Line Style (Estilo de línea) de la barra de herraminetas Drawing
   (Dibujo) para configurar el estilo de borde del cuadro. Otros botones de la barra de herramientas afectan el cuadro del mismo modo; experimente con ellos
   en su tiempo libre.

5. **Haga clic con el mouse para volver a su documento cuando haya terminado.**

   Este paso abandona el modo del cuadro de texto y lo regresa a los quehaceres
   normales de edición de texto (quizás necesite cerrar manualmente la barra de
   herramientas Drawing (Dibujo); haga clic en su X, o en su botón de cerrar).

Puede volver al cuadro de texto para editarlo haciendo clic con el mouse en
su interior.

Imprimir el Panfleto

Imprimir folletos desplegables es algo que hacen mejor en Kinko's o en Insty-
Prints o algún impresor profesional. Pero si está en un apuro, puede hacerlo por
su propia cuenta.

Primero, imprima un panfleto de prueba solo para familiarizarse con el proceso. Luego, puede imprimir un montón de panfletos en lotes.

Para imprimir un panfleto de prueba, siga estos pasos:

1. **Prepare la impresora.**

2. **Seleccione File⇨Print, desde el menú.**

3. **Seleccione la opción de Odd Pages (Páginas impares) de la lista descendente Print.**

   La lista descendente Print puede hallarse en la esquina inferior izquierda del cuadro de diálogo Print. Lo que usted está haciendo es imprimir el lado frontal del panfleto; es decir, las "páginas impares".

4. **Haga clic en OK.**

Las páginas impares de su panfleto se imprimen. Si tiene un panfleto de una página, solo sale una página de su impresora. De otro modo, recibe las páginas 1, 3, 5 y así, sucesivamente.

Ahora, la parte del truco:

Reúna esas páginas y colóquelas de nuevo en la bandeja de alimentación de su impresora, pero *al revés*. Usted desea imprimir en ellas por detrás. Esto quizás conlleve unos cuantos pasos. Necesita asegurarse de que las páginas con números impares estén orientadas en la bandeja del papel de modo que las pares sean imprimidas correctamente. No se desanime si esto requiere de varios intentos (y no se sienta reacio a usar una pequeña ayuda y escribir *ARRIBA* en un lado de la bandeja de papel).

Después de que recargue el papel, siga estos pasos para imprimir las páginas pares:

1. **Seleccione File⇨Print, desde el menú.**

2. **Seleccione la opción de menú Even Pages (Páginas pares) desde la lista descendente Print.**

3. **Haga clic en OK.**

Verifique sus resultados. Si tiene que intentarlo de nuevo, hágalo.

Otro enigma que puede advertir: el panfleto no puede plegarse de la forma en que usted lo desea. ¡No se preocupe! Use el cuadro de diálogo Columns para ajustar el ancho y el espaciado de las columnas. O, use el cuadro de diálogo Page Setup/Margins para mover los márgenes hacia adentro o hacia afuera.

Cuando esté listo para la fabricación en serie, simplemente, repita los pasos precedentes, pero en el cuadro de diálogo Print introduzca **50** donde dice Number of copies (Número de copias). De ese modo, cada vez imprimirá 50 copias del panfleto, por la parte delantera y reversa (si pone más de 50 quizás se quede sin papel).

Tarjetas de Felicitación Hechas en Casa

Las tarjetas de felicitación son, simplemente, una variación del ejemplo del panfleto anterior, con una excepción especial.

Para configurar a Word para que cree una tarjeta de felicitación con una sola hoja de papel tamaño carta estándar, siga estos pasos:

1. **Seleccione File⇨Page Setup.**

2. **Haga clic en la pestaña Margins.**

3. **Seleccione la opción Landscape (Horizontal) del área Orientation (Orientación).**

4. **Seleccione** `2 pages per sheet` **(Dos páginas por hoja) de la lista descendiente Multiple pages.**

   Esta opción le dice a Word que divida verticalmente cada página en la mitad, creando (¡ajá: lo adivinó!) una tarjeta de felicitación.

5. **Haga clic en OK.**

Ahora su documento está formateado apropiadamente. Todo lo que resta es llenar la tarjeta de felicitación con unos cuantos gráficos. ¡Pero existe una forma especial en que necesita hacerlo!

La tarjeta debe ser de dos páginas: dos páginas en el interior y dos en el exterior (solo se usa una hoja de papel, dos "páginas" por hoja) Aquí es como las diversas páginas se constituyen

- ✔ **Página 1** es la página interior de la izquierda. Usualmente está página se deja en blanco. Así que en su documento puede pulsar Ctrl+Enter para crear un salto de página duro y dejarla totalmente en blanco.

- ✔ **Página 2** es la página interior de la derecha. Está página, generalmente, es donde se coloca el mensaje —tal vez un gráfico.

✔ **Página 3** es la contraportada exterior. Está página puede estar en blanco, o puede poner algún mensaje de cierre o que su carta le costó unos seis dólares, en caso de haberla comprado en Hallmark.

✔ **Página 4** termina siendo la *portada* de su tarjeta de felicitaciones. Ponga un gráfico o un texto florido aquí.

¿Le salió? Si no, créame —sí funciona.

Llene su tarjeta apropiadamente.

Para imprimir la tarjeta de felicitación, necesita un poco de audacia. Siga estos pasos:

1. **Seleccione Eile➪Print.**

2. **Digite** 1-2 **en el cuadro Pages (Páginas).**

   Solo debe imprimir en las páginas 1 y 2 la primera vez.

3. **Haga clic en OK.**

   Saque la página de la impresora y colóquela de Nuevo en ella, pero *al revés* para que logre imprimir en el otro lado de lo que será su tarjeta (es posible que este paso tome algunos cuantos intentos, así que sea paciente).

Ahora, imprima el resto:

1. **Seleccione Eile➪Print.**

2. **Digite** 3-4 **en el cuadro Pages (Páginas).**

   Solo debe imprimir en la 3 y la 4 esta vez.

3. **Haga clic en OK.**

   Si todo sale bien, debería ser capaz de doblar el papel en el centro y —¡voilà!— tiene una nueva tarjeta de felicitaciones.

✔Si desea formato elaborado de tarjetas, considere usar saltos de sección para dividir la tarjeta, en vez de los saltos de página que se obtienen al pulsar Ctrl+Enter.

✔Tenga cuidado con el papel grueso, ya que tiende a atorarse en muchas impresoras láser (si su impresora láser tiene alimentación de hojas sencilla y una ranura de paso en la parte posterior, imprimir en papel grueso puede funcionar bien. ¡Los códigos de las tarjetas de felicitación son muy difíciles de aceptar por las impresora de inyección de tinta, también!

Capítulo 32

Crear Algunas Etiquetas

*U*na de las misiones más esotéricas de Word es imprimir etiquetas. Ahora esta tarea no está muy lejos del reino de los procesadores de palabras. La primera vez que imprimí mis propias etiquetas fue con WordPerfect 4.0, allá por las edades oscuras del DOS. A diferencia de WordPerfect 4.0, Word posee su propio comando de etiquetas, además de muchas opciones de etiquetas que son muy excitantes. Este capítulo le dice cómo poner todo eso en buen uso.

Todo sobre las Etiquetas

Ya que mi caligrafía está muy perdida, yo imprimo las etiquetas con mi dirección de retorno y las pego en los recibos y otro tipo de documentos. Lo hago como un favor para los hombres y las mujeres sobrecargados de trabajo del Servicio Postal. Claro, las etiquetas se pueden usar para más que crear sobres de direcciones.

Si tiene curiosidad acerca de los tipos de etiquetas que están disponibles, visite su tienda local de suministros de oficina. Puede buscar todo tipo de etiquetas ingeniosas allí, desde la mundana "Hola, mi nombre es", hasta etiquetas que puede usar para crear sus propios CDs.

Asegúrese de comprar etiquetas que sean compatibles con su impresora. Las impresoras de láser requieren de unas etiquetas compatibles con láser. Algunas impresoras de inyección de tinta requieren de etiquetas especiales, de alta calidad para poder desplegar la imagen. Las impresoras de impacto necesitan etiquetas especiales para el tipo de alimentación que poseen.

También hay etiquetas transparentes, pero si tiene una impresora láser ¡tenga cuidado! Las etiquetas transparentes que use deben haber sido fabricadas específicamente para impresoras láser; de otro modo, el calor interno de la impresora puede derretir las etiquetas y, de ocurrir, usted tendrá un enredo bien grande al cual hacerle frente.

De todas las marcas de etiquetas disponibles, yo recomiendo Avery. Sus números de código son casi estándar para todos los programas de computadoras. Así, si compra la etiqueta con el número 5160 ó algo similar, su software y su impresora sabrán qué tipo de etiqueta tiene y en qué formato está.

Imprimir una Hoja de Etiquetas Idénticas

Estas son algunas instrucciones sobre imprimir una hoja completa de etiquetas en Word, como su nombre y su dirección para etiquetas de retorno postal:

1. **Seleccione Tools➪Letters and Mailings (Cartas y correspondencia)➪Envelopes and Labels (Sobres y etiquetas).**

2. **Haga clic en la pestaña Labels (Etiquetas).**

   Lo que vea en su pantalla debe ser parecido a la Figura 32-1.

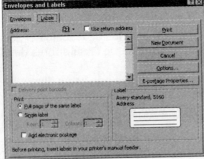

Figura 32-1: La pestaña Labels del cuadro de diálogo Envelopes and Labels.

3. **Seleccione el tipo de etiqueta que desea imprimir.**

   Confirme que el número de la parte inferior derecha del cuadro de diálogo corresponda con las etiquetas en las que está imprimiendo.

Si los números no corresponden, haga clic en el botón Options para desplegar el cuadro de diálogo Label Options. Localice el número correcto en la lista desplazante del cuadro de diálogo Label Options. Selecciónelo; luego, haga clic en OK.

4. **Digite en el cuadro Address (Dirección) lo que desea imprimir en la etiqueta.**

   Tenga en mente que solo tiene ese número de líneas en cada etiqueta y que cada cuadro es de ese ancho. No puede formatear la etiqueta aquí (pero sí lo puede hacer en el paso 6).

   Pulse la tecla Enter al final de cada línea.

5. **Haga clic en el botón New Document.**

   ¡Ja! Apuesto que pensó que tenía que hacer clic en el botón Print (Imprimir). ¡Para nada! Las etiquetas, típicamente, son más feas de lo que se imagina y, quizás, desee tener la oportunidad de asearlas un poco antes de imprimirlas.

   Las etiquetas aparecen como una tabla en un documento de Word. De aquí en adelante, puede trabajar con una tabla (refiérase al Capítulo 20 para más información sobre trabajar con tablas).

¡Tenga cuidado de no ajustar las columnas y las filas de la tabla! Todo está formateado. Si cambia algo, las etiquetas quizás no se impriman apropiadamente.

6. **Formatee las etiquetas (si le gusta).**

   Pulse Ctrl+A para seleccionar el documento completo (es de una página de largo) y luego cambie la fuente a algo más placentero. Refiérase al Capítulo 11 para más información.

No se meta con el formato de márgenes o de párrafos. Esto está cuidadosamente sintonizado para imprimirse en las etiquetas especificadas.

Puede editar las etiquetas. Seguro, todas se ven igual, pero si lo desea, puede digitar unos cuantos nombres u otra información en otros cuadros.

7. **Imprima el documento.**

   Asegúrese de que su impresora está encendida y lista para imprimir y de que tenga el material de impresión de etiquetas apropiado. Luego, imprima su documento como lo haría normalmente. Haga clic en el pequeño botón Print (Imprimir) y las etiquetas pronto empiezan a salir desde su impresora, listas para ser usadas.

✔ No tiene que guardar su documento en el disco, a menos que le gusten las etiquetas y desee tenerlas a mano para uso posterior. Pulse Ctrl+W para cerrar el documento y pulse **N** para *no* guardarlo.

✔ Avery posee un software llamado LabelPro, que uso en vez de Word para administrar e imprimir etiquetas. Recomendado.

✔ También es posible imprimir etiquetas desde una base de datos de etiquetas usando la función de Word de correo electrónico. Pero, este complejo y detallado proceso yace en el reino de Trucos Avanzados de Word. Funciona mejor si ha creado una base de datos (mostrada en el Capítulo 27) o si usa Microsoft Outlook para mantener una lista de contactos. Incluso con todo el trabajo hecho, hay una enorme cantidad de formato y de otras cosas con las cuales puede llevar a cabo un formato masivo, haciendo que la operación sea un truco completo.

Parte VI
Los Diez Mejores

En esta parte . . .

*B*ienvenido al segmento de la trivia. Es la parte de Los Diez Mejores, donde enumero varias cosas de Word que constan de diez elementos cada una. Talvez no sea el "Top Ten", pero al menos son diez. Este es el tipo de trivia que me encanta: "¿Cuáles son los diez lagos más bellos del mundo?" o "Diez servicios gratuitos que se pueden conseguir en Las Vegas" o "Diez formaciones rocosas que recuerdan sorprendentemente a Margaret Thatcher". Es el tipo de cosas graciosas que hacen que el mundo siga dando vueltas.

Los capítulos de esta parte contienen una lista de diez cosas. Aquí encontrará algunos consejos, comentarios, sugerencias, algunas cosas que debería evitar y otras que debería recordar. Es la forma tradicional en que termina un libro *Para Dummies*. Y, para mantener la tradición, tome en cuenta que no todos los capítulos constan exactamente de diez ítemes. Algunos tienen más, algunos, menos. Después de todo, si hay por allí alguna undécima formación rocosa que guarda semejanza con la Dama de Hierro, ¿por qué no listarla también?

Capítulo 33

Los Diez Mandamientos de Word

Moisés debió de ser el primer tipo que apareció con una lista bien conocida de diez cosas. No solo eso –es la única lista de diez cosas por las que se han hecho varias películas. Esa película sobre *Los peores diez días de la bolsa*, simplemente no tiene la misma gravedad que, bueno, Charlton Heston mientras dividía el Mar Rojo.

Este capítulo contiene los diez mandamientos de procesamiento de texto, específicos para Word, pero puede aplicar estos consejos en otros procesadores de texto igualmente (solo no lo diga). Estas son las reglas y las sugerencias que hago a lo largo de este libro, condensadas en un pequeño y conveniente capítulo –mucho más ligero que las dos tablas que Charlton Heston tuvo que halar a tirones por la montaña de papier-mâché.

No Usarás Espacios Innecesariamente

Generalmente, nunca debería encontrar más de un espacio en cualquier parte de un documento de Word. Cuando tenga más de un espacio en una fila de su documento, probablemente, debería usar la tecla Tab en su lugar. Use la Barra espaciadora para separar palabras y poner fin a una frase. Si alinea listas de información, use la tecla Tab. Si desea organizar información en filas y columnas, use el comando Table (refiérase al Capítulo 20).

Una nota especial para todos los maestros de secundaria: por favor, no se aferren a que sus estudiantes mantengan el hábito arcano de digitar dos espacios al final de una frase. Con un procesador de texto, eso es innecesario. Y dudo que alguno de sus estudiantes sea empleado dentro de poco para usar una máquina de escribir, así que continuar esta práctica es una pérdida de tiempo.

No Pulsarás Enter al Final de Cada Línea

Word, automáticamente, pliega su texto hasta la siguiente línea a medida que se acerca al margen derecho. No necesita pulsar Enter, excepto cuando usted desea iniciar un párrafo nuevo (claro, si su párrafo es de una línea, está bien).

Si no desea iniciar un párrafo nuevo pero necesita iniciar una línea nueva, use Shift+Enter, el comando de retorno *suave*.

No Rechazarás a tu Teclado

Word es Windows y Windows es mouse. Puede hacer muchas cosas con el mouse, pero algunas cosas son más rápidas en el teclado. Por ejemplo, cuando estoy trabajando con varios documentos, yo busco entre ellos pulsando Alt+Tab. Emplear la combinación de teclas Ctrl+S me ayuda a guardar un documento fácilmente y Ctrl+P para imprimir funciona mejor que andar a palos de ciego con el mouse. No tiene que aprender todos los comandos de teclas, pero conocer los pocos que aparecen en este libro ayuda.

No Reiniciarás ni Apagarás tu Computadora Hasta que Hayas Salido de Word y del Sistema Operativo

Siempre salga apropiadamente de Word y, en especial, de Windows. Apague o resetee su computadora solo cuando vea el mensaje de "Estaría genial apagar su computadora" –nunca lo haga mientras Windows o Word aún estén operando en su computadora, ya que es una manera de buscarse muchos problemas, pero de verdad muchos, créame.

No Numerarás las Páginas Manualmente

Word tiene un comando de numeración de páginas. Refiérase a la sección del Capítulo 14 que habla sobre dónde pegar los números de página.

No Usarás la Tecla Enter para Iniciar una Página Nueva

Por supuesto, funciona: descaradamente, pulse la tecla Enter unas diez mil veces hasta que llegue a la página nueva. Pero esa no es la mejor manera de hacerlo y, si decide regresar a su página anterior para hacer ediciones, esto le puede causar molestias. En todo caso, pulsar las teclas Ctrl+Enter es más rápido. Hacer esto inserta un *salto de página duro* en su documento.

Para más detalles, refiérase a la sección del Capítulo 14 acerca de iniciar una página.

No te Saldrás de Word sin Guardar Antes

Guarde su documento en el disco antes de salirse. Shift+F12 es la combinación de teclas que se debe recordar. Ctrl+S es la combinación que no tiene ni que recordar porque es muy sensible. Si tan solo todo en la vida –no, olvide la vida– si tan solo todo en Word fuera tan sensible.

No Harás Clic en OK muy Rápidamente

Word tiene muchas preguntas del tipo Sí/No/OK. Si hace clic en OK sin pensar sobre ello (o si pulsa Enter accidentalmente), puede eliminar texto, borrar archivos o realizar malas acciones de buscar y reemplazar que no planeaba hacer. Siempre lea bien la pantalla antes de hacer clic en OK.

Algunos cuadros de diálogo tienen el botón Close en vez de un botón OK. Estos botones se usan típicamente cuando realiza alguna selección o reinicia alguna opción que desea continuar con un comando. Por ejemplo, puede cambiar las impresoras del cuadro de diálogo Print y, luego, haga clic en el botón Close para continuar sin imprimir.

Y no olvide su útil tecla de deshacer, ¡Ctrl+Z!

No Olvidarás Encender tu Impresora

El mayor problema de impresión que alguien puede tener es decirle a Word que imprima algo cuando la impresora no está encendida. Verifique que la impresora esté encendida, saludable y lista antes de decirle a Word que imprima algo.

Nunca (o al menos trate de no hacerlo) utilice el comando de imprimir repetidamente cuando un documento no se imprime: en algún momento y en algún lugar, esos documentos se imprimirán, a menos que usted haga algo al respecto.

Recordarás Guardar tu Trabajo

¡Guarde! ¡Guarde! ¡Guarde! Siempre guarde sus cosas. Cuando se retire de la computadora por alguna razón, solo piense en que sus dedos pasen por las teclas Ctrl+S. Rendidle honor a vuestro documento. Salvad vuestro trabajo.

Capítulo 34

Diez Cosas Extravagantes

· ·

En este capítulo

▶ El cuadro de diálogo Options

▶ Espacios y guiones inseparables

▶ El mapa del documento

▶ El comando de separación de palabras

▶ Word sabe de matemáticas

▶ Macros

▶ El obtuso comando de referencia cruzada

▶ Cuando Word se vuelve malo

▶ Esas locas "etiquetas inteligentes"

▶ La firma digital

· ·

Todo en este programa es extravagante, pero hay algunas cosas que lo son más que otras. Abajo, está la lista de lo que yo siento son las diez cosas más extravagantes de todas, y no están en un orden particular. Siga leyendo... si se atreve.

Usar el Cuadro de Diálogo Options

Seleccionar el comando <u>T</u>ools⇨<u>O</u>ptions abre el cuadro de diálogo Options. Pero en este cuadro de diálogo hay nada menos que once –cuéntelos: once– paneles de cosas diferentes que Word hace. La configuración de este panel controla la forma en que Word se comporta.

El cuadro de diálogo Options no contiene realmente ninguna pista ni secreto. De hecho, quizás, ya ha estado aquí antes si ha hecho clic en cualquier botón de opciones de alguno de los diversos cuadros de diálogo –no es nada grave, pero sí un poco extravagante. Revise los paneles tan frecuentemente como use Word. Quizás descubra algo útil.

Los Inseparables

Las dos teclas locas de su teclado son la barra espaciadora y el guión. Son locas porque Word las usa para dividir una línea de texto: el espacio divide una línea donde termina una palabra y empieza otra. El espacio divide una línea entre dos segmentos de palabra.

Algunas veces, sin embargo, no deseará que una línea se divida gracias a un espacio o un guión. Por ejemplo, dividir un número de teléfono es malo: usted querrá que el número telefónico aparezca como un todo. Y los espacios pueden ser molestos también. Suponga que usted trabaja para la firma Valderrama, Lara y González, y el señor González no quiere que su nombre aparezca en una línea separada del resto de nombres. De ser así, incluya un espacio duro (inseparable) entre cada nombre para asegurarse de que todos ellos aparezcan juntos.

Para evitar que el carácter de espacio divida una línea, pulse Ctrl+Shift+Barra espaciadora en vez de usar la barra espaciadora sola. Ello inserta una espacio no separable entre las dos palabras.

Para evitar que el carácter de guión divida una línea, pulse Ctrl+Shift+- (guión) en vez del signo de guión normal. Si digita los primeros tres dígitos del número y, luego, pulsa Ctrl+Shift+-, el número telefónico no se divide entre las dos líneas.

Una cosa alocada y temible que debe evitar a cualquier precio

A través de muchos años de usar Word, he descubierto uno de los comandos más molestos de la historia de los procesadores de texto. Es el temible removedor de ítemes de menú, algo con lo que podría tropezarse algún día por accidente (espero que no).

Si pulsa Ctrl+Alt+- (guión) en Word, el cursor del mouse se convierte en una gruesa línea horizontal. Esa línea es el cursor que elimina ítemes del menú. Solo elija cualquier ítem del menú y –¡Smak!– se va, eliminado, exterminado, muerto. Y no existe forma de hacer que el ítem regrese. ¡Terrible! Ni siquiera Rod Serling pudo soñar con algo tan extravagante.

Si accidentalmente pulsa Ctrl+Alt+-, pulse rápidamente la tecla Esc para cancelar ese modo ¡Uy! ¿Qué clase de mente enferma pudo pensar en ese truco, ah?

El Mapa del Documento

Supongo que la función del Mapa del documento está allí para ayudarle a ver la imagen completa, especialmente si utiliza los estilos de encabezado de Word. Seleccione View⇨Document Map y se abre un "panel" a un lado de su documento, el cual elabora un rápido sumario.

Esta función puede ser útil. De hecho, debido a que yo uso los estilos de encabezado, el Mapa del documento me da una visión general y rápida de cómo están diseñados. Es como una pequeña vista de diseño. Simplemente es una característica extravagante, por ello está en este capítulo.

Seleccione View⇨Document Map una segunda vez para cerrarla.

Poner Guiones

Poner guiones es una característica automática que divide largas palabras al final de una línea para que el texto calce mejor en la página. La mayoría de la gente no la activa, porque las palabras divididas tienden a retardar el ritmo de velocidad de lectura. Sin embargo, si desea ponerle guiones a un documento, seleccione Tools⇨Language⇨Hyphenation. Continuamente, golpee la tecla F1 cuando necesite Ayuda.

Matemática

¿Alguna vez la gente de Word pensó que el lenguaje y las matemáticas están separados por alguna razón? Las partes de matemáticas y de lenguaje de los exámenes de primaria y de secundaria están separadas. El lenguaje y las matemáticas se enseñan como cursos separados. Así que, ¿quién necesita una función matemática en un procesador de palabras? Yo no lo sé. En caso que se necesitara, siempre es más fácil procesar los números en su calculadora de bolsillo y digitarlos manualmente.

Para usar el comando Math, primero debe ubicar sus datos en una tabla. Luego, destaque la fila o la columna que desea computar. Seleccione Table⇨Formula. Word sugiere un tipo de fórmula, o pude decirle a Word lo que desea hacer con los números. Pensando más, creo que esta fórmula sería muy útil en una clase de álgebra. Sea como sea, Word pone la respuesta donde haya dejado el cursor del palillo de dientes.

Macros

Los macros están más allá del alcance de este libro.

Realizar una Referencia Cruzada

El comando Insert⇨Reference⇨Cross-Reference le permite insertar una cosa al estilo de "Refiérase al Capítulo 99, Sección Z" en algún lugar de su documento. Esta función sirve si ha tomado un estimulante cerebral Krell y ahora tiene un coeficiente intelectual que solo se puede expresar en notación científica. Afortunadamente, también puede usar el estilo de encabezados para marcar en su documento algún texto al que le desee hacer una referencia cruzada. Usar el estilo de encabezados significa que el comando Insert⇨Reference⇨ Cross-Reference entra en acción y coloca una cosa como "Refiérase al Capítulo 99, Sección Z"en su documento –completo con una referencia actualizada a esa página, en caso que reacondicione su documento.

Reparar Word

Word es parte del paquete de aplicaciones de Microsoft Office, el cual es parte del nuevo intento de Microsoft para evitar que usted use software desarrollado por otra compañía. Entendiendo su lealtad, Microsoft ha construido en Office (y en Word) la habilidad de repararse solo cuando se necesite. Así que, en momentos, es posible que vea el programa Optimize ejecutándose. No deje que lo asuste.

Una característica del Optimizer es el comando Help⇨Detect and Repair de Word. Este comando se usa para arreglar pulgas y errores que puedan pegársele a Word. Así que yo supongo que si Word se empieza a portar como, bueno, cualquier otro programa diseñado por Microsoft, sería buena idea usar ese comando.

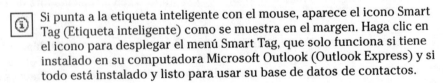 Si punta a la etiqueta inteligente con el mouse, aparece el icono Smart Tag (Etiqueta inteligente) como se muestra en el margen. Haga clic en el icono para desplegar el menú Smart Tag, que solo funciona si tiene instalado en su computadora Microsoft Outlook (Outlook Express) y si todo está instalado y listo para usar su base de datos de contactos.

Entender las Etiquetas Inteligentes

A Word le concierne saber quién es quién en su documento. Cuando Word cree que ha encontrado a alguien, tira un subrayado de puntos morados debajo del nombre de la persona. Para Word, esa persona es un contacto. Y el subrayado es la señal de que Word le ha adjuntado una *etiqueta inteligente* al nombre.

Si punta a la etiqueta inteligente con el mouse, aparece el icono Smart Tag (Etiqueta inteligente) como se muestra en el margen. Haga clic en el icono para desplegar el menú Smart Tag, que solo funciona si tiene instalado en su computadora Microsoft Outlook (Outlook Express) y si todo está instalado y listo para usar su base de datos de contactos.

Para deshabilitar las etiquetas inteligentes, seleccione Tools⇨AutoCorrect Options y haga clic cn la pestaña Smart Tag. Elimine la marca de verificación de la opción Label text with smart tags (Utilizar etiquetas inteligentes en textos). Haga clic en OK.

¿Qué Cosa Es una "Firma Digital"?

Word 2002 introduce el concepto de las firmas digitales en los documentos. Una *firma digital* es un método ampliamente aceptado de garantizar que algo no ha sido modificado desde que el creador "firmó" ese algo. Es usado, especialmente, para crear macros de Word (los cuales este libro no cubre); al firmar digitalmente el macro, usted les garantiza a los otros que se trata de su trabajo original y que no ha sido modificado ni usurpado sin su permiso. Algo loco.

Capítulo 35

Diez Trucos Divertidos

- -

En este capítulo

▶ Insertar símbolos locos

▶ Hacer fracciones

▶ Insertar texto subscrito y súper escrito

▶ Crear esos símbolos locos de otros idiomas

▶ Jugar piola con los párrafos

▶ AutoSumarios

▶ Bloquearlo todo

▶ Horas y fechas

▶ Clasificar cosas

▶ Guardar automáticamente

- -

Determinar qué es un truco divertido (y qué no lo es) es meramente subjetivo. Estoy seguro de que las personas que solían numerar sus páginas manualmente piensan que el comando de Word para insertar el número de páginas es un truco divertido. Yo creo que la Autocorrección de Word es un gran truco.

Este capítulo explica algunos de los mejores trucos Word —en su mayor parte, cosas oscuras que no pude mencionar en ninguna otra parte de este libro. Algunos trucos son simples y directos; algunos tardan un poco más en ser captados por la mente humana.

Digitar Caracteres Extraños

Puede usar el comando Insert⇨Symbol para pegar caracteres raros y maravillosos en su documento. Varias fuentes de Windows tienen caracteres locos y maravillosos. La fuente Symbol está llena de cosas interesantes, la fuente Wingdings tiene todo tipo de curiosidades; incluso la fuente normal, Times New Roman, tiene caracteres divertidos.

Para insertar cualquier carácter maravilloso, siga estos pasos:

1. **Seleccione Insert⇨Symbol.**

   El excitante cuadro de diálogo Symbol (Símbolo) aparece tal como se muestra en la Figura 35-1.

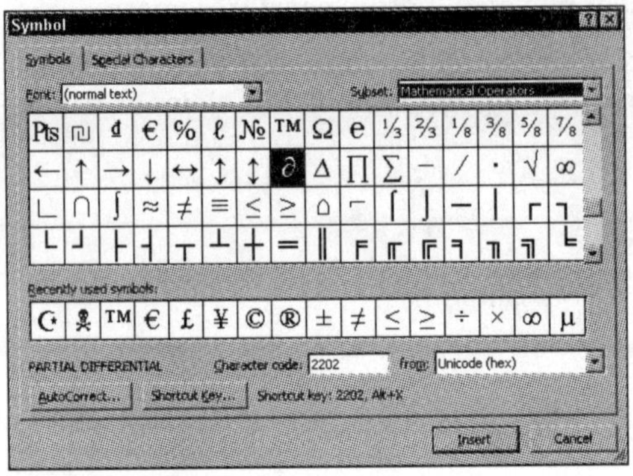

Figura 35-1:
El cuadro de diálogo Symbol (Símbolo).

2. **Seleccione una fuente.**

   Algunas fuentes han sido diseñadas por diversión, como las fuentes Symbol, Webdings y Wingdings. Selecciónelas de la lista descendente Font y verá sus diversos caracteres desplegados.

   Para ver una aproximación de todos los caracteres geniales, seleccione (texto normal) de la parte superior de lista descendente Font. A diferencia de algunas fuentes, esos caracteres solo están disponibles para quien utilice Windows (no son fuentes específicas atadas a computadoras específicas). Más adelante, utilizando la lista descendente Subset, puede seleccionar qué tipo de símbolo "normal" desea. En la Figura 35-1, el subgrupo de operadores de matemática es seleccionado. Esto, sencillamente, desplaza la lista de caracteres geniales debajo de los de matemática, como las fracciones que se pueden ver en la figura.

3. **Seleccione el carácter que desee insertar.**

   El carácter se destaca.

4. **Haga clic en el botón Insert.**

   Este paso inserta un carácter en su documento.

5. **Haga clic en el botón Cancel cuando haya terminado.**

Algunos símbolos interesantes que se pueden insertar son el símbolo de multiplicación × en vez de X y el de división ÷ en vez de /. Yo, generalmente, uso este comando para insertar las flechas hacia la izquierda, la derecha, arriba y abajo cuando escribo sobre, bueno, ¡procesamiento de palabras!

✔ Tiene que hacer clic en el botón Insert cada vez que desee insertar el símbolo. Si está colocando tres Σ (sigmas mayúsculas) en su documento, debe localizar ese símbolo y, luego, hacer clic en el botón Insert tres veces.

✔ Note que algunos símbolos tienen teclas de acceso directo. Estas aparecen en la parte inferior del cuadro de diálogo Symbol. Por ejemplo, el acceso directo del símbolo de grados (°) es Ctrl+@, Space, lo cual significa digitar Ctrl+@ (realmente, Ctrl+Shift+2) y, luego, digitar un espacio. Hacer esto le da el símbolo de grados.

✔ Además de seleccionar símbolos del cuadro de diálogo Symbol, muchos caracteres de otros idiomas pueden ser digitados pulsando combinaciones especiales de teclas. Refiérase a la sección "Digitar Caracteres como Ü, Ç, y Ñ," más adelante en este capítulo.

✔ Algunos caracteres, como ☺, © ó ™, pueden ser insertados usando Autotexto. Refiérase al capítulo 7.

✔ Es posible insertar símbolos digitando el código de un símbolo y, luego, pulsando la combinación de teclas Alt+X. Por ejemplo, el código para la Σ (sigma mayúscula) es 2211: digite **2211** en su documento y pulse Alt+X. El 2211 se transforma mágicamente en el carácter Σ.

✔ También note la lista de símbolos usados recientemente, cerca del final del cuadro de diálogo. Muy útil.

Crear Fracciones

El cuadro de diálogo Symbol contiene muchas fracciones útiles que se pueden insertar en sus documentos (refiérase a la sección precedente). Y, si tiene la Autocorrección activada, Word automáticamente convertirá estas tres fracciones para usted. De otro modo, necesita construir otras fracciones usando el comando de súper escritura. Aquí se explica cómo:

1. **Pulse Ctrl+Shift+= (el signo de igual).**

   Este es el acceso directo del teclado para el comando de súper escritura (o de escritura en forma potencial).

2. **Digite el numerador — la parte de arriba de la fracción.**

   Por ejemplo, **4** en ⅘.

3. **Pulse Ctrl+Shift+= de nuevo para desactivar la súper escritura.**

4. **Digite la barra inclinada.**

5. **Pulse Ctrl+= para activar la subescritura.**

6. **Digite el denominador — la parte de abajo de la fracción.**

7. **Pulse Ctrl+= para desactivar la subescritura.**

Allí está su fracción.

Botones de Súper Escritura y Subescritura en la barra de herramientas

Si planea digitar muchas fracciones o si la idea de súper o subescritura le interesa, ¿por qué no agregar esos botones a la barra de herramientas Formatting?

Haga clic en el triángulo que apunta hacia abajo en el extremo derecho de la barra de herramientas. Seleccione Add or Remove Buttons(Agregar o eliminar botones)⇨Formatting (Formato) y aparecerá un menú grande. Cerca de la parte inferior, hay comandos para súper escrito y sub escrito. Selecciónelos y pulse la tecla Esc.

Los botones de súper escritura (x^2) y subescritura (x_2) se agregan a la barra de herramientas.

Digitar Caracteres como Ü, Ç, y Ñ

Word tiene todo tipo de trucos curiosos para digitar caracteres de otros idiomas que tienen símbolos *diacríticos*. Estos son las comas, apóstrofes y numerosas marcas de acento sobre vocales y otros caracteres de diversas lenguas. Por ejemplo, uno podría ser ingenuo y digitar una palabra sin el acento correcto, o bien, si se descubre la forma en que Word piensa, podría evitar cometer ese error.

La mayoría de los diacríticos se crean usando teclas especiales de prefijos. Se digita la tecla del prefijo y, luego, la letra correspondiente para crear el signo diacrítico. Y, con suerte para usted, las teclas de prefijo que se usan, por lo general, tienen lógica.

Tabla 35-1	Digitar caracteres especiales
Columna 1	*Columna 2*
Ctrl+'	á é í ó ú _
Ctrl+´	à è ì ò ù
Ctrl+,	ç
Ctrl+@	å
Ctrl+:	ä ë ï ö ü
Ctrl+^	â ê î ô û
Ctrl+~	ã õ ñ
Ctrl+/	ø

Solamente, siga la tecla de prefijo con la vocal (o la N o la C) para obtener la marca de acento. Por ejemplo, para obtener una é en su documento, digite Ctrl+' y, luego, la letra E. La E mayúscula le da una É y la minúscula una é. Y esto tiene mucho sentido porque el apóstrofe (') es, esencialmente lo que se le está agregando a la vocal.

Ctrl+' seguido de D produce Ð (o ð).

Asegúrese de notar la diferencia entre el apóstrofe y el acento francés. El apóstrofe (') está cerca de su tecla Enter. La tilde está debajo de la tecla Esc (en la mayoría de los teclados).

Para las combinaciones de teclas Ctrl+@, Ctrl+:, Ctrl+^ y Ctrl+~, también se necesita pulsar la tecla Shift, que siempre es necesaria para obtener los símbolos @, :, ^, o ~ en su teclado. Además, Ctrl+~, realmente, es Ctrl+Shift+`. Tenga eso en mente.

Si este truco no funciona, entonces, no funciona. Por ejemplo, si digita Ctrl+' y, luego, una D para añadirle una línea a una D y no pasa nada, bueno, ¡es que no funciona! Tiene que usar el cuadro de diálogo Symbol (comentado anteriormente en este capítulo) para ver si puede encontrar ese símbolo en particular.

Arrastrar Bloques

Este es un truco loco: seleccione un párrafo de texto o cualquier trozo de texto. Para mover ese texto un párrafo hacia arriba, utilice Alt+Shift+↑. Cada vez que pulse Alt+Shift+↑, el bloque se mueve hacia arriba un párrafo.

La combinación Alt+Shift+↓ mueve el bloque seleccionado un párrafo. ¿Interesante, no?

Creo que quizás encuentre estas combinaciones de botones muy útiles para mover trozos de texto, especialmente si no sabe cómo realizar rápido esas acciones solo con el mouse.

Autosumarios

La herramienta de Autosumarios cae en la categoría de "¿Cómo rayos hicieron eso?". Al igual que algunos libros de texto escolares que ya vienen con informaciones subrayadas o destacadas, esta herramienta toma cualquier documento e, inmediatamente, saca todos los puntos relevantes, destacándolos en la pantalla. No tengo idea de cómo funciona esta herramienta, pero es muy acuciosa — para Word.

Para efectuar un autosumario en su documento, seleccione el comando Tools➪AutoSummarize. Siga los pasos que aparecen en la pantalla. En unos cuantos minutos (es más tiempo si la computadora no está conectada) el cuadro de diálogo AutoSummarize aparece. Haga clic en OK (puede examinar las opciones del cuadro de diálogo AutoSummarize según sus propias necesidades o intereses; generalmente, hacer clic en el botón OK hace lo que usted desea hacer).

¡Splat! Entonces, su documento aparece en la pantalla con las partes relevantes destacadas en amarillo. También aparece el cuadro flotante AutoSummarize, el cual todavía tengo que descubrir.

Para volver al modo de edición normal, haga clic en el botón Close (Cerrar) del cuadro flotante AutoSummarize.

Sí, de hecho la herramienta de autosumario es la causante de que afuera esté cálido y soleado.

Seleccionar Todo

A veces, usted desea bloquearlo todo; destaque todo desde la parte superior hasta la inferior de su documento; seleccione el documento completo. Cuando desee hacerlo, haga clic en el mouse tres veces en el margen izquierdo de su documento. Clic, clic, ¡kabum! Así es.

Ah sí, usted puede pulsar la tecla Ctrl y, luego, presionar la tecla 5 del teclado numérico. ¡Tarán! Lo consiguió.

Ah sí, también puede pulsar la tecla F8 (la tecla de Texto Extendido) cinco veces. Clic, clic, clic, clic, ¡tarán! Lo consiguió de nuevo.

Ah sí, el comando Edit⇨Select All hace exactamente lo mismo. Pulse Ctrl+A. ¡Kabum!

Insertar la Fecha

El comando de fecha de Word se llama Fecha y Hora y está acomodado bajo el menú de Insert (Insertar). Seleccionar esta opción despliega un cuadro de diálogo lleno de formatos de fechas y horas, uno de los cuales será el favorecido. Haga clic en OK para insertar la fecha o la hora actuales o ambos.

Puede insertar rápidamente el campo de fecha pulsando Alt+Shift+D. Recuerde hacer clic derecho en el campo y seleccionar "Fijar los códigos de campo" para cambiar entre el feo campo y la fecha actual.

Ordenar

Ordenar es uno de los mejores trucos de Word. Después de que lo entienda va a empezar a buscar lugares para utilizarlo. Puede usar el comando Sort para ordenar el texto alfabética o numéricamente. Puede ordenar párrafos, filas y columnas de tablas, ya sea de tablas divididas en celdas o tablas creadas con tabulaciones.

Siempre guarde su documento antes de llevar a cabo la ordenación.

Ordenar no es muy difícil. Primero acomode lo que se necesita ordenar en varias filas de texto, como

```
Doloroso
Soñoliento
Silencioso
Doctor
Hambriento
```

Word ordena según el primer ítem de cada línea, de modo que debe seleccionar todas las líneas como un bloque y luego seleccionar Table (Tabla) ⇨Sort (Ordenar). Aparece el cuadro de diálogo Sort Text (Ordenar texto). Sí, el comando de ordenar se encuentra en el menú Table, aunque su texto no necesariamente tiene que estar en una tabla).

Si lo necesita, use las opciones del cuadro de diálogo, pero Word lo tira en la pantalla listo para ordenar el texto alfabéticamente. Solo haga clic en OK para hacerlo.

Guardar Automáticamente

Cuando la opción de guardar automáticamente está activada, el documento se guarda en forma periódica. Esto no es lo mismo que pulsar Ctrl+S para guardar el documento. En su lugar, Word produce una copia secreta de respaldo cada cierto tiempo. En caso de una caída del sistema, usted podrá recuperar su trabajo a partir de la copia de respaldo —incluso si nunca guardó su documento de la manera normal.

Para activar esta opción, seleccione Tools⇨Options. Haga clic en la pestaña Save. Coloque una marca de verificación en la opción Save AutoRecover info every (Guardar información de Autorrecuperación). Luego, introduzca el intervalo en el cuadro de texto Minutes (Minutos). Por ejemplo, yo digito **10** para hacer que Word respalde mis documentos cada diez minutos. Si en su casa u oficina la energía es inestable, ponga **5**, **3**, **2** ó incluso **1** minuto como intervalo de respaldo. Pulse Enter para volver a su documento.

Con esta opción, no necesariamente se recupera todo el trabajo, pero si se puede obtener la mayoría de él.

Capítulo 36

Diez Cosas que Vale la Pena Recordar

No hay nada como terminar un libro con unas alentadoras palabras de ánimo. Como usuario de Word, necesita este tipo de valor y motivación. Word puede llegar a ser un lugar de trabajo imperdonable, pero no necesariamente maligno. Este libro le muestra cómo divertirse con Word y, con todo, seguir realizando bien su trabajo. Para ayudarle a hacerse camino, aquí hay varias cosas que vale la pena recordar.

Deje que Word Haga el Trabajo

Existen demasiadas cosas que Word puede hacer. Pero, a pesar de ello, algunas personas testarudas insisten en hacer las cosas a su modo porque, bueno, así es como se deben hacer las cosas por aquí. ¡Error! Puede usar un comando de Word para hacer casi cualquier cosa y nunca recordará los comandos si le da miedo utilizarlos.

Siempre Tenga a Mano Papel para Imprimir, Tinta y Suministros

Cuando compre papel, compre una caja. Cuando compre un cartucho de tinta, mejor compre dos o tres. También conserve una buena cantidad de lapiceros, papel, grapas, clips de papel y todos los otros suministros de oficina a mano.

Si desea respaldar su trabajo, utilice disquetes, súper discos (LS-120) o discos Zip. Estos discos removibles se pueden usar para almacenar copias de su trabajo, y se pueden guardar en un lugar seguro (yo pongo mis discos en una caja fuerte antiincendios). Utilice Windows para copiar sus archivos de documentos de Word a un disco removible; refiérase a *PCs Para Dummies* (editado por Hungry Minds, Inc.) para más información sobre copiar archivos a discos removibles.

Mantenga las Referencias a Mano

Word es una herramienta para escribir. Como tal, usted necesita estar familiarizado con las reglas gramaticales de nuestro idioma y obedecerlas. Lo cual significa que tiene un trabajo bien duro por hacer. A pesar de que Word posee un diccionario regular y otro de sinónimos, yo recomiendo que tenga a mano ejemplares de estos libros. Si no los tiene, es una buena idea visitar la sección de referencia de su librería local y planee pagar unos $50 para estar bien abastecido de referencias de calidad.

Mantenga sus Archivos Organizados

Utilice carpetas en su unidad de disco duro para almacenar sus archivos de documentos. Tenga los documentos relacionados juntos en el mismo subdirectorio.

¡Recuerde las Teclas Ctrl+Z!

Las teclas Ctrl+Z son las teclas de deshacer. Si está digitando en Word, púlselas para recuperar cualquier texto que haya eliminado por error. Este comando funciona para letras solas, oraciones, párrafos y secciones grandes de texto.

¡Guarde sus Documentos A Menudo!

Guarde su documento en el disco tan pronto como unas cuantas palabras alcancen a llegar a la pantalla. Luego, guarde el documento con frecuencia. Incluso si usa la característica de guardar automáticamente (comentada en el Capítulo 37), continúe guardando sus documentos en el disco manualmente: Ctrl+S.

Aproveche el Uso de Varias Ventanas

Cada documento de Word aparece como su propia ventana en la pantalla. Es posible tener decenas de ellas abiertas al mismo tiempo. Típicamente, cuando escribo un libro, tengo abierta una estructura en una ventana, el capítulo actual en otra y, talvez, algunos otros capítulos, referencias o apéndices en otras ventanas. Yo uso los botones de la barra de tareas, o la combinación de teclas Alt+Tab, para cambiar entre estas ventanas.

Use Autotexto para las Cosas que Digita con Frecuencia

Para insertar rápidamente cosas que digita una y otra vez, como su nombre y su dirección, utilice una entrada de Autotexto. Digite su entrada una vez, y luego, defínala como una entrada del glosario bajo el menú de Edit (Edición). Después, use la tecla de acceso directo para hacer aparecer su texto cada vez que lo necesite. Refiérase al Capítulo 7 para más información sobre el Autotexto.

Use Nombres de Archivo Claros y Fáciles de Recordar

Un nombre de archivo llamado CARTA ciertamente es descriptivo, pero ¿qué le dice? Una carta llamada CARTA PARA MAMÁ es aún más descriptiva pero aún carece de cierta información. Un archivo que se llame CARTA PARA MAMÁ DEL 23 DE ABRIL, es mucho mejor. Ahora, si quiere ser más breve, intente 4-23 CARTA MAMÁ (o solo póngala en la carpeta MAMÁ). Ya debe de tener la idea: use nombres creativos y que informen.

No lo Tome Todo Tan en Serio

En realidad, las computadoras son para divertirse. Hay demasiadas personas que se horrorizan cuando deben usar una computadora. ¡No deje que le pase! Y, por favor, no reinstale Word para solucionar un problema menor. Cualquier cosa que salga mal tiene una solución. Si la solución no está en este libro, consulte con un gurú. Es un hecho que alguna persona debe de ser capaz de ayudarle.

Índice

• *E* •

• G •